I0365989

www.ingramcontent.com/pod-product-compliance
Lightning Source LLC
Chambersburg PA
CBHW070140080526
44586CB00015B/1776
9781927998878

مکاشفہ

﴿برّے کی فتح﴾

تفسیر

مصنّف: ایف۔وین۔میک لائیڈ

مترجم: مبشرانجیل۔عمانوایل داؤد

Light To My Path Book Distribution. Canada

نام کتاب:۔ مُکاشفہ کی تفسیر

مصنف: ۔ ریورنڈ ایف۔وین۔میک لائیڈ

مترجم:۔ مبشرِ انجیل عمانوایل داوٗد

کمپوزنگ۔ عمانوایل داوٗد

پروف ریڈنگ:۔ مسز رضیہ مسکان

لے آوٹ ڈیزائننگ اعجاز ہدایت 03334809320

تعداد:۔ ایک ہزار

سن اشاعت:۔ ستمبر 2012

ہدیہ کتاب:۔ دو سو روپے

مبشرِ انجیل عمانوایل داوٗد 0092-300-4414069

Translated and Composed by

Servant of the Most High God

Emmanuel

Dewan.From Lahore,Pakistan

mathew_forjesus@yahoo.ca

جملہ حقوق بحق مصنف محفوظ ہیں

مکاشفہ کی تفسیر
برّے کی فتح

چونکہ اِس کتاب کے تمام جُملہ حقوق بحق مصنف محفوظ ہیں، اِس لیے اِس کتاب کا کوئی بھی حصہ مصنّف کی تحریری اجازت کے بغیر شائع نہ کیا جائے۔
پبلشر سے پہلے تحریری منظوری کے بغیر کسی سسٹم میں محفوظ کرنا یا کسی بھی مقصد کی خاطر کہیں منتقل کرنا یا کسی برقیاتی یا مشینی طریقہ سے اِس کی عکاسی کرنا سخت منع ہے۔
مگر قارئین کرام اور خادم الدین چھوٹا اقتباس کہیں تبصرہ یا جائزہ کے طور پر استعمال کر سکتے ہیں۔

اظہارِ تشکر

پروف ریڈرز اور نظرِ ثانی کرنے والوں کا بے حد شکریہ

مسز ایف ۔ وین ۔ میک ۔ لائیڈ ۔ پیٹ شیمیڈٹ ۔ ڈینئیلے کے تعاون و معاونت کے لئے بھی میں اُن کا بہت شکر گزار ہوں۔

ملکِ پاکستان کی کلیسیاؤں اور دیگر مما لک میں اردو لکھنے پڑھنے والوں کے لئے اُردو زبان میں ترجمہ کرنے کے لئے میں پاسٹر عمانوایل داؤد کا بھی تہہ دل سے مشکور ہوں۔

5

فہرست مضامین

پیش لفظ

باب	صفحہ نمبر
1۔: خداوند یسوع کا مکاشفہ	9
2۔: ابنِ آدم کی رویا	16
3۔: اِفسس کی کلیسیا	22
4۔: سمرنہ کی کلیسیا	29
5۔: پرگمن کی کلیسیا	36
6۔: تھواتیرہ کی کلیسیا	42
7۔: سردیس کی کلیسیا	48
8۔: فدلفیہ کی کلیسیا	53
9۔: لودیکیہ کی کلیسیا	59
10۔: آسمان پر فضل کے تخت والا کمرا	66
11۔: طومار	73
12۔: مہروں کا کھلنا	79
13۔: ایک لاکھ چوالیس ہزار اور ایک بہت بڑی بھیڑ	86
14 ۔: ساتویں مہر اور نرسنگوں کا پھونکا جانا	94
15۔: فرشتہ اور طومار	102

باب	صفحہ نمبر
16۔: دو گواہ	107
17۔: ساتویں نرسنگے کا پھونکا جانا	113
18۔: عورت، بچہ اور اژدھا	117
19۔: سمندر سے نکلنے والا حیوان	125
20 ۔: زمین سے نکلنے والا حیوان	130
21۔: ایک لاکھ چوالیس ہزار کی کوائر	135
22۔: زمین کی فصل	140
23۔: سات پیالوں کا انڈیلا جانا	145
24۔: خوبصورتی اور حیوان	153
25۔: بابل کا گرنا	159
26۔: حیوان کا زوال اور جھوٹا نبی	164
27۔: اژدھے اور موت کی شکست	170
28۔: آسمانی شہر	175
29۔: رویا کا لُب لباب	180
30۔: خلاصہ	185

پیش لفظ

سمجھنے کے لحاظ سے مکاشفہ کی کتاب، بائبل مقدس کی دیگر کتب میں سے ایک مشکل ترین کتاب ہے۔ اِس کتاب کی تفسیر لکھنے کا میرا قطعی یہ مقصد نہیں کہ میں قارئین کرام کے سب مشکل سوالات کے جوابات پیش کرنے جا رہا ہوں۔ بلکہ سچ پوچھیں تو اِس کتاب میں موجود نبوتی باتوں کے تعلق سے میرے ذہن میں بھی ایسے سوالات ہیں جن کے جوابات سے میں از خود ناواقف ہوں۔ جو کچھ خداوند یوحنا رسول کو دیکھا رہا تھا، وہ اُس کو سمجھنے کے لئے بھی بڑی کشمکش سے دوچار تھا۔

اُمیدِ واثق ہے کہ قارئین کرام تین اہم سچائیوں کے تعلق سے ایک نیا تبصرہ وتشریح حاصل کریں گے۔ جیسا کہ ہم جانتے ہیں کہ ایک دن موجودہ زندگی کا خاتمہ ہو جائے گا۔ خدا ابلیسی قوتوں کو تہہ و بالا کر دے گا اور راستباز فتح مند ہونگے۔

دوسری بات یہ کہ مسیحی زندگی ثابت قدمی کی زندگی ہے۔ ایمانداروں کو اپنے ایمان کی خاطر دُکھوں کے تجربہ سے گزرنا ہوگا۔ تیسری اہم بات یہ ہے کہ فتح مسیح کی اور اُن سب کی بھی ہے جو اُس پر توکل اور بھروسہ رکھتے ہیں اگرچہ ہم شیطان سے نبرد آزما ہیں تو بھی ہمارا نجات دہندہ ہمارے دُشمن پر غالب ہے۔ مسیح یسوع میں ہم فتح سے بڑھ کر غلبہ پاتے ہیں۔ آسمان کی بادشاہی ہماری جلالی اُمید ہے۔ وہ دِن دُور نہیں جب ہم خداوند کو رُوبرو دیکھیں گے۔ جب ہم اُسے دیکھیں گے تو ہماری ساری آزمائشیں کافور ہو جائیں گے۔

مجھے اُمید ہے کہ اِس کتاب کے قارئین خداوند کے ساتھ عہدِ وفا میں مضبوط ہوتے ہوئے اپنی بلاہٹ کے مقصدِ عظیم میں بھی وفاداری کے ساتھ مضبوط اور قائم ہونگے۔ بائبل سٹڈی کے لئے ایک وقت مخصوص کریں۔ مکاشفہ کی اِس تفسیر کو پڑھتے ہوئے، بائبل مقدس میں سے مکاشفہ کی کتاب کا ہر ایک باب پڑھیں۔ خداوند سے کہیں کہ کلام کی سچائیوں کو سمجھنے اور قبول کرنے کے

لئے آپ کے ذہن اور دل کو کھولے۔ آپ کا اور میرا حقیقی اُستاد روح القدس ہے۔

بائبل مقدس کی اِس اہم ترین کتاب کا مطالعہ کرتے ہوئے، اُس سے درخواست کریں کہ وہ آپ کی رہنمائی کرے۔

اگر اِس کتاب کا مطالعہ آپ کے لئے باعث برکت ہو تو اپنی گواہی اور رائے لکھ کر مترجم عمانوایل داؤد کے سپرد کریں، وہ مجھ تک پہنچا دے گا۔ مجھے آپ کی رائے اور گواہی سے حوصلہ افزائی اور شکر گزاری کا موقع ملے گا۔ میرے ساتھ مل کر دُعا کریں کہ اِس کتاب کا مطالعہ بہتوں کے لئے تسلی و تشفی، مضبوطی اور حوصلہ افزائی کا باعث ہو۔

مصنف ۔ ایف، وین، میک ۔ لائیڈ

باب 1

خداوند یسوع مسیح کا مکاشفہ

مکاشفہ 8-1:1 پڑھیں

مکاشفہ کی کتاب میں کون سی بات بنیادی طور پر توجہ کی حامل ہے؟ یوحنا رسول ہمیں بتاتا ہے کہ یہ کتاب خداوند یسوع مسیح کا مکاشفہ ہے۔﴿آیت 1﴾ خداوند یسوع مسیح ہی مرکزی شخصیت ہے۔ اِس کتاب کے لکھے جانے کا مقصد خداوند یسوع اور اُس کے مقصد کو واضح اور عیاں کرنا ہے۔ یہ نہایت اہم بات ہے کہ ہم اِس توجہ کی حامل بات کو اپنے ذہن میں رکھیں۔ مکاشفہ کی کتاب اِس بات کو بیان کرتی ہے کہ خداوند یسوع مسیح ہمارے دشمنوں کو شکست فاش دے گا۔ یہ کتاب ہمارے خداوند یسوع مسیح کا مکاشفہ اور اِس دُنیا، شیطان، موت اور جہنم کی قوتوں پر اُس کی آخری فتح کا بیان ہے۔

یہ بات قابلِ غور ہے کہ یہ مکاشفہ ہم تک کیسے پہنچا۔ پہلی آیت ہمیں بتاتی ہے کہ خدا باپ نے یہ ساری باتیں اپنے بیٹے ہمارے خداوند یسوع پر منکشف کیں، اُس نے یہ سب کچھ ایک فرشتہ پر ظاہر کیا، جس نے پھر یہ سب کچھ یوحنا رسول پر عیاں کیا۔ اُس نے اُن کو حرف بہ حرف ہمارے لئے تحریر کر دیا۔ یہ رویا انسانی خیال و تصور نہیں ہے۔ یوحنا رسول تو محض اِس بات کا ایک گواہ ہے کہ اُس نے کیا کچھ دیکھا اور سنا۔

چونکہ یہ کلام خدا کا کلام ہے۔ اِس کے ساتھ برکت منسلک ہے۔ تیسری آیت میں برکت کی تین خصوصیات دیکھیں۔ پڑھنے والوں کے لئے برکت، اِس کو سنجیدگی سے قبول کرنے والوں کے لئے برکت۔ اگر آپ اِس کتاب کو محض پڑھ لیں اور اُس کی آواز سن اور سمجھ کر اُسے عملی جامہ نہ پہنائیں تو محض پڑھ لینا آپ کے لئے باعثِ برکت نہیں ہوگا۔ اِس کتاب میں مندرج برکات کو

حاصل کرنے کی پورے طور پر توقع کرنے سے قبل ہمیں مذکورہ بالا تینوں تقاضوں کو پورا کرنا ہوگا۔ مکاشفہ کی کتاب پر غور وفکر کرتے ہوئے ہم یہ دریافت کریں گے کہ اِس کتاب میں مندرج باتیں ہمارے سمجھنے، جاننے اور عملی طور پر اپنانے کی لئے آسان نہ ہوں گی۔ بعض جسمانی طور پر ایذا رسانی کا شکار ہونگے۔ بعض کو مسیح کی خاطر جامِ شہادت نوش کرنا پڑے گا۔ دوسرے اور تیسرے باب میں لفظ ''غالب آنا'' ایک بنیادی اور مرکزی حیثیت کا حامل لفظ ہے۔ غالب آنا دُکھوں اور بہت سی رکاٹوں کی طرف اشارہ کرتا ہے۔ برکت وہی پائے گا جو اِن تمام رکاوٹوں کا سامنا کرتے ہوئے اِن سب پر خداوند یسوع کے نام سے غالب آئے گا۔

اِس خط میں ایشیاہ میں موجود سات کلیسیاؤں کو مخاطب کیا گیا ہے۔ ہمیں یہ تو معلوم نہیں کہ کیوں اِن ہی سات کلیسیاؤں کو خاص طور پر چنا گیا۔ اِس خط کو اِن ہی سات کلیسیاؤں کے پاس اُن کی حوصلہ افزائی اور اُن کو درپیش دُکھوں اور آزمائشوں کی حالت میں ایک چیلنج کے طور پر بھیجا گیا۔ یہ کتاب اُس وقت لکھی گئی جب ایذا رسانی عروج پر تھی۔ یہ بات بڑی دلچسپی کی حامل ہے کہ کیسے خداوند اِن سات مخصوص کلیسیاؤں کے تعلق سے فکرمند ہے۔ وہ اُن کے دُکھوں، مسائل اور مشکلات سے آگاہ ہوتے ہوئے اُن سے نام بنام مخاطب ہوتا ہے۔

یوحنا رسول خدائے ثالوث کی طرف سے سات کلیسیاؤں کو سلام بھیجتا ہے۔ اُس کی طرف سے سلام بھیجا گیا ''جو تھا، جو ہے، اور جو آنے والا ہے۔ یوحنا رسول تخت کے سامنے موجود سات روحوں کی طرف سے اور مسیح یسوع کی طرف سے بھی سلام بھیجتا ہے۔ آئیں اِن ہستیوں کو الگ طور سے سمجھنے کی کوشش کریں۔ چوتھی آیت کے مطابق یوحنا رسول اُس کی طرف سے سلام بھیجتا ہے۔ ''جو تھا، جو ہے اور جو آنے والا ہے۔'' خدائے واحد ابدی خدا ہے۔ وہی قادرِ مطلق ولامحدود خدا ہے جس نے ساری کائنات کو خلق کیا۔ نہ اُس کی کوئی ابتدا ہے اور نہ اُس کی کوئی انتہاہ ہے۔ ہر ایک چیز اپنے وقت پر آتی اور پھر چلی جاتی ہے، لیکن خدا وقت اور حالات کی قید سے آزاد ابد تک

دائم وقائم اور موجود رہے گا۔

دوسری بات یہ کہ تخت کے سامنے موجود سات روحوں کی طرف سے بھی سلام بھیجا گیا۔ یہ سات روحیں کون سی روحیں ہیں؟ غور کریں کہ چوتھی اور پانچویں آیت کے مطابق خدا باپ اور خدا بیٹے کی طرف سے بھیجے گئے سلام کے درمیان اِن سات روحوں کی طرف سے سلام کو بیان کیا گیا ہے۔ یہ ممکن نہیں ہے کہ ہم اِن سات روحوں کو خدا سے ہٹ کر کسی اور ہستی کے طور پر دیکھیں۔ این آئی وی ترجمہ کے حاشیہ میں ایک مجوزہ بیان ہے کہ ''سات روحوں'' کا ممکنہ ترجمہ ''سات رخی روح'' بھی ہوسکتا ہے۔

مکاشفہ کی کتاب میں سات کا عدد بہت اہمیت کا حامل ہے۔ خدا نے چھ دِن میں اِس دُنیا کو بنایا اور ساتویں دِن آرام کیا۔ سات کا عدد کاملیت اور مکمل پن کی علامت بھی ہے۔ روح القدس سات کے عدد کے ساتھ منسلک ہے جو کہ ہمیں ہر طرح کی کاملیت اور مکمل پن کی یاد دلاتا ہے۔ جیسا کہ پہلے ہی اس بات کا ذکر کیا جا چکا ہے کہ اِس کتاب میں مرکزی نکتہ خداوند یسوع مسیح کی شخصیت ہے۔ یوحنا رسول خداوند یسوع مسیح کی طرف سے بھی سات کلیسیاؤں کو سلام لکھتا ہے۔ یہاں پر غور کریں کہ یوحنا رسول خداوند یسوع مسیح کے بارے میں کیا لکھتا ہے۔ وہ ''وفادار گواہ'' ہے۔ ﴿آیت 5﴾ سب سے پہلے وہ خدا کے بارے میں بتانے کے تعلق سے وفادار گواہ ہے یوحنا رسول اپنی تحریر کردہ انجیل میں اِسے کلامِ خدا کے طور پر بیان کرتا ہے۔ ﴿یوحنا 1:1﴾ وہ بدرجہ کمال خدا اور اُس کے مقصد کی نمائندگی کرتا ہے۔

جو کچھ وہ بیان کرتا ہے وہ پورے طور پر خدا کے دل کا تاثر ہے۔ وہ باپ کے دِل کا وفادار گواہ ہے۔ دوسری بات یہ ہے کہ یسوع مسیح نے جو کچھ کہا وہ اُس میں وفادار رہا۔ اگرچہ اُس نے دُکھ اُٹھایا اور موت کا مزہ بھی چکھا، تو بھی جس مقصد کے لئے باپ نے اُسے اِس دُنیا میں بھیجا تھا، اُسے سرانجام دینے میں وہ وفادار رہا۔ یوحنا رسول یہ بھی بیان کرتا ہے کہ وہ مُردوں میں سے جی

اُٹھنے والوں میں پہلوٹھا ہے۔ ﴿ آیت 5 ﴾ یسوع سے پہلے بھی لوگ مُردوں میں سے جی اُٹھے، ہمارے خداوند یسوع مسیح نے بھی لوگوں کو مُردوں میں سے زندہ کیا۔ لیکن تو بھی یہ سب لوگ ایک دِن پھر مر گئے۔

لیکن جب یسوع مُردوں میں سے زندہ ہوئے تو وہ پھر دوبارہ کبھی نہ مرنے کے لئے زندہ ہوئے۔ فی الحقیقت صرف وہی موت پر فاتح ہوا۔ صرف وہی ''دُنیا کے حاکموں پر بادشاہ ہے'' ﴿ آیت 5 ﴾ اِس دُنیا کے زبردست ترین حاکم بھی ایک دن یسوع کے آگے گھٹنے ٹیک دیں گے۔ وہی بادشاہوں کا بادشاہ اور خداوندوں کا خدا ہے۔ سب اُسی کے سامنے جواب دہ ہونگے۔ یوحنا رسول ہمیں یسوع کا کام یاد دلاتا ہے۔ اُس نے ہم سے محبت رکھی اور ہمیں گناہوں سے رہائی بخشی، ﴿ آیت 5 ﴾ وہ ہمارے لئے مرنے کے لئے راضی ہوا۔ اُس نے ہمارے لئے صلیبی موت جیسی ظالمانہ موت کو گلے لگالیا۔ اِس سے بڑھ کر اور عظیم محبت کیا ہوسکتی ہے؟

یوحنا 15:13 میں ہمیں بتاتا ہے۔ ''اِس سے زیادہ محبت کوئی شخص نہیں کرتا کہ اپنی جان اپنے دوستوں کے لئے دے دے۔''

کسی دوسرے کے لئے جان دینا محبت کا ایک انتہائی اُتم درجہ ہے۔ اِس سے بڑھ کر اور کوئی قیمت نہیں جو کوئی ادا کر سکے۔ یسوع نے اپنی مرضی سے محبت کے ساتھ ہمارے لئے اپنی جان کی قیمت ادا کی۔

یسوع نے اپنی موت کے وسیلہ سے ہمیں ''بادشاہی کے کاہن'' بنا دیا ﴿ آیت 6 ﴾ عہدِ عتیق کے مطابق صرف اور صرف کاہن کو ہی خدا کے قریب جانے اور خدمت گزاری کرنے کا شرف حاصل ہوتا تھا۔ آج کے دور میں یسوع مسیح کی موت کے وسیلہ سے مجھے اور آپ کو دلیری کے ساتھ خدا کے فضل کے تخت کے سامنے جانے کا شرف حاصل ہو گیا ہے۔ ﴿ عبرانیوں 4:16 ﴾ ہم اُس کے برگزیدہ خادمین ہیں۔ اِس دُنیا کے سامنے اُس کو پیش کرنے

کے سبب سے ہمیں کمال خوشی ہوتی ہے۔ اِس سے بڑھ کر ہمارے لئے عزت افزائی کی اور کیا بات ہوسکتی ہے؟ جو کچھ خداوند یسوع مسیح ہے اور جو کچھ اُس نے ہمارے لئے کیا، اِس وجہ سے وہ ساری عزت اور جلال کے لائق ہے۔ ساری ستائش اور پرستش اُسی کے لئے ہے۔ وہ ہی جلال اور قدرت کے لائق ہے۔ جلال اور قدرت کسی اور کے ہاتھوں میں ایک ہولناک چیز ثابت ہو سکتی ہے۔ یہ عزت، جلال، قدرت اور ستائش صرف اور صرف ایک ہی شخص کے لئے مخصوص ہے۔ کوئی اور نہیں صرف اور صرف مسیح ہی اِس کے لائق ہے۔ صرف اور صرف مسیح ہی اِس قدرت اور جلال کو لینے کے لائق ہے۔ یوحنا رسول اپنے قارئین کرام کو یہ بتاتا ہے کہ جلال میں سربلند ہونے والا یسوع پھر سے بادلوں کے ساتھ آنے والا ہے۔ ﴿آیت 7﴾

کیا آپ اُس دن کے بارے میں تصور کر سکتے ہیں؟ وہ دن کس قدر جلالی ہوگا؟ ہماری آنکھیں اُس جلالی یسوع کو دیکھیں گی جس سے ہم محبت رکھتے ہیں۔ اُس کی آمد کو سب اپنی آنکھوں سے دیکھیں گے۔ وہ اِس طور سے واپس نہیں لوٹنے کا جس طرح وہ پہلی بار اِس دُنیا میں ایک بچے کے طور پر خاموشی سے آیا تھا۔ جب اِس بار وہ آئے گا تو ہر ایک آنکھ اُسے دیکھے گی، جو اُسے نہیں جانتے، اُن کے لئے یہ دن کس قدر بھیانک دن ہوگا! جنہوں نے اُسے چھیدا تھا، وہ بھی اُسے دیکھیں گے۔ اُس کے ظاہر ہونے کے دن، خوشی اور واویلہ دونوں ہی موجود ہونگے۔ جو اُسے جانتے ہیں، وہ اُس روز خوشی سے باغ باغ اور مسرور ہونگے۔ جنہوں نے اُسے چھیدا تھا، اُسے رد کیا تھا، اُس روز غمناک اور خوفزدہ ہونگے۔ یہی یسوع الفا اور اومیگا ﴿آیت 8﴾ یعنی ابتدا اور انتہا ہے۔ یہ وہی ہے جو تھا، جو ہے اور جو آنے والا ہے۔ یہی قادرِ مطلق خدا ہے۔ اُسے جاننا کس قدر خوشی اور خرمی کی بات ہے۔ یہی عظیم خدا ایشیاہ کی ساتوں کلیسیاؤں میں سلام بھیجتا ہے۔ خدائے ثالوث ساتوں کلیسیاؤں میں اپنا سلام اور کلام بھیجنے کے لئے پتمس کے جزیرے میں وقت نکالتا ہے۔ اِس سے بڑھ کر اور کون سی بات عزت و شرف کا باعث ہوسکتی ہے؟

چند غور طلب باتیں

☆۔ مکاشفہ کی کتاب میں مرکزی شخصیت کون ہے؟ اِس کتاب کی تفسیر میں یہ بات ہمارے لئے کیسے معاونت کا باعث ہوتی ہے؟

☆۔ اِس کتاب میں وعدہ شدہ برکات کیلئے کون سی شرائط موجود ہیں؟ کیا اِن شرائط پر پورا اُترنا آسان کام ہے؟

☆۔ خدا ابدی خدا ہے، اِس حقیقت سے آپ کو کیا تسلی ملتی ہے؟

☆۔ ایک گواہ کے طور پر یسوع کیسے وفادار رہا؟ کیا آپ ایک وفادار گواہ رہے ہیں؟

☆۔ دورِ جدید میں مسیح کے کاہن ہونے کا کیا مطلب ہے؟ کیا آپ نے بطور کاہن اُس کو وفاداری سے لوگوں کے سامنے پیش کیا ہے؟

☆۔ یسوع کی آمدِ ثانی کس طرح اُس کی پہلی آمد سے مختلف ہوگی جب وہ ایک بچہ کی حیثیت سے خاموشی سے اِس دنیا میں آئے تھے؟ کیا آپ اُس کی آمد کے لئے تیار ہونگے؟

چند ایک دُعائیہ نکات

☆۔ جب آپ مکاشفہ کی اِس کتاب کا مطالعہ کر رہے ہیں تو خداوند سے کہیں کہ وہ آپ کو اپنی راہوں کے بارے میں تعلیم دے۔

☆۔ خداوند سے کہیں کہ وہ آپ کو اِس کتاب کی صداقت کو سننے اور اِس کی تابعداری کرنے کا بھاری فضل بخشے۔

☆۔ اِس بات کے لئے خداوند کی شکر گزاری کریں کہ وہ ابدی خدا ہے۔ اُس کا شکر کریں کہ وہ لاتبدیل خدا ہے۔ چونکہ وہ ابدی اور لاتبدیل خدا ہے، آپ اُس پر توکل اور بھروسہ کر سکتے ہیں۔ عزیزو، اِس بات کیلئے خداوند کی شکر گزاری کرتے رہیں۔

☆۔ خداوند کے حضور شکر گزاری کی قربانی گزرانیں کہ اُس نے آپ کو اِس دنیا میں اپنے نمائندگان ہونے کے لئے بلایا ہے۔ خداوند سے وفادار گواہ ہونے کیلئے فضل مانگیں۔

☆۔ کچھ لمحات کے لئے یسوع کے صلیبی کام کے لئے اُس کی شکر گزاری کریں۔ اُس کا شکر کریں کیوں کہ وہ پھر سے بادلوں کے ساتھ آنے والا ہے۔ یسوع میں جو آپ کی جلالی اُمید حاصل ہے اُس کے لئے بھی اُس کی شکر گزاری کریں۔

باب 2

ابن آدم کی رویا

مکاشفہ 1:9-20 پڑھیں

اِس حصہ کا آغاز کرتے ہوئے جو کچھ یوحنا رسول چھٹی آیت میں ہمیں اپنے بارے میں بتا رہا ہے ،اس پر غور کریں، وہ اُن ساتوں کلیساؤں کے ایمانداروں کا ایک حصہ اور اُن کا ساتھی ہے۔ وہ آپس میں بھائی ہیں کیوں کہ اُن کا ایک ہی آسمانی باپ ہے۔

یوحنا رسول اُن کا ایک ساتھی بھی ہے۔ لفظ ''ساتھی'' سے مراد یہاں پر وہ شخص ہے جو کسی خاص تجربہ میں کسی کے ساتھ شریک ہوا ہو۔ یہ ممکن ہے کہ کوئی کسی شخص کا بھائی تو ہو لیکن وہ اُس کا ساتھی نہ ہو۔ ساتھی اکثر و بیشتر بھائیوں سے کہیں زیادہ گہرے طور پر ایک دوسرے سے منسلک ہوتے ہیں کیوں کہ وہ ایک ہی تجربہ سے گزر چکے ہوتے ہیں۔ یوحنا رسول ایک بھائی بھی ہے اور ایک ساتھی بھی۔ وہ ایک ہی آسمانی باپ کی معرفت ہم ایمان بھائی ہیں۔ وہ ایک مشترک تجربہ کی بنیاد پر اُن کا ساتھی بھی ہے۔ یوحنا رسول اپنے قارئین کے ساتھ کس قسم کے تجربہ میں شامل ہوا تھا؟ نویں آیت بتاتی ہے کہ وہ تین طرح کے تجربات میں شریک ہوا تھا۔ سب سے پہلے وہ اُن کے دُکھوں میں شریک ہوا، مکاشفہ کی کتاب کو تحریر کرتے وقت، یوحنا رسول انجیل کی بشارت دینے کے سبب سے پتمس کے جزیرہ میں ملک بدر تھا۔ وہ دُکھ کی اِس گھڑی میں تنہا نہیں تھا۔ اِس کتاب کے پڑھنے والے بھی ایسے ہی دُکھ میں سے گزر رہے تھے۔

یوحنا رسول بادشاہت میں بھی اُن کا شریک کار رہا۔ جبکہ خدا نے اُنہیں دُکھ سہنے کے لئے بلایا تھا تو یوحنا رسول اور اِس خط کو پڑھنے والی کلیسیاؤں کی ایک ہی جلالی اُمید تھی جس پر وہ قائم تھے۔ وہ جانتے تھے وہ اپنی منزل کی طرف رواں دواں ہیں اور اِس دنیا کے راستے سے سفر کرتے ہوئے

آگے بڑھ رہے ہیں۔ اُن کی نظریں آسمانی مکانوں پر لگی ہوئی تھیں۔ وہ اِس بات میں بھی ایک دوسرے کے شریک تھے کہ مسیح کا راج اُن کے دلوں پر قائم تھا۔ اپنی زندگی میں بھی وہ مسیح کی کامل تابعداری اور خداوندیت کے نیچے تھے۔ اور آخری بات یہ کہ یوحنا رسول اپنے بھائیوں کے ساتھ صبر و تحمل میں بھی شریک کار رہوا۔ اُنہوں نے خداوند کی خاطر سختیاں جھیلیں۔ دُکھوں، آزمائشوں اور مصائب والم میں باہم وفادار، قائم اور مضبوط رہے۔ یوحنا رسول اِن ایمانداروں کے ساتھ ثابت قدم رہتے ہوئے اُن کے ساتھ متفق اور یکدل تھا۔

اِس بات پر غور کریں کہ یوحنا رسول کو خداوند کے دن، یعنی سبت کے دن خداوند کی طرف سے رویا ملی۔ اگرچہ یوحنا رسول کو دوسرے ایمانداروں سے الگ کسی جگہ پر ملک بدر کیا گیا تھا۔ لیکن کوئی بھی اُس کی رفاقت کو خداوند کے ساتھ ختم نہ کر سکا۔ جلاوطنی کی اِس حالت میں خداوند اُس کے ساتھ ہم کلام ہوا اور اُس کے ساتھ رفاقت قائم کی۔ جلاوطنی کی اِس حالت میں خداوند کو یوحنا کی کامل توجہ حاصل ہوئی۔ یہاں پر خداوند اور یوحنا کے درمیان کسی قسم کا کوئی خلل حائل نہیں تھا۔

یہاں پر یوحنا رسول کے پاس کرنے کے لئے کوئی کام نہیں تھا۔ یہاں پر وہ بالکل تن تنہا تھا۔ بعض اوقات خدا ہمیں تنہائی اور خاموشی کے مقام پر لے آتا ہے تاکہ وہ ہماری پوری توجہ حاصل کر کے ہمارے دلوں سے ہم کلام ہو سکے۔

اِس رویا میں یوحنا رسول نے ایک بلند آواز سنی۔ ایسے جیسے کوئی بہت بڑے نرسنگے کے پھونکے جانے کی آواز ہوتی ہے۔ اُس آواز نے یوحنا رسول سے کہا کہ جو کچھ وہ دیکھتا ہے اُسے ایک طومار پر لکھ کر ایشیاہ میں ساتوں کلیسیاؤں کو بھیج دے۔ یوحنا نے مڑ کر اُس شخص کو دیکھنا چاہا جو اُس سے باتیں کر رہا تھا۔ اُس نے سات چراغدان دیکھے۔ اُن سات چراغدانوں کے درمیان ایک شخص تھا جو ابنِ آدم کی طرح تھا۔ یہ شخص پاؤں تک کا جامہ پہنے اور سونے کا ایک سینہ بند اپنے سینے پر باندھے ہوئے تھا۔ واضح طور پر معلوم ہوتا ہے کہ وہ شخص کوئی اہم شخصیت ہے۔ ممکن ہے کہ یہ

بیان کرنا مقصود ہو کہ وہ شخص کہانت کا لباس زیب تن کئے ہوئے تھا۔

یوحنا نے اِس بات پر بھی غور کیا کہ اُس کے بال اُون کی مانند اور برف کی طرح سفید تھے۔ بائبل کے دور میں سفید بال وقار اور حکمت کی علامت تھے۔ اُس کی آنکھیں آگ کے شعلہ کی مانند تھیں۔ اور اُس کے پاؤں اُس خالص پیتل کی مانند تھے جو آگ میں تپایا گیا ہو۔ اُس کی آواز زور کے پانی کی سی تھی۔ اُس کی شخصیت اور شکل وشبہات مقدس اور بارُعب تھی۔

اُس کے دہنے ہاتھ میں سات ستارے تھے۔ اور اُس کے منہ سے ایک تیز تلوار نکلتی تھی ۔عبرانیوں 4:12 میں خدا کے کلام کو دو دھاری تلوار سے تشبیہ دی گئی ہے۔ دو دھاری تلوار گہرا گھاؤ لگاتی ہے۔ اور اِس سے مراد اختیار بھی ہے۔ یوحنا رسول نے دیکھا کہ اُس شخص کا چہرہ اِس طرح چمک رہا ہے جیسے تیزی کے وقت آفتاب چمکتا ہے۔ اُس کا پورا وجود آگ کی تپش اور ایک چمکدار روشنی سے منور تھا۔ اور یہ ایک جلالی ہستی معلوم ہوتی تھی۔ جب اُس نے اُسے دیکھا تو اُس کے پاؤں میں مردہ سا گر پڑا۔ جو کچھ اس نے دیکھا اُس کا ذہن اُس کو سمجھ نا سکا، وہ سب کچھ اُس کی برداشت سے باہر تھا۔ یہ شخصیت اِس قدر جلالی تھی کہ یوحنا رسول نے سمجھا کہ اگر کچھ دیر مزید وہ دیکھتا رہا تو وہ مر جائے گا۔ اُسے اپنی جان کا خطرہ پڑ گیا اور وہ اُس کے قدموں میں گر پڑا۔

یوحنا رسول کے خوف کو سمجھتے ہوئے، وہ شخصیت اُس تک پہنچی اور اپنا دہنا ہاتھ اُس پر رکھتے ہوئے کہا، ''خوف نہ کر، میں اوّل اور آخر اور زندہ ہوں، میں مر گیا تھا اور دیکھ میں ابدالاباد زندہ رہوں گا اور موت اور عالمِ ارواح کی کنجیاں میرے پاس ہیں۔ ﴿آیت 18-17﴾

اِس جلالی اور عظیم ہستی کی موجودگی میں یوحنا کو کسی چیز سے ڈرنے کی کوئی ضرورت نہ تھی۔

اُس روز یوحنا رسول نے جس شخصیت کو دیکھا وہ خداوند یسوع مسیح تھا جو اپنی جلالی حالت میں وہاں پر موجود تھا۔ یسوع کے پاس موت اور عالمِ ارواح کی کنجیاں ہیں۔ وہ ہمارے زبردست دشمنوں سے کہیں زیادہ زور آور ہے۔ یہ بات یوحنا اور ساتوں کلیسیاؤں کے لئے کس قدر حوصلہ

افزائی کا باعث ہوئی ہوگی۔ خداوند یسوع نے اپنی موت اور مُردوں میں سے جی اُٹھنے کے سبب موت اور عالمِ ارواح کی کنجیاں حاصل کرلی تھیں۔ چونکہ ہمارے خداوند یسوع نے موت اور جہنم پر فتح پائی تھی اِس لئے وہ بھی اُن دونوں چیزوں پر غالب آ سکتے تھے۔

اِس باب کی آخری آیت میں اُن ایمانداروں کے لئے ایک اور تسلی بھی پائی جاتی ہے۔ یوحنا رسول نے ہمارے خداوند کو سات چراغدانوں کے درمیان اپنے ہاتھوں میں سات ستارے لئے ہوئے دیکھا۔ 20 آیت بیان کرتی ہے کہ ساتوں ستاروں سے مُراد ساتوں کلیسیاؤں کے سات فرشتے ہیں۔ فرشتہ ایک پیامبر ہوتا ہے۔ یہ ممکن ہے کہ سات ستارے ساتوں کلیسیاؤں کے پاسبانوں کو پیش کررہے تھے۔ سات چراغدان سات کلیسیاؤں کو پیش کرتے تھے۔ جنہیں اِس دُنیا کے لئے نور ہونے کے لئے بلایا گیا تھا۔

خداوند یسوع، ستاروں ﴿ پاسبانوں ﴾ چراغدانوں، ﴿ کلیسیاؤں ﴾ کے درمیان تعلق کو دیکھیں۔ 13 آیت میں یوحنا رسول نے چراغدانوں کے درمیان یسوع مسیح کو دیکھا۔ یاد رکھیں کہ اُن کلیسیاؤں کو ستایا جاتا تھا۔ ایذاہ رسانی کے اِس دور میں اُنہیں باور کرانا مقصود تھا کہ مسیح اُن کے درمیان ہے۔ جہاں تک اُن کلیسیاؤں کے ساتوں ستاروں، یعنی رہنماؤں کا تعلق ہے تو وہ خداوند کے دہنے ہاتھ میں تھے۔ ﴿ 16 آیت ﴾ خدا کو اُن ساتوں کلیسیاؤں کے رہنماؤں کے تعلق سے خاص فکر تھی۔ اُس نے پاسبانوں کو اپنے ہاتھ میں محفوظ کررکھا تھا۔ وہ بالکل محفوظ تھے۔ جو اپنے ہاتھوں میں سات ستارے لئے ہوئے ہیں اور سات چراغدانوں میں پھرتا ہے وہ اَب بھی ہمارا خدا ہے۔ اُس کے پاس موت اور عالمِ ارواح کی کنجیاں ہیں۔ وہ ہی ہمارا خداوند ہے۔ اپنے دکھوں، آزمائشوں اور مصائب میں آپ کا یہ قوی ایمان ہونا چاہئے کہ وہ آپ کے ساتھ اور آپ کے درمیان ہے۔ وہی بادشاہ ہے۔ وہ ہم سے دستبردار نہیں ہوتا اور نہ ہمیں ترک کرتا ہے۔ وہ ہمارے درمیان چلتا پھرتا اور ہمیں اپنے ہاتھوں میں محفوظ رکھتا ہے۔

چند غور طلب باتیں

☆۔ ایک بھائی اور ایک ساتھی میں کیا فرق ہوتا ہے؟ ہم کس طرح مسیح کے بدن کے عضو ہوتے ہوئے بیک وقت ایک بھائی/بہن اور ساتھی ہو سکتے ہیں؟

☆۔ یوحنا رسول جب بالکل تنہائی میں تھا خدا نے اُس سے کلام کیا۔ خدا کس طرح آزمائشوں کو ہماری توجہ حاصل کرنے کے لئے استعمال کرتے ہوئے ہمیں اپنے قریب لے آتا ہے؟

☆۔ جلالی مسیح کے لئے یوحنا رسول کا کیسا ردِعمل تھا؟ آپ کے لئے یسوع کیا حیثیت رکھتا ہے؟

☆۔ یہاں پر یسوع کو موت اور عالمِ ارواح کی کنجیوں کے ساتھ پیش کیا گیا ہے، آپ کو اِس حقیقت سے کیا حوصلہ افزائی ملتی ہے کہ موت اور عالمِ ارواح کی کنجیاں یسوع کے پاس ہیں؟

☆۔ خداوند یسوع کو یہاں پر سات ستارے اپنے ہاتھ میں لئے سات چراغدانوں میں پھرتے ہوئے دکھایا گیا ہے، سات چراغدان اور سات ستارے کس چیز کو پیش کرتے ہیں؟ اِس سے آپ کی کیا حوصلہ افزائی ہوتی ہے؟

چند ایک دُعائیہ نکات

☆۔خداوند سے کہیں کہ وہ آپ کو توفیق دے کہ آپ اپنے اِردگرد موجود ایمانداروں کے لئے ایک بھائی/ بہن اور ساتھی بن سکیں۔

☆۔ایسے وقتوں کے لئے خداوند کا شکر کریں جب دُکھوں کے وسیلہ سے اُس نے آپ کی کامل توجہ حاصل کی۔اُس وقت جو کچھ خداوند نے آپ کو سکھایا اُس کے لئے اُس کی شکرگزاری کریں۔

☆۔خداوند کے جلال اور عظمت کے لئے اُس کی شکرگزاری کریں، اگرچہ وہ جلالی اور مہیب خدا ہے تو بھی وہ آپ میں دلچسپی رکھتا ہے، اِس بات کے لئے بھی اُس کی شکرگزاری کریں۔

☆۔اِس بات کے لئے بھی خداوند کے شکرگزار ہوں کہ اُس کے پاس موت اور عالمِ ارواح کی کنجیاں ہیں۔خداوند کے ہاتھوں میں ہماری زندگی اور موت ہے، اِس بات کیلئے بھی اُس کی شکرگزاری کریں۔

☆۔خداوند کا شکر کریں کہ ایک دن وہ شیطان اور اُس کے فرشتوں کو ہمیشہ کے لئے جہنم میں بند کر دے گا۔

☆۔کچھ لمحات کے لئے اُس کے حضور شکرگزاری کی قربانی پیش کریں کہ وہ ہمارے درمیان چلتا پھرتا اور ہمیں اپنے ہاتھوں میں سنبھالے ہوئے ہے۔خداوند کا شکر کریں کہ نہ تو وہ ہمیں ترک کرتا ہے اور نہ ہی ہم سے دستبردار ہوتا ہے۔﴿استثنا 31:6﴾

باب 3

اِفسس کی کلیسیا

مکاشفہ 2:1-7 پڑھیں

ایک وفادار مسیحی ہوتے ہوئے ہمارے لئے سب سے بڑی آزمائش یہ ہوتی ہے کہ ہم جو کچھ بھی خداوند کے لئے کرتے ہیں وہی ہماری زندگی کا مرکز ومحور بن جاتا ہے۔اور ہم اِس قدر اُن کاموں میں کھوجاتے ہیں کہ خداوند ہی کونظرانداز کردیتے ہیں۔کلیسیائی سرگرمیاں اورحق بات کے لئے جدوجہد اِس قدر ہمیں اُلجھا دیتے ہیں کہ اپنے ایمان کی بنیاد ہی ہماری نظروں سے اوجھل ہوجاتی ہے۔دُنیا بھر میں بے شمار مسیحی دشمن کی طرف سے آنے والی اِس آزمائش کا شکار ہو چکے ہیں کہ وہ بعض تعلیمات کی بحث وتکرار ہی میں خودکوخوش رکھتے ہیں۔اوراپنے علم کوکامل قرار دیتے ہوئے خوش فہمی کا شکار رہتے ہیں۔روایات اور تعلیمات ہماری زندگی میں پائے جانے والے خلاکوپُرنہیں کرسکتیں۔ہماری بھرپوراورکامل توجہ کامرکزصرف اورصرف خداوند یسوع مسیح کو ہونا چاہئے۔اپنی خدمت گزاری کے کاموں میں کھوکراپنے خداوند ہی کونظرانداز کردینا کس قدر آسان بات ہے۔اِفسس کی کلیسیا ایسی ہی آزمائش میں اُلجھ کررہ گئی تھی۔

یوحنا رسول نے اِفسس کی کلیسیا کے فرشتہ ﴿پاسبان﴾ کوکلیسیا کے نمائندہ کی حیثیت سے لکھا۔اِس بات پرغورکریں کہ یہ خط اُس کی طرف سے لکھا گیا ہے جواپنے دہنے ہاتھ میں سات ستارے لئے ہوئے ہےاور جوسات چراغدانوں میں پھرتا ہے۔﴿آیت 1﴾

ہم پہلے باب میں اِس شخص سے ملاقات کرچکے ہیں۔یہ شخصیت خداوند یسوع مسیح کے علاوہ اور کون ہوسکتی ہے۔جواپنے لوگوں کے درمیان موجود رہتا ہےاوراُنہیں اپنے ہاتھوں میں سنبھالے رکھتا ہے۔

اِفسس کی کلیسیا کے نام لکھے گئے اِس خط میں، خداوند یسوع مسیح نے کلیسیا کے کاموں کی تعریف کی، کلیسیا کی محنت و مشقت قابلِ تحسین اور اُن کی ثابت قدمی اور وفاداری بھی قابلِ قدر تھی۔ آئیں اِن تین الفاظ کا بغور جائزہ لیں۔ خداوند نے اِفسس کی کلیسیا کے کاموں پر نظر کی۔ یونانی لفظ اُس چیز کی طرف اشارہ کرتا ہے جو کسی فنکار کی کاریگری ہو۔ یہ محنت اور عملی کاوشوں کا پھل ہے۔ جب کوئی اِفسس کی کلیسیا پر نظر کرتا تھا تو بلا شبہ اُسے ایسے شواہد ملتے تھے جو اِس بات کی تصدیق کے لئے کافی تھے کہ وہ بڑے وفادار خادم ہیں۔ ہمیں یہاں پر یہ تو نہیں بتایا گیا کہ اُن کے یہ کام کون سے تھے۔ لیکن یہاں پر ہمیں ایسی کلیسیا کی تصویر نظر آتی ہے جو اپنے اردگرد کے لوگوں کی خدمت میں عملی طور پر سرگرم تھی۔

دوسری بات یہ ہے کہ اِفسس کی کلیسیا کی سخت محنت کرنے پر بھی اُس کی تعریف کی گئی۔ یونانی لفظ انتہائی شدید جدوجہد اور کوشش کو ظاہر کرتا ہے۔ یعنی ایسی کاوش جو بڑی کڑی آزمائش اور مشکل حالات اور صورتحال کے باوجود کی جائے، جو کہ اِفسس کی کلیسیا کیلئے آسان کام نہیں تھا۔ خداوند کے لئے زندگی بسر کرنے کی خواہش کی تکمیل میں اُنہیں بڑی مشکلات سے گزرنا پڑا۔ اُنہیں ایذا رسانی کا سامنا کرنا پڑا۔ مسیح کے ساتھ وفادار رہنے کے لئے اُنہیں سخت محنت کرنا پڑی۔ خداوند یسوع نے اُن کی جدوجہد کو دیکھا۔

تیسری بات یہ کہ اِفسس کی کلیسیا کو ثابت قدم رہنے پر بھی سراہا گیا۔ ثابت قدمی، استقلال اور وفاداری سے کیا مراد ہے؟ اِس کا مطلب ہے کہ درست راہ سے انحراف اختیار کئے بغیر وفادار رہنے کی صلاحیت۔ یہ اُس شخص کی خوبی اور لیاقت ہوتی ہے جو حائل رکاوٹوں کو نظرانداز کرتے ہوئے اپنے مقصد کے حصول کے لئے وفادار رہتا ہے۔ اِفسس کی کلیسیا بھی ایسی ہی تھی۔ یہ کلیسیا خداوند اور اُس کے جلال کے لئے وقف تھی۔ کوئی بھی ایسی رکاوٹ نہیں تھی جو اُنہیں خداوند مسیح سے وفادار رہنے کی راہ میں حائل ہو سکتی۔

اِفسس کی کلیسیا کو کئی ایک مشکلات اور آزمائشوں کا سامنا تھا۔ اِس کلیسیا کو جھوٹے اُستادوں کا بھی سامنا تھا جو یہاں پر اِس دعویٰ کے ساتھ آئے تھے کہ وہ رسول ہیں۔ کلیسیا نے اُن کو جانچا پرکھا تو اُنہیں جھوٹے اور دغا باز پایا۔ نیکلیوں کی تعلیمات کو رد کرنے پر بھی اُن کی تعریف کی گئی۔ ہمیں نیکلیوں کے بارے میں کچھ زیادہ معلوم تو نہیں لیکن ایک بات یہاں پر بالکل واضح ہے کہ وہ سچائی کی منادی نہیں کرتے تھے۔

اِفسس کی کلیسیا میں یہ صلاحیت پائی جاتی تھی کہ وہ غلط تعلیمات کو پہچان لے۔ اُس کلیسیا نے اُن سب کو رد کر دیا تھا جو غلط تعلیمات کی منادی کرتے تھے۔ یہ کلیسیا ہر طرح کے حالات اور ماحول میں سچائی پر قائم رہی۔ یہ نکتہ کلیسیا کے بارے میں بہت کچھ بیان کرتا ہے۔ یہاں پر ہمیں وہ کلیسیا نظر آتی ہے جو سچائی اور گمراہی پر مبنی تعلیمات میں فرق کر سکتی ہے۔ یہ وہ کلیسیا تھی جو سچائی کو جاننے اور اُس کی منادی کرنے کیلئے وفادار تھی۔

تیسری آیت میں خداوند اِس بات کو تسلیم کرتا ہے کہ اِفسس کی کلیسیا نے اُس کے نام کی خاطر بہت سی سختیاں جھیلیں اور بڑی ایذا رسانی کا سامنا کیا۔ اپنی جانفشانی اور جدوجہد میں اِفسس کی کلیسیا نہ تو کبھی بے دل ہوئی اور نہ ہی کبھی اُس نے فکرمندی کو خود پر مسلط ہونے دیا۔ اِفسس کی کلیسیا کے تعلق سے خداوند یسوع مسیح کی تحسین و تعریف پر مبنی باتیں کلیسیا کے بارے میں بہت کچھ بیان کرتی ہیں۔ دورِ جدید میں ہمیں ایسی بہت سی کلیسیاؤں کی ضرورت ہے۔

لیکن غور کریں کہ خداوند کو اِفسس کی کلیسیا سے ایک شکایت تھی ﴿4 آیت﴾۔ اور وہ یہ کہ اُنہوں نے پہلی سی محبت کھو دی تھی۔ اِفسس جیسی کلیسیا پر پہلی سی محبت کھو دینے کا الزام کس طرح لگایا جا سکتا ہے؟ کیا اُن کی ثابت قدمی اور وفاداری اِس بات کی تصدیق کے لئے کافی نہ تھی کہ وہ خداوند سے محبت رکھتی ہے۔

کیا یہ ممکن ہے کہ ایک ایسی کلیسیا جو تعلیمی لحاظ سے بالکل خالص ہو اور خداوند کیلئے دُکھ اُٹھانے کے

لئے بھی تیار ہواور وہ خداوند کے لئے اپنی پہلی سی محبت کھو دے؟ کلامِ مقدس کی روشنی میں یہ نہ صرف ممکن ہے بلکہ یہی کچھ تو اِفسس کی کلیسیا کے ساتھ واقع ہوا تھا۔

بہت سے جوڑے اپنے ازدواج کے عہد و پیمان میں بڑے وفادار ہوتے ہیں۔ وہ اپنے جیون ساتھی کے ساتھ کبھی بے وفا ہونے کے بارے میں سوچ بھی نہیں سکتے۔ اپنے خاندان کی بحالی، خوشحالی اور سلامتی کے لئے وہ بڑے وفادار ہوتے ہیں۔ ازدواجی عہد و پیمان پر پورا اُترنے کیلئے وہ ہر طرح کے دُکھ جھیلنے کیلئے بھی تیار ہوتے ہیں اُن کا یہ ایمان ہوتا ہے کہ ایک مضبوط ازدواج اور کامیاب گھرانہ معاشرے کی تعمیر و ترقی میں ایک اہم کردار ادا کرتا ہے۔

اگرچہ وہ اپنے جیون ساتھی کے ساتھ وفادار ہوتے ہیں تو بھی وہ اپنی پہلی سی محبت کھو چکے ہوتے ہیں۔ محبت کا جوش و خروش ختم ہو چکا ہوتا ہے۔ اب وہ محض معمول کی زندگی گزار رہے ہوتے ہیں، اُس قربت اور گہری محبت سے لطف اندوز نہیں ہو رہے ہوتے جو کبھی اُن کے معمول کا حصہ ہوتی تھی۔ بلاشبہ وہ ایک دوسرے سے وفادار تو ہوتے ہیں لیکن محبت، خوشی اور ازدواجی قربتوں کی شادمانی کافور ہو چکی ہوتی ہے۔

آج بہت سی کلیسیاؤں کی حالت بھی ایسی ہی ہے۔ جہاں تک سچائی پر قائم رہنے کی بات ہے آپ کبھی بھی اُن میں اِس تعلق سے کوئی نقص نہ نکال سکیں گے۔ جس طرح کہ مذکورہ سطور میں جوڑے کی مثال دی گئی ہے وہ معمول کی زندگی گزارنے پر مجبور ہو جاتے ہیں۔ اب خداوند کے لئے چاہت اور محبت کی بجائے، وہ روایات اور معمول پر اُتر آتے ہیں۔ خداوند ہمارے دلوں کو حاصل کرنا چاہتا ہے نا کہ محبت سے خالی معمول کی زندگی اور روایات کی پیروی میں زندگی بسر کرنا۔ کیا آپ خداوند سے محبت کرتے ہیں؟

غور کریں کہ میں یہ نہیں کہہ رہا کہ کیا آپ کلیسیا کی دی گئی تعلیمات پر عمل پیرا ہوتے ہیں۔ اور نہ ہی میں یہ سوال کر رہا ہوں کہ کیا آپ کلیسیا کے مقصد و مشن میں وفادار ہیں۔ میں یہ بھی نہیں کہہ رہا

کہ کیا آپ مسیح کے لئے دُکھ اُٹھانے کے لئے تیار ہیں۔سوال یہ ہے کہ کیا آپ یسوع مسیح سے محبت رکھتے ہیں۔کیا وہ آپ کے دل کی خواہشوں اور حسرتوں میں مرکزی توجہ کا حامل ہے؟ کیا آپ کلیسیا کے کسی مقصد سے بڑھ کر اُس سے محبت رکھتے ہیں؟ جو کچھ آپ اُس کے لئے کر سکتے ہیں، کیا اِس سے بھی بڑھ کر آپ اُس سے پیار کرتے ہیں؟ تعلیم اچھی بات ہے لیکن مسیح اِس سے بھی عظیم تر ہے۔کلیسیا مسیح کی دلہن ہے۔اور یہ خوبصورت دلہن ہے لیکن مسیح اِس سے بھی بدرجہ کمال خوبصورت ہے۔

ممکن ہے کہ یہ نکتہ ایک معمولی بات دکھائی دے لیکن مسیح نے اِس معاملہ کو اِس قدر سنجیدگی سے دیکھا کہ اُس نے افسس کی کلیسیا کو یہ بتایا کہ اگر وہ اُس بلندی کو محسوس کرتے ہوئے جہاں سے وہ گرے ہیں اور توبہ نہیں کرتے تو وہ اُن کے چراغدان کو اُس کی جگہ سے ہٹا دے گا۔﴿ آیت 5﴾ جب مسیح چراغدان ہٹا دیتا ہے تو پھر روشنی جاتی رہتی ہے اور تاریکی غالب آجاتی ہے۔

بہت سی کلیسیاؤں کو مسیح کی بجائے مسیح کے کام کے لئے محبت کی آزمائش سے شیطان نے اپنی طرف ورغلا لیا ہے۔شیطان نے اُنہیں اِس بات کے لئے ورغلا لیا ہے کہ وہ مسیح سے زیادہ مذہبی تعلیمی باتوں سے محبت کریں۔خواہ یہ باتیں کتنی ہی اہم اور ضروری کیوں نہ ہوں، کبھی بھی اِن باتوں کو اِس بات کی اجازت نہ دیں کہ وہ ہماری زندگی میں مسیح کے لئے محبت میں کسی قسم کا کوئی خلل پیدا کریں۔وہ کلیسیا جو مسیح سے زیادہ مذہبی تعلیمی باتوں کو سرفہرست رکھتی اور مسیح کو نظرانداز کرتی ہے، بت پرستی جیسے گناہ کی مُرتکب ہوتی ہے۔ایسی کلیسیا جلد ہی تاریکی کا شکار ہو جاتی ہے۔

مسیح تو یہ چاہتا ہے کہ اُس کے لوگ بدل و جان اُس سے محبت رکھیں، وہ اپنے لوگوں کو کسی بھی چیز سے زیادہ اپنے سے محبت کرتے ہوئے دیکھنا چاہتا ہے۔مسیح کبھی بھی نہیں چاہتا کہ آپ کسی اور

شخص یا چیز کو بھی اُس کی جگہ پر رکھیں یا کسی اور چیز یا شخص کو مسیح سے زیادہ پیار دکھائیں۔ اِفسس کی کلیسیا ایک زبردست کلیسیا تھی۔ وہ ایذا رسانیوں میں بھی قائم اور وفادار رہے، اُنہوں نے اپنے ایمان کو محفوظ رکھا۔ ہر لحاظ سے بظاہر وہ بڑی وفاداری سے چل رہے تھے۔لیکن ایک جگہ پر آکر وہ ناکام ہو گئے اور وہ تھا مسیح سے بڑھ کر مسیح کے کام کے لئے محبت۔کبھی بھی ایسے پھندے میں نہ پھنسیں۔

خداوند اِس خط کو اِفسس کی کلیسیا کو ایک چیلنج دیتے ہوئے ختم کرتا ہے۔ اور وہ یہ کہ اگر اُن کے پاس سننے والے کان ہیں تو وہ سنیں کہ روح اُنہیں کیا بتا رہا ہے۔اُنہیں روح کی آواز کو سن کر اُس کی تابعداری کرنا تھی۔جو غالب آئے حیات کے درخت کا پھل کھائے گا۔آپ حیات کے درخت کے بارے میں کیا جانتے ہیں؟ پیدائش 3:22-24 ہمیں بتاتا ہے کہ اُس درخت میں ابدی زندگی دینے کی قوت پائی جاتی ہے

اِفسس کی کلیسیا کے ساتھ یہی وعدہ ہے کہ اگر وہ غالب آئیں تو اُنہیں حیات کے درخت کا پھل کھانے کو دیا جائے گا۔خداوند کے لئے محبت کے سلسلہ میں اِفسس کی کلیسیا کو غالب آنا تھا۔ اِفسس کی کلیسیا کے لئے آزمائش یہ تھی کہ وہ مسیح سے زیادہ تعلیمی باتوں کی محبت میں اُلجھ کر رہ گئی تھی۔اُنہیں اِس آزمائش پر غالب آتے ہوئے اپنے دلوں میں مسیح کو مرکزی مقام دینا تھا۔ اور بالکل یہی کام ہمیں کرنا ہے۔

چند غور طلب باتیں

☆۔کلام کے حصہ میں ہمیں کون سے شواہد ملتے ہیں کہ اِفسس کی کلیسیا خداوند کی خدمت میں بڑی وفادار تھی؟

☆۔کون سے شواہد موجود ہیں کہ افسس کی کلیسیا سچائی کے دفاع کیلیئے سنجیدہ تھی۔

☆۔محبت کھو دینا خداوند کیلیئے اتنا بڑا معاملہ کیوں تھا؟اِس سے ہمیں کیا سیکھنے کو ملتا ہے کہ خداوند کے لئے حقیقی طور پر کس چیز کی اہمیت ہے۔؟

☆۔اگر اِفسس کی کلیسیا مسیح کے لئے محبت میں بحال نہ ہوتی تو اُس نے ختم ہو جانا تھا۔کیا یہ بات آج کی کلیسیا کے بھی بالکل سچ ہے؟وضاحت کریں۔

☆۔کیا آپ کسی بھی چیز یا شخص سے بڑھ کر مسیح سے محبت رکھتے ہیں؟

چند ایک دُعائیہ نکات

☆۔خداوند سے فضل اور توفیق مانگیں کہ آپ اُس کی خدمت کرتے ہوئے اُس کے کلام کی سچائیوں پر مضبوطی سے قائم رہ سکیں۔

☆۔خداوند سے دُعا کریں کہ آپ کو اِس بات کی معافی عطا فرمائے کہ آپ مسیح سے زیادہ اُس کے کام سے محبت رکھتے رہے ہیں۔

☆۔خداوند سے دُعا کریں کہ وہ آپ کی کلیسیا کی تجدیدِ نو کرے تاکہ یہ پھر سے خداوند کو جاننے کی خوشی کو دریافت کر سکے۔

باب 4

سمرنہ کی کلیسیا

مکاشفہ 2:8-11 پڑھیں

بحثیت مسیحی لوگ ہم اپنے حالات پر فتح پا سکتے ہیں، جن مشکلات سے ہم دوچار ہیں، اِنہی مشکلات و مسائل کو خدا اپنے مقصد کو ہماری زندگیوں میں پورا کرنے کے لئے استعمال کر سکتا ہے۔ ہمیشہ ہی سے ہر ایک چیز پر اُس کا اختیار اور غلبہ قائم ہیں۔ اگرچہ محسوس تو یوں ہی ہوتا ہے کہ دشمن جنگ جیت رہا ہے، ہمیں اِس بات کا اعتماد اور بھروسہ ہونا چاہئے کہ خدا کبھی بھی ہمیں شکست سے دوچار نہیں ہونے دے گا۔

سمرنہ کی کلیسیا کو خط اُس کی طرف سے لکھا گیا ''جو ہے، جو تھا اور جو آنے والا ہے۔ اُس کی طرف سے جو مُردوں میں سے زندہ ہوا۔ ہم مکاشفہ 1:17:18 میں اُس شخصیت سے مل چکے ہیں۔ خداوند یسوع مسیح موت پر فاتح ہو چکے تھے۔ ہمیں اِس بات کو یاد رکھنے کی ضرورت ہے کہ کلیسیا اُس وقت ایذا رسانی کے دور میں سے گزر رہی تھی۔ اُس کی طرف سے خط وصول کرنے پر جس نے موت پر فتح پائی تھی، اُن کی بڑی حوصلہ افزائی ہوئی ہوگی۔

خداوند یسوع مسیح سمرنہ کی کلیسیا کی غربت اور دُکھوں سے بلاشبہ واقف اور آگاہ تھے۔

جب اُس نے اِفسس کی کلیسیا سے کلام کیا، تو خداوند نے یہ کہا کہ وہ اُن کی ''محنت سے واقف ہے۔'' ﴿مکاشفہ 2:2﴾

یہاں پر سمرنہ کی کلیسیا ہے جس کے دُکھوں سے خداوند واقف ہے۔ یہ بہت سخت کلام ہے، اِفسس کی کلیسیا سے کہیں زیادہ جدوجہد اور جانفشانی نظر آتی ہے۔ لفظ ''غربت'' یونانی زبان میں اِس لفظ کی طرف اشارہ ہے جو اِس قدر غریب ہو چکا ہو کہ اُسے زندہ رہنے کے لئے بھیک

مانگنے کا سہارا لینا پڑتا ہے۔

عین ممکن ہے کہ سمرنہ کی کلیسیا مسیح کے کام اور مقصد کے سبب غربت کا شکار ہوگئی ہے یعنی اُس نے مسیح سے زیادہ اُس کے کام پر توجہ دینا شروع کر دی ہو۔ تاریخ کے اُس دور میں مسیحیت کو بجا طور پر تسلیم نہیں کیا جاتا تھا۔

مسیحیوں کو ایسے انقلابی سمجھا جاتا تھا جو عجیب طرح کی تعلیم کی پیروی کر رہے تھے۔ اِس وجہ سے اُنہیں ظلم وستم کا سامنا کرنا پڑا۔ بعض مفسرین کا یہ ایمان ہے کہ سمرنہ کی کلیسیا کو اپنے ایمان کے سبب دُنیاوی مال واسباب سے محروم ہونا پڑا۔ اُن پر ہونے والے اِس ظلم وستم اور بے انصافی کی طرف کسی نے بھی کوئی توجہ نہ دی۔ خداوند نے اُنہیں بتایا کہ اُن کی غربت کے باوجود وہ دولت مند تھے۔ جبکہ جسمانی طور پر اُن کے پاس بہت کم تھا۔ وہ روحانی طور پر کثرت کی زندگی گزار رہے تھے۔ ہمارے ایمان کے تعلق سے ایک زبردست اور دلچسپ بات یہ ہے کہ ہمارا ایمان ہمارے جسمانی حالات سے کہیں بڑھ کر عظیم ہوتا ہے۔ یہ ممکن ہے کہ ہم انتہائی غربت میں رہتے ہوئے بھی سب لوگوں سے زیادہ مطمئین زندگی بسر کریں۔

مسیح میں ہم اپنے حالات پر فاتح ہو سکتے ہیں۔ اِس کی سب سے خوبصورت تصویر اعمال 6 باب میں ستفنس کی مثال ہے۔ اُس کے ایمان کے سبب یہودی لوگ شہر سے باہر گھسیٹ کر اُسے سنگسار کرنے کے لئے لے گئے۔ جب وہ ستفنس کو سنگسار کر رہے تھے تو اُنہوں نے اُس کے چہرے پر ایک چمک دمک دیکھی۔ ستفنس کی آنکھیں آسمان پر لگی ہوئی تھیں۔ اُس نے خداوند کو آسمان پر تخت نشین دیکھا۔ اُسے اِس بات کی خوشی تھی کہ وہ اپنے خداوند کے پاس ابدی گھر میں جا رہا ہے۔

اگرچہ جسمانی طور پر تو ستفنس کو دُکھ اُٹھانا پڑا لیکن اُس کے سینے میں ایک شادمان دل تھا۔ کیوں کہ اپنے خداوند کے ساتھ اُس کا تعلق اور رشتہ بالکل درست تھا۔ سمرنہ کی کلیسیا حالات پر

اِس فتح سے واقف تھی۔

اگرچہ جسمانی لحاظ سے تو وہ اتنے خوشحال نہیں تھے لیکن روحانی خوشی اور اطمینان اُن کے پاس افراط سے تھا۔ اپنے دُکھ اور مصیبت میں بھی وہ اپنے خداوند کی قربت اور رفاقت میں مضبوط ہو رہے۔ سمرنہ کی کلیسیا میں جسمانی غربت کی صورت میں ایذاہ رسانی آئی۔ ایذاہ رسانی تہمت بازی کی صورت میں بھی آئی۔ 9 آیت میں خداوند نے اُنہیں یہ بتایا کہ وہ اُن سب باتوں سے بھی واقف ہے جو کچھ اُس کے بارے میں لوگ کہہ رہے ہیں، ۔ یہودی لوگ اُس کلیسیا پر طرح طرح کی الزام تراشی اور تہمت بازی کرر ہے تھے۔

ہمیں یہ تو معلوم نہیں ہے کہ یہودی لوگ سمرنہ کی کلیسیا کے ایمانداروں کے خلاف کس طرح کی باتیں کرر ہے تھے۔ لیکن ہم یہ اندازہ لگا سکتے ہیں کہ جو کچھ بھی وہ کہہ رہے تھے اُس خطہ کی کلیسیا کے لئے انتہائی تکلیف دہ باتیں تھیں۔ ہم صرف اُن جھوٹی باتوں کے بارے میں قیاس آرائی ہی کر سکتے ہیں جو سمرنہ کی کلیسیا کے ایمانداروں کو من گھڑت باتوں سے بدنام کرر ہے تھے۔

جیسا کہ ہم پہلے ہی اِس بات کا ذکر کر چکے ہیں کہ سمرنہ کی کلیسیا پر الزام و تہمت لگانے والے یہودی لوگ تھے۔ اِس بات پر غور کریں کہ خداوند نے اُن کے بارے میں کیا کہا۔ 9 آیت کے مطابق یہ تہمت لگانے والے یہودی ہونے کا دعویٰ تو کرتے تھے پر یہودی تھے نہیں۔ ممکن ہے کہ شہریت کے اعتبار سے وہ یہودی ہوں بھی لیکن تو بھی اپنے دل و خیالات میں یہودی نہیں تھے۔ اصل یہودی تو وہ تھے جو اپنے خداوند سے محبت رکھتے تھے۔ یہ یہودی خدا سے پیار نہیں کرتے تھے بلکہ یہ تو خدا کے دشمن تھے۔ یہ تو شیطان کی عبادت گاہ سے تعلق رکھنے والے لوگ تھے۔ یہ ابلیس کی باتوں پر کان لگاتے اور اُس کے کاموں کو سرانجام دے رہے تھے۔

10 آیت میں خداوند نے سمرنہ کی کلیسیا سے کہا کہ جن دُکھوں کا اُسے سامنا کرنا ہے، وہ قعطاً اُن سے نہ گھبرائے۔ خداوند نے اُن کے دُکھوں کو دور نہیں کیا۔ اور نہ ہی اُنہیں ایذاہ رسانی سے رہائی

بخشی۔ جیسا کہ اُس نے ایوب کے دنوں میں کیا تھا۔ خداوند نے اُنہیں اجازت دی کہ وہ اُنہیں آزمائے۔ خداوند نے کلیسیا کو بتایا کہ شیطان اُن میں سے بعض کو قید خانہ میں بھی ڈال دے گا۔ 10 آیت سے ہمیں یہ تاثر بھی ملتا ہے کہ اُن میں سے بعض کو اپنے ایمان کی خاطر اپنی جان بھی قربان کرنا پڑنی تھی۔ یہ بات قابلِ غور ہے کہ ایذا رسانی محدود مدت کے لئے تھی۔ 10 آیت کے مطابق اس ایذا رسانی کو دس دن تک جاری رہنا تھا۔ خدا نے شیطان کو وقت کی قید میں رکھا ہوا تھا۔ ایوب کے واقعہ میں، شیطان وہی کر سکتا تھا جس کی خدا نے اُسے اجازت دے رکھی تھی۔ خدا کبھی بھی اُنہیں اِس قدر مصیبت اور دُکھ میں نہیں ڈال سکتا تھا جو کہ اُن کی برداشت سے بھی باہر ہوتا۔ خدا نے سمرنہ کے مسیحیوں کو یہ چیلنج دیا کہ وہ ثابت قدم اور وفادار رہیں خواہ اُنہیں موت ہی کا سامنا کیوں نہ کرنا پڑا۔

جان دینے کی صورت میں اُنہیں اُس کی طرف سے زندگی کا تاج دیا جانا تھا۔ ''جو مر گیا تھا اور اب زندہ ہے۔'' وہ جس نے موت پر فتح پائی تھی اُس نے اُنہیں زندہ کر دینا تھا۔

آئیں دیکھیں کہ 1 کرنتھیوں 9:25 میں پولس رسول اِس تاج کے بارے میں کیا فرماتے ہیں۔

''اور ہر ایک پہلوان سب طرح کا پرہیز کرتا ہے۔ وہ لوگ مرجھانے والا سہرا پانے کے لئے یہ کرتے ہیں۔ مگر ہم اُس سہرے کے لئے کرتے ہیں جو مُرجھانے کا نہیں۔''

سمرنہ کی کلیسیا سے خدا کا یہ وعدہ تھا کہ وہ جو غالب آئیں گے اُنہیں دوسری موت سے کچھ نقصان نہیں پہنچے گا۔ یہ دوسری موت کیا ہے؟ بائبل مقدس ہمیں بتاتی ہیں کہ دو طرح کی پیدائش ہے۔ ایک جسمانی پیدائش جس سے ہم اِس دُنیا میں داخل ہوتے ہیں۔ اور ایک روحانی پیدائش جس سے ہم خدا کے فرزند ٹھہرتے ہیں۔ جسمانی پیدائش کے بارے میں کسی بھی طرح کی وضاحت کی ضرورت نہیں ہے۔ موت کے بعد ہم سب کی عدالت ہوگی۔ جن کے نام کتابِ

حیات میں موجود نہیں ہوں گے اُنہیں خدا کی حضوری سے دُور آگ کی جھیل میں ڈال دیا جائے گا۔ یہی دوسری موت ہے جسے مکاشفہ 20:14 میں واضح طور پر بیان کیا گیا ہے۔

’’پھر موت اور عالمِ ارواح آگ کی جھیل میں ڈالے گئے۔ یہ آگ کی جھیل دوسری موت ہے۔

’’سمرنہ کی کلیسیا کو یہی چیلنج درپیش تھا کہ اُنہیں خون بہانے کی حد تک بھی وفادار رہنا تھا۔ اُن کی جسمانی موت اُن کا آخر نہ تھا۔ اُنہیں اپنی وفاداری کے سبب سے زندگی کا تاج حاصل کرنا اور آگ کی جھیل میں خدا کے قہر و غضب سے بچنا تھا۔

سمرنہ کی کلیسیا دُکھ اٹھانے اور ایذا رسانی سے دوچار کلیسیا تھی۔ خدا نے اُنہیں یاد دلایا کہ وہ اُن کے دُکھوں اور تکلیفوں کو دیکھ کر اُن کی کمک کے لئے آیا ہے۔ اُن کے دُکھ کی حالت میں بھی وہ اُنہیں بھولا نہیں تھا۔ خداوند نے قائم اور ثابت رہنے کے لئے اُن کی حوصلہ افزائی کی۔

جنہوں نے ایسا کیا وہ ابدی اَجر کے حق دار ٹھہرے۔

چند غور طلب باتیں

☆۔سمرنہ کی کلیسیا کو خط اُس کی طرف سے موصول ہوا جو مر کر زندہ ہو گیا تھا۔آپ کو اِس بات سے کیا تسلی ملتی ہے کہ خداوند ہمیں کبھی بھی اِس آزمائش میں سے گزرنے نہیں دیتا جس کو اُس نے ازخود فتح نہیں کیا؟

☆۔ہم سمرنہ کے اُن ایمانداروں سے ملتے ہیں جو غربت میں زندگی بسر کر رہے تھے۔کیا خدا کا ہمارے لئے یہی منصوبہ ہے کہ ہم جسمانی مال و دولت کے ساتھ زندگی بسر کریں؟

☆۔کیا بطور مسیحی ایماندار ہمارے لئے ممکن ہے کہ ہم جسمانی ایذاہ رسانی اور مشکلات کے درمیان بھی ایک مطمئن زندگی بسر کر سکیں؟

☆۔آپ کو اس بات سے کیا تسلی ملتی ہے کہ خدا ہمارے خلاف کچھ بھی کرنے کیلئے شیطان کو وقت کی قید میں رکھتا ہے؟

☆۔دوسری موت کیا ہے؟ کیا یہی وہ موت ہے جس سے ہمیں بچنا ہے؟ ہم کیسے اِس موت سے بچ سکتے ہیں؟

چند دُعائیہ نکات

☆ ۔خداوند کے شکرگزار رہوں کہ وہ اُن سب چیزوں سے واقف ہوتا ہے جن کا ہم سامنا کرتے ہیں۔اور وہ ہماری کمزوریوں میں ہماری مدد کرتا اور ہماری ضروریات کو پورا کرتا ہے۔

☆ ۔خداوند سے فضل مانگیں کہ آپ اُس وقت بھی وفاداری اور ثابت قدمی کے ساتھ اُس کے ساتھ چل سکیں جب حالات دشوار اور راہیں کٹھن ہوں۔

☆ ۔خداوند سے فضل اور توفیق مانگیں کہ آپ اِس زمین پر اپنی جسمانی دولت اور مال متاع پر نظر لگانے کی بجائے اپنے نجات دہندہ خداوند یسوع پر اپنی نظریں لگا سکیں۔خداوند سے ستفنس کی طرح ایک واضح رویا مانگیں جس نے دُکھ کی حالت میں بھی واضح رویا دیکھیں

☆ ۔خداوند کا شکر کریں کہ اُس نے آپ کو دوسری موت سے بچایا ہے۔اَب آپ اُس سے درخواست کریں کہ وہ آپ کے عزیز و اقارب اور دوستوں پر بھی فضل کرے جو ابھی تک اُسے نہیں جانتے۔

باب 5

پرگمن کی کلیسیا

مکاشفہ 2:12-17 پڑھیں

ہمارا دشمن شیطان بہت چالباز ہے۔ وہ ہر طرح کی مکاری اور فریب کا ماہر ہے۔ اگر ہم مسلسل ہوشیار اور بیدار نہ رہیں، تو پھر وہ ہماری صفوں میں شامل ہو جائے گا۔ پرگمن کی کلیسیا کا بھی یہی مسئلہ تھا کہ وہ ہوشیار اور بیدار نہ رہی تھی۔ اُنہیں بیدار ہو کر معلوم کرنا تھا کہ اُن کے درمیان کیا کچھ ہو رہا ہے۔ پرگمن کی کلیسیا کے نام خط اُس کی طرف سے تھا ''جس کے منہ سے دو دھاری تلوار نکلتی ہے'' ﴿آیت 12﴾ ہم مکاشفہ 1:16 میں اُس شخصیت سے مل چکے ہیں۔ دو دھاری تلوار اُسکے کلام کو پیش کرتی ہے۔ جو کہ خداوند کے منہ سے نکلتا ہے۔

یہ کلام بطور دو دھاری تلوار بڑا پُر قدرت ہے۔ اِسی کلام سے یہ جہان معرض وجود میں آیا۔ جو لوگ اپنے گناہوں کو ترک نہیں کرتے یہی کلام اُن کی عدالت کرے گا۔ آیت 16 میں خداوند نے پرگمن کی کلیسیا کو بتایا کہ اگر وہ توبہ نہیں کریں گے تو وہ اپنے منہ کی تلوار سے اُن کے ساتھ لڑائی کرے گا۔ خدا اُن کے گناہوں کی عدالت کرے گا۔

خداوند نے اِس خط کا آغاز پرگمن کی کلیسیا کو یہ بات یاد دلاتے ہوئے کہا کہ اُسے معلوم ہے کہ وہ کہاں رہتے ہیں۔ پرگمن کی کلیسیا وہاں پر رہتی تھی جہاں شیطان کا تخت تھا۔ اُن کا شہر شیطان کی کارستانیوں اور سرگرمیوں کا مرکز تھا۔ مفسرین ہمیں بتاتے ہیں کہ یہ شہر شہنشاہ کی عبادت اور پرستش کا مرکز تھا۔ یہ وہ شہر تھا جہاں حکومت کے اربابِ اختیار رہائش پذیر تھے۔ امکانِ غالب ہے کہ یہی وہ شہر تھا جہاں پر کلیسیا کو ایذا رسانی اور دُکھ پہنچانے کے فیصلہ جات صادر ہوتے تھے۔

پرگمن میں رہائش پذیر ہونا آسان کام نہیں تھا۔ پورے شہر میں شیطان کی سرگرمیاں بالکل عیاں تھیں۔ یہاں پر ہمیں انتپاس نامی شخص کی موت کا ذکر بھی ملتا ہے۔ ہم اِس شخص کے بارے میں مزید کچھ نہیں جانتے، سوائے اِس بات کے کہ وہ انجیل کی منادی کے سبب جامِ شہادت نوش کر گیا۔ اُسے خداوند کے وفادار خادم کے طور پر پیش کیا گیا ہے۔ پرگمن شہر میں شیطان کی سرگرمیوں کی یہ ایک مثال ہے۔ پرگمن کی کلیسیا کے ایماندار ایذا رسانیوں کے باوجود خداوند کے وفادار رہے۔ خداوند نے اِس بات کو تسلیم کیا کہ اُس کے لوگوں نے اپنے ایمان کو ترک نہیں کیا۔ وہ اُس کے نام سے وفادار رہے۔ اِس بات کے لئے خداوند نے اُن کو خراجِ تحسین پیش کیا۔ پرگمن کی کلیسیا کے تعلق سے خداوند کو دو شکایتیں تھیں۔ اِس کلیسیا میں کچھ ایسے لوگ تھے جو بلعام اور نیکلیوں کی تعلیم کے پیرو ہو چکے تھے۔ ہمارے پاس نیکلیوں کے بارے میں کسی قسم کی معلومات نہیں ہیں۔ اِفسس کی کلیسیا میں اِن کا ذکر ملتا ہے۔ ﴿مکاشفہ 2:6﴾

اِفسس کی کلیسیا نے اِس جماعت کی تعلیم کی مخالفت کی تھی۔ جبکہ پرگمن کی کلیسیا نے بجا طور پر ایسا نہیں کیا تھا۔ اِس کلیسیا کے بعض اراکین اُس کی بُری روشوں کا شکار ہو چکے تھے۔ جبکہ کلیسیا کے بعض اراکین بلعام کی تعلیم کے پیرو ہو گئے تھے۔ گنتی کی کتاب سے ہم اِس بات کو سمجھتے ہیں کہ بلق نے بلعام کو اسرائیل پر لعنت کرنے کے لئے کہا۔ ﴿گنتی 23:11﴾ لیکن خداوند نے بلعام کو بنی اسرائیل پر لعنت کرنے سے باز رکھا۔ لیکن جونہی بلعام مواب کے خطہ سے واپس لوٹا تو بنی اسرائیل فی الفور موابی عورتوں کے ساتھ بدکاری کرنے لگے۔ اِن ہی عورتوں نے بنی اسرائیل کو بت پرستی کی طرف مائل کر دیا۔ ﴿گنتی 24:25:25:3﴾

بالآخر خدا نے بنی اسرائیل کے خیموں میں ایک وبا بھیج دی۔ گنتی 31:16 میں ہم دیکھتے ہیں کہ بلعام نے اُن موابی عورتوں کو مشورہ دیا۔ جبکہ بلعام نے بلق کی بات مان کر بنی اسرائیل پر لعنت نہیں کی تھی۔ بلعام کی موابی عورتوں کو دی گئی مشورت خدا کے لوگوں پر بطور ایک قوم لعنت کا سبب

بنی۔ یہ سب کچھ اُس وقت ہوا جب وہ اُن کے ساتھ بدکاری اور بت پرستی کرنے لگے۔

پرگمن کی کلیسیا میں کچھ ایسے افراد تھے جو بلعام کی تعلیم کے پیرو ہو چکے تھے۔ باب کے شروع میں جو حوالہ پڑھنے کیلئے دیا گیا ہے، اُس کے مطابق، بلعام نے بلق کو یہ سکھایا تھا کہ کیسے وہ بنی اسرائیل کو گناہ کی طرف راغب کرسکتا ہے۔ اور اُس نے بنی اسرائیل کو گناہ کی طرف مائل کرنے کے لئے موابی عورتوں کو استعمال کیا۔ یہ عورتیں بنی اسرائیل کو بت پرستی اور بدکاری کی طرف ورغلا کر لے گئیں۔ جو کہ اُس دور کی غیر قوموں کی رسومات سے منسلک تھی۔ پرگمن کی کلیسیا میں کچھ ایسے لوگ بھی تھے جو جنسی بدکاری اور بت پرستی کی آزمائش میں گر چکے تھے۔ خداوند نے اُنہیں توبہ کے لئے بلایا تاکہ کہیں ایسا نہ ہو کہ وہ اپنے منہ کی دودھاری تلوار سے اُن کے ساتھ لڑائی کرے۔ اِس بات کو محسوس کرنا نہایت آسان معلوم ہوتا ہے کہ اِس طرح کے گناہ تو ہم سے بہت دُور ہو چکے ہیں۔ فریب نہ کھائیں، آج بطور ایک کلیسیا اس قسم کی آزمائشوں کے سائے ہم پر منڈلاتے رہتے ہیں۔ ہم اپنی کلیسیاؤں میں ایسے لوگوں کی تعداد میں اضافہ ہوتے ہوئے دیکھ رہے ہیں جو بت پرستی اور بدکاری کا شکار ہو رہے ہیں۔

ہماری کلیسیاؤں میں بت پرستی کا معاملہ بھی ہمیشہ کے لئے ختم نہیں ہوگیا۔ ہم کتنی ہی بار اپنی روایات، تعلیمات، روپے پیسے، اپنے کام کاج اور اپنے تفریحی معاملات کی پرستش وعبادت کرتے ہوئے نظر آتے ہیں۔ بلعام کی مشورت بڑی مکارانہ ہے۔ یہ چپکے سے ہماری کلیسیاؤں میں گھس آئی ہے۔ ہم سب کو اپنے طور سے خود کو جانچنا اور پرکھنا چاہئے۔

خداوند نے پرگمن کی کلیسیا کو بتایا کہ جو غالب آئے گا، اُسے پوشیدہ من اور ایک سفید پتھر دیا جائے گا۔ ﴿ آیت 17 ﴾ آئیں اِن دو چیزوں پر غور سے نظر کریں۔

خدا نے بنی اسرائیل کو آسمانی مقاموں سے من کھلایا تھا۔ یوحنا 6 باب میں لوگ خداوند یسوع مسیح کے پاس اُس من جیسا کوئی ثبوت مانگنے کے لئے آئے جو خدا نے بنی اسرائیل کو بیابان میں فراہم

کیا تھا۔خداوند یسوع مسیح نے اُنہیں بتایا کہ وہ آسمان سے اُترنے والی روٹی ہے۔ ﴿یوحنا6:35﴾ یہی وہ من تھا جس کی وہ تلاش کررہے تھے۔اِس بیان سے ہم یہ بات سمجھ سکتے ہیں کہ یسوع ہی وہ آسمانی من ہے۔خداوند یسوع مسیح ہی اپنے لوگوں کا بہت بڑا اجر ہے جو قائم اور ثابت قدم رہتے ہیں۔سفید پتھر کے تعلق سے بہت سی ممکنہ تشریحات اور تفاسیر ہیں۔بعض مفسرین کا یہ کہنا ہے سفید پتھر اُس شخص کو دیا جاتا تھا جو عدالت میں بے گناہ ثابت ہوتا تھا۔یہ پتھر اِس کی بے گناہی کا ثبوت ہوتا تھا۔سفید رنگ پاکیزگی کی علامت ہے۔سفید پتھر کا اُٹھانا اِس بات کی علامت ہوا کرتا تھا کہ اُس شخص کے گناہ معاف ہو چکے ہیں۔یہ بات بھی قابلِ غور ہے کہ ایک نیا نام اس پتھر پر لکھا ہوا ہے۔

کسی بھی شخص کا نام اُس کے کردار کی عکاسی کرتا ہے۔یہ حقیقت کہ اُس پتھر پر ایک نیا نام ہے نہ صرف اِس بات کی علامت ہے کہ اُس پتھر کو حاصل کرنے والا شخص نہ صرف معاف شدہ ہے بلکہ اپنے کردار اور فطرت میں بھی تبدیل ہو چکا ہے۔یہ حقیقت کہ اُس نام کا صرف متعلقہ شخص ہی کو علم ہے، یہ ظاہر کرتا ہے کہ یہ بڑا شخصی معاملہ ہے۔اُس نئے نام اور کردار کی معموری کو صرف خدا اور متعلقہ شخص ہی جانتا ہے۔وہ کام جو خدا مجھ سے اور آپ سے کررہا ہے بہت شخصی اور گہری قربت اور رفاقت کا کام ہے۔

پرگمن کی کلیسیا ایک ایسے شہر میں واقع تھی جو شیطان کی سرگرمیوں کا مرکز و محور تھا۔بطور ایماندار، بعض اوقات ہم بڑے بھیانک قسم کے حالات اور ماحول میں زندگی بسر کرتے ہیں، خدا ہمیشہ ہی ہمیں آزمائشوں اور کشمکش سے دور نہیں رکھتا۔پرگمن کی کلیسیا کے بعض لوگ ابلیس کا مقابلہ کرنے میں ناکام رہے اور اپنے اردگرد پائے جانے والے گناہ اور گمراہی کا شکار ہو گئے۔ جبکہ کچھ ایسے لوگ بھی تھے جو ثابت قدم اور مضبوط رہے اور اِس سفید پتھر کو حاصل کیا جو کہ خدا کے منظورِ نظر ہونے کی علامت ہے۔

چند ایک غور طلب باتیں

☆۔ پرگمن کو یہاں پر شیطان کی سرگرمیوں کے مرکز کے طور پر بیان کیا گیا ہے۔ یہ ایک سیاسی مرکز تھا۔ اِس سے ہم کیا سیکھتے ہیں کہ شیطان کس طرح رہنماؤں کو اپنے مقصد کی تکمیل کے لئے استعمال کر سکتا ہے؟

☆۔آپ کی سرزمین پر کون سے ایسے شواہد پائے جاتے ہیں جو شیطان کے کام کو ظاہر کرتے ہیں؟

☆۔آپ کے علاقہ میں شیطان نے کس طرح آپ کی جماعت کو آزمائش میں ڈالا ہے؟ کیا کچھ ایسے شواہد موجود ہیں جو ایمانداروں کے گمراہ ہونے کی علامت ہیں؟

☆۔بلعام موابی عورتوں کو یہ تعلیم دیتا ہوا نظر آتا ہے کہ وہ بنی اسرائیل کو بت پرستی اور بدکاری کے ذریعہ سے آزمائیں، کیا دورِ جدید میں بھی بدکاری اور بت پرستی کا شمار کلیسیا کے بڑے مسائل میں ہوتا ہے؟ وضاحت کریں۔

☆۔آپ کی زندگی میں خدا کس طرح کا کام کر رہا ہے؟ اِس سے آپ کے کردار میں کیا تبدیلی واقع ہو رہی ہے؟

چند ایک دُعائیہ نکات

☆۔ خداوند سے فضل مانگیں تا کہ آپ اپنی زندگی میں شیطان کا مقابلہ کر سکیں۔

☆۔ بدکاری اور گناہ بھری دُنیا میں خداوند سے قائم و ثابت قدم اور وفادار رہنے کا فضل اور توفیق مانگیں۔

☆۔ خداوند سے درخواست کریں کہ وہ آپ کو بُرے اعمال و خیالات سے محفوظ رکھے۔ اِس سے درخواست کریں کہ وہ کسی بھی صورت میں ہونے والی بت پرستی سے آپ کو بچائے رکھے۔

☆۔ کچھ لمحات کے لئے دُعا کریں کہ خدا آپ کی کلیسیا کو اِس دُنیا کی آزمائشوں کا مقابلہ کرنے کی توفیق بخشے۔

☆۔ خداوند کا شکر کریں کہ وہ آپ کی زندگی میں بڑے شخصی طور پر کام کر رہا ہے، اِس بڑے اَجر کے لئے خداوند کی شکر گزاری کریں جو ثابت قدم، وفادار اور مضبوط رہنے والوں کو دیا جائے گا۔

باب 6

تھواتیرہ کی کلیسیا

مکاشفہ 2:18-29

کیا آپ نے کوئی ایسی کلیسیا دیکھی ہے جو بالکل کامل ہو؟ یوں لگتا ہے کہ ہر ایک کلیسیا خواہ کتنی بھی اچھی کیوں نہ ہو، اُس میں بھی کچھ نہ کچھ خامیاں ضرور ہوتی ہیں۔ تھواتیرہ کی کلیسیا بھی اِس سے مستثنیٰ نہیں تھی۔

تھواتیرہ کی کلیسیا کے نام خط خدا کے بیٹے کی طرف سے ہے۔ جس کی آنکھیں آگ کے شعلہ اور پاؤں خالص پیتل کی مانند ہیں۔ یہ خداوند یسوع مسیح کی وہ صورت ہے جسے یوحنا رسول نے مکاشفہ 1:14-15 میں دیکھا۔

تھواتیرہ کی کلیسیا میں جو کچھ ہو رہا تھا، خداوند اُس سے بلاشبہ اچھی طرح آگاہ اور واقف تھا۔ اُس نے اِس کلیسیا میں چھ مثبت خصوصیات کو بیان کیا۔ ہم مختصر طور پر یہاں اُن خصوصیات کو بیان کریں گے۔

اول۔ خداوند نے تھواتیرہ کی کلیسیا کے کاموں کو دیکھا، اُن کے کام، خداوند پر اُن کے ایمان کا عملی پھل تھے۔ اگرچہ یہ تو واضح طور پر بیان نہیں کیا گیا کہ یہ پھل کام کون سے تھے۔ تو بھی یہ ایک ایسی کلیسیا تھی جس نے عملی طور پر اپنے ایمان کا مظاہرہ اپنے طرزِ زندگی سے کیا تھا۔

دوم۔ اِس کلیسیا کی دوسری خوبی محبت بیان کی گئی ہے۔ یہ محبت کن کے لئے تھی؟ یوں لگتا ہے کہ یہ محبت ایک دوسرے اور خداوند کیلئے تھی۔ جب یہ پوچھا گیا کہ سب سے بڑا حکم کیا ہے تو خداوند یسوع نے متی 22:37-39 جواب دیتے ہوئے کہا،

"خداوند اپنے خدا سے اپنے سارے دل، اپنی ساری جان، اپنی ساری طاقت اور اپنی ساری

عقل سے محبت رکھ۔اور دوسرا اِس کی مانند ہے کہ اپنے ہمسایہ سے اپنی مانند محبت رکھ۔'' تھواتیرہ کی کلیسیا نے اُس محبت کا عملی مظاہرہ کیا تھا۔

تھواتیرہ کی کلیسیا ایمان میں بھی اپنی مثال آپ تھی۔ اُنہوں نے اپنا توکل اور بھروسہ خداوند اپنے خدا اور اُس کے کلام پر کیا تھا۔ وہ اُس وقت بھی خداوند پر توکل اور بھروسہ کرنے اور اُس کی تابعداری کرنے میں وفادار رہے جب اُس کی راہیں اُن کے فہم و ادراک سے بعید معلوم ہوتی تھیں۔

تھواتیرہ کی کلیسیا کی چوتھی خوبی اُن کی خدمت تھی۔ یہاں پر جو یونانی لفظ استعمال ہوا ہے اِسی سے ہم انگریزی زبان کا لفظ ''ڈیکن'' حاصل کرتے ہیں۔ یہ اُس شخص کی خوبی اور لیاقت ہے جو دوسروں کی خدمت گزاری کرتا ہے۔ ایک ڈیکن وہ شخص ہوتا ہے جو جماعت کی عملی ضروریات کا خیال رکھتا ہے۔ تھواتیرہ کی کلیسیا کے لوگ ایک دوسرے کی احتیاجیں رفع کرتے تھے۔

پانچویں خوبی یہ تھی کہ تھواتیرہ کی کلیسیا ایک ثابت قدم کلیسیا تھی۔ خداوند کے ساتھ وفاداری اور درپیش رکاوٹوں کے باوجود خداوند کے کام میں بھی ثابت قدم تھی۔ ثابت قدمی آزمائشوں کی طرف اشارہ کرتی ہے۔ تھواتیرہ کی کلیسیا کو اپنے ایمان کے باعث ایک کشمکش اور جدوجہد سے گزرنا پڑا۔ اپنی آزمائشوں اور مصائب میں بھی وہ خداوند مسیح کے نام کو اپنی زندگیوں میں سربلند رکھنے کے لئے ثابت قدم اور وفادار رہے۔

یہ بات قابلِ غور ہے کہ تھواتیرہ کی کلیسیا ایک نشوونما پانے والی کلیسیا تھی۔ اگرچہ تعداد میں تو نہیں البتہ معیار میں ضرور ترقی کر رہے تھے۔ 19 آیت ہمیں بتاتی ہے کہ اُنہوں نے پہلے کی بہ نسبت کہیں زیادہ کام کیا۔ سوال یہ پیدا ہوتا ہے، وہ کون سا کام تھا جو وہ پہلے سے بھی زیادہ کر رہے تھے؟ یوں لگتا ہے کہ اِس کا جواب یہی ہے کہ اِس خط میں جو کچھ خداوند نے اُنہیں کرنے کا حکم دیا تھا وہ اُسے پہلے سے بھی زیادہ اچھی طرح کر رہے تھے۔ وہ ایک دوسرے اور خدا کے

ساتھ محبت میں ترقی کرتے چلے جا رہے تھے۔ وہ ایمان میں ترقی کر رہے تھے۔ وہ ایک دوسرے کے خدمت گزار تھے اور اپنے ایمان میں سرگرم اور ثابت قدم۔ کیا یہ سب کچھ آپ کے بارے میں بھی کہا جا سکتا ہے؟

جبکہ تھواتیرہ کی کلیسیا میں کئی ایک خوبیاں تھیں تو بھی یہ کلیسیا کامل کلیسیا نہیں تھی۔ اِس کلیسیا کا مسئلہ یہ تھا کہ اِس نے ایزبل نامی ایک عورت کو اپنے درمیان رکھا ہوا تھا۔

یہ عورت ایزبل کون ہے؟ متن سے ہم یہ سمجھ سکتے ہیں کہ اُس عورت نے بت پرستی اور جنسی بدکاری کو فروغ دیا تھا۔ مکاشفہ 2:14 میں یہ بلعام کا گناہ تھا۔ 1 سلاطین میں خدا کا کلام ہمیں بتاتا ہے کہ ایزبل ایک بدکار ملکہ تھی۔ اُس نے بنی اسرائیل کو بت پرستی اور جنسی بے راہ رویوں کی طرف راغب کیا تھا۔ چونکہ یہ اسرائیل اور یہوادہ کی ہر ایک ملکہ سے زیادہ بدکار تھی اِس لئے اُس کا نام بت پرستی، بدکاری اور ہر طرح کی کارستانی کی نمائندگی کرتا ہے۔

تھواتیرہ کی کلیسیا اُس کی روشوں کی طرف راغب ہو چکی تھی۔ ایزبل نام یہاں اُن لوگوں کی نمائندگی کرتا ہے جو اُس کی روشوں کے اسیر ہو چکے تھے۔

یہاں یہ بات قابلِ غور ہے کہ خدا تھواتیرہ کی کلیسیا کے ساتھ کیا سلوک کرے گا؟ اُس نے ایزبل اور اُس کے پیروکاروں کو توبہ کے لئے وقت دیا۔ خدا کی پہلی آرزو اور ترجیح اُن کے درمیان توبہ کے عمل کو دیکھنا تھا۔ گناہ گاروں کی ہلاکت اور بربادی میں اُس کی خوشنودی نہیں تھی۔ خواہ وہ کتنے ہی گناہ گار تھے تو بھی وہ اُنہیں معاف کرنا چاہتا تھا۔

ایزبل اور اُس کے پیروکاروں نے توبہ کرنے سے انکار کیا۔ کیوں کہ اُنہوں نے خداوند کی آواز پر کان نہیں لگایا تھا۔ اب اُس نے اُن کی عدالت کرنا تھی۔ اس کا غصہ محبت، صبر اور ترس پر مبنی تھا لیکن یہ حقیقی تھا۔

عبارت کا مذکورہ حصہ ہمیں بتاتا ہے کہ خدا ایزبل اور اُس کے پیروکاروں کو دُکھ کے بستر پر ڈالے

گا۔ خداوند اُس کے فرزندوں کو ہلاک کرے گا۔ اُس کے فرزند وہی تھے جنہوں نے اُس کی راہوں کو اپنا لیا تھا۔

ایزبل اور اُس کے پیروکاروں کی عدالت کا کیا نتیجہ نکلے گا؟ 23 آیت ہمیں بتاتی ہے کہ تمام کلیسیائیں جان لیں گی کہ خدا دلوں اور گردوں ں کو جانچتا اور پرکھتا ہے۔ اُس کی نظر سے کچھ بھی ڈھکا چھپا نہیں ہے۔ ہمیں یہاں پر یہ تاثر ملتا ہے کہ ایزبل کے پیروکار وہ پوشیدگی میں سب کچھ کر رہے تھے۔ ممکن ہے کہ کلیسیا کے دوسرے لوگ اُن کے افعال واعمال سے ناوقف تھے۔ جب خدا ایزبل اور اُس کے پیروکاروں کی عدالت کرے گا تو ہر ایک کام جو پوشیدگی میں اُنہوں نے کیا تھا بے نقاب ہو جائے گا۔ کلیسیا کو اُن کی ساری بدکاری کو دیکھ کر اِس بات کا احساس ہوگا کہ خدا سب کچھ جانتا ہے، حتیٰ کہ وہ سب کچھ بھی جو پوشیدگی میں کیا جاتا ہے۔ اِس سے اُنہیں اپنی زندگی میں پوشیدہ گناہوں کو دور کرنے کا خیال آئے گا۔

وہ لوگ جو ابھی تک شیطان کی گرفت اور اُس کے پوشیدہ کاموں کا شکار نہیں ہوئے ، خدا اُنہیں وفادار رہنے کے لئے کہتا ہے۔ خدا اِس سے زیادہ اُن پر کوئی بوجھ نہیں ڈالنا چاہتا تھا، سوا اِس کے کہ وہ وفادار رہیں۔ ﴿آیت 24﴾ خداوند اُن کی حدود سے واقف تھا اور اُس نے اُنہیں اُن کی برداشت سے زیادہ کوئی بوجھ اُٹھانے کے لئے نہ کہا۔

غالب آنے والوں کو اجرِ عظیم سے نوازا جانا تھا۔ غالب آنے والوں کو قوموں پر اختیار دیا جانا تھا۔ بطور ایماندار ہم سب ایک دن خداوند کے ساتھ حکومت کریں گے۔ موجودہ دُنیاوی حکومتیں تہہ و بالا ہو جائیں گی۔ یہاں پر قابلِ غور بات یہ ہے کہ خداوند کی حکومت لوہے کے عصا سے ہوگی۔ قوت اور اختیار کا عصا جو کبھی بھی توڑا نہیں جائے گا۔ غالب آنے والوں کے لئے ایک اور اَجر بھی ہے۔

یوحنا رسول نے تھواتیرہ کی کلیسیا کو بتایا کہ غالب آنے والوں کو صبح کا روشن ستارہ دیا جائے گا۔

مکاشفہ 22:16 میں خدا کا کلام میں بتاتا ہے کہ یسوع صبح کا روشن ستارہ ہے۔تھواتیرہ کی کلیسیا کے ایمانداروں کیلئے ایک حتمی اَجر یہ تھا کہ اُنہوں نے ابدالاباد خداوند کے پاس رہنا تھا۔اِس سے بڑھ کر کوئی اور اجرِعظیم کیا ہوسکتا ہے۔

خداوند ہم پر ہماری برداشت سے زیادہ بوجھ نہیں ڈالے گا۔ہم خداوند کے ساتھ ابدالاباد رہنے کے لئے جانفشانی کر رہے ہیں۔ہماری موجودہ مشکلات اور آزمائشوں کا اُس اجرِعظیم سے موازنہ نہیں کیا جاسکتا جو خدا نے اپنے وفادار لوگوں کے لئے تیار کر رکھا ہے۔ہم مسیح کے ساتھ مل کر حکومت کریں گے۔ہم اُسے دیکھیں گے اور ہمیشہ اُس کے ساتھ رہیں گے۔اِس سے بڑھ کر ہمارے لئے اور کون سے بات ہوسکتی ہے جو ہمیں پرجوش اور سرگرم کردے؟

چند غور طلب باتیں

☆ ۔یہاں پر تھواتیرہ کی کلیسیا کی کون سی مثبت خصوصیات کا ذکر کیا گیا ہے؟ کیا شخصی طور پر آپ اِن خصوصیات کا عملی مظاہرہ کرتے ہیں؟

☆ ۔کیا آپ بھی تھواتیرہ کی کلیسیا کی طرح مسیح کے ساتھ اپنے رشتہ میں مضبوط ہو رہے ہیں؟

☆ ۔تھواتیرہ کی کلیسیا میں کون سا پوشیدہ گناہ تھا؟ کیا آپ کی زندگی میں بھی پوشیدہ موجود گناہ ہیں؟

☆ ۔اِس بات کو جاننے سے کہ خدا کی نظر سے کچھ بھی پوشیدہ نہیں ہے، ہمارے اعمال و افعال پر کیا اثرات مرتب ہوتے ہیں؟

چند دُعائیہ نکات

☆ ۔خداوند سے تھواتیرہ کی کلیسیا جیسی خصوصیات کے عملی اظہار کی توفیق مانگیں۔

☆ ۔خداوند سے درخواست کریں کہ آپ کے دل کو جانچے اور پرکھے اور آپ کی زندگی میں پوشیدہ گناہوں کو بے نقاب کرے؟

☆ ۔خداوند کی شکرگزاری کریں کہ وہ بخوبی جانتا ہے کہ ہم کس قدر بوجھ اُٹھا سکتے ہیں، اور وہ ہماری برداشت سے زیادہ بوجھ نہیں ڈالے گا۔

☆ ۔خداوند کی شکرگزاری کریں کہ وہی ہمارا سب سے بڑا اَجر ہے۔

باب 7

سردیس کی کلیسیا

مکاشفہ 3:1-6 پڑھیں

ہر ایک کلیسیا جو بظاہر زندگی رکھنے والی کلیسیا نظر آتی ہے، کیا حقیقی طور پر زندہ کلیسیا ہوتی ہے؟ بطور کلیسیا ایک زندہ کلیسیا ہونے کی شہرت رکھی جا سکتی ہے، اِس کے باوجود کوئی کلیسیا مردہ کلیسیا بھی ہو سکتی ہے۔ کلیسیائی سرگرمیاں، کثیر تعداد میں لوگوں کا کلیسیائی عبادات میں آنا اور حتیٰ کہ رسومات اور عقائد قطعی طور پر زندہ کلیسیا کی علامات نہیں ہیں۔

سردیس کی کلیسیا کے نام خط اُس شخصیت کی طرف سے ہے جس کے پاس خدا کی سات روحیں اور سات ستارے ہیں۔ مکاشفہ 1:20 ہمیں بتاتا ہے کہ سات ستارے ایشیاہ کی کلیسیاؤں کے سات فرشتوں ﴿پاسبانوں﴾ کو ظاہر کرتے ہیں۔ مکاشفہ 1:4 میں سات روحوں کا بھی بیان ملتا ہے۔ سات روحیں ﴿سات رخی روح﴾ معلوم ہوتا ہے جو کہ روح القدس کو ظاہر کرتی ہیں۔ سات کا عدد اُس کی کاملیت کو پیش کرتا ہے۔ مذکورہ حوالہ ہمیں بتاتا ہے کہ خداوند کے پاس سات ستارے اور سات فرشتے ہیں۔ یہاں پر جو یونانی لفظ استعمال ہوا ہے اِس کا مطلب ہے'' رکھنا یا ہاتھ میں پکڑنا'' یہ لفظ دو اشخاص کے درمیان تعلق کو بھی بیان کرتا ہے جو گہرے طور پر آپس میں متفق اور گٹھے ہوئے ہیں ﴿جیسا کہ ازدواجی زندگی میں میاں بیوی ایک دوسرے سے گہری قربت اور رشتہ میں بندھے ہوتے ہیں﴾ خداوند نے اُس کلیسیا سے کلام کیا جو ساتوں کلیسیاؤں کے فرشتوں ﴿پاسبانوں﴾ کے ساتھ گہرے تعلق میں بندھی ہوئی تھی۔ یہ حقیقت کہ سات رُخی روح اُس کے ہاتھوں میں ہے، اُس حقیقت کو ظاہر کرتی ہے کہ وہ خداوند خدا کی مکمل اطاعت میں ہے۔ روح القدس خدا باپ اور خداوند یسوع مسیح کے مقصد کو پایہ تکمیل تک پہنچانے کے لئے اُس

کی تابعداری میں کام کرتا ہے۔ یہ خط ہمیں بتاتا ہے کہ خداوند یسوع مسیح سردیس کی کلیسیا کے کاموں سے واقف تھے۔ہم پہلے ہی اِفسس اور تھواتیرہ کی کلیسیا میں یہ تاثر دیکھ چکے ہیں۔سردیس کی کلیسیا میں ایک فرق ہے۔ دوسری آیت میں دیکھیں کہ خداوند نے کلیسیا کو بتایا کہ اُس نے اُس کے کسی کام کو پورا نہیں پایا۔ہمیں اِس بات کو سمجھنے کی ضرورت ہے کہ سردیس کی کلیسیا اُن روحانی پھلوں کو ظاہر نہیں کر رہی تھی جو اُسے اپنی روحانی زندگی میں کرنے کی ضرورت تھی۔

خداوند نے اُنہیں بتایا کہ اگرچہ اُن کی شہرت بہت اچھی ہے۔لیکن فی الحقیقت وہ مُردہ لوگ ہیں۔اِس سے ہم یہ سمجھتے ہیں کہ ممکن ہے کہ بظاہر زندہ رہنے والی کلیسیا درحقیقت مردہ کلیسیا ہو۔بہت سی کلیسیائیں اپنے علاقہ جات میں فلاح و بہبود اور معاشرتی سرگرمیوں میں بہت سرگرم اور بظاہر تیزی سے ترقی کرتی ہوئی بڑی بڑی کلیسیائیں دکھائی دیتی ہیں۔اپنی بڑھتی ہوئی تعداد سے وہ لوگوں کے لئے بڑی پرکشش کلیسیائیں دکھائی دیتی ہیں۔ایسی کلیسیاؤں کی پرستش بڑی پرجوش اور اُس کے اراکین اُسے بہت پسند کرتے ہیں۔لیکن تھوڑی تحقیق کرنے سے معلوم ہو جاتا ہے کہ اُن کلیسیاؤں میں بہت کم روحانی ترقی اور پختگی پائی جاتی ہے۔انجیل کی سچائی کا جوش و خروش بالکل دکھائی نہیں دیتا۔ایسی کلیسیاؤں میں کسی ایسی بات کی منادی نہیں کی جاتی جسے سے لوگوں کی دل آزاری ہو۔

سچ پوچھیں تو ایسی کلیسیائیں مسیح کے نام کو استعمال کرتے ہوئی فلاح و بہبود کے لئے کام کرنے والی معاشرتی تنظیموں کے طور پر بڑے اچھے طریقے سے چلتے ہوئے اپنا کام سرانجام دے رہی ہیں۔لیکن اُن کی زندگی کا مرکز و محور مسیح نہیں ہے۔سردیس کی کلیسیا کو یہ خط اِس لئے لکھا گیا تاکہ وہ خوابِ غفلت سے بیدار ہو کر اُن چیزوں کو مضبوط کرے جو مٹنے کو تھیں۔اگرچہ یہ کلیسیا مکمل طور پر مُردہ تو نہیں تھی، بس یوں کہیں کہ سردیس کی کلیسیا ٹمٹماتی ہوئی موم بتی کی مانند تھی، جس کی روشنی

تقریباً بجھنے کو تھی۔ اِس کلیسیا کو فوری طور پر بیدار ہونے کیلئے کہا گیا۔ اگر فوری طور پر کچھ نہ کیا جاتا تو اُس کی روشنی ختم ہو جانی تھی۔ اِس کلیسیا کو یہ خط اِس لئے لکھا گیا تا کہ وہ اُن چیزوں کو مضبوط کرے جو باقی رہ گئی ہیں۔ اِس سے ہمیں معلوم ہوتا ہے کہ اُن کی نیند معصومانہ نیند نہیں تھی۔ یہ تو موت کی نیند تھی۔ نیند کی حالت میں اُن کی زندگی سے روحانی جوش اور خدا کے لئے جلتی ہوئی محبت ختم ہوتی جا رہی تھی۔ بالفاظ دیگر روحانی زندگی کا چراغ آہستہ آہستہ گل ہوتا جا رہا تھا۔ نیند کی حالت میں وہ ہوشیار اور بیدار نہیں تھے۔ دشمن اُن کی نیند سے بھرپور فائدہ اُٹھا رہا تھا۔ ہر آنے والا لمحہ جس میں وہ سوئے ہوئے رہتے، دشمن کے ہاتھ میں ایک اور موقع ہوتا تھا۔ ہر آنے والے لمحہ میں جب بیدار ہونے کی بجائے سوئے ہی رہے، اُن کے روحانی دل کی دھڑکن سست ہوتی جا رہی تھی۔ خداوند نے ایک ہنگامی صورتحال میں اُنہیں بیدار کرنا چاہا۔ اِس سے پہلے دیر ہو جاتی، اُس نے اُنہیں بیدار ہونے کیلئے بلایا۔ کیوں کہ جلد ہی اُن کی ٹمٹماتی ہوئی روشنی نے بھی بجھ جانا تھا۔

اُن کی اِس صورتحال میں، مسیح نے سردیس کی کلیسیا کو حکم دیا کہ جو کچھ اُنہوں نے دیکھا اور سنا ہے اُسے یاد رکھیں۔ یہاں پر کس چیز کی طرف اشارہ کیا گیا ہے؟ اِس کلیسیا نے معافی کی قدرت کے ساتھ انجیل کا پیغام سنا تھا۔ اُنہوں نے روح القدس بھی حاصل کیا تھا جو کہ اُن کی قوت اور حکمت تھا۔ اُنہوں نے خدا کے روح کی نعمتوں کا بھی تجربہ کیا تھا۔ وہ مسیح کے سفیر ہونے کی بلاہٹ رکھتے تھے۔ اُنہیں مسیح کا اختیار دیا گیا تھا۔ بطور ایک کلیسیا اُنہوں نے اُن معاملات کو سنجیدگی سے نہیں لیا تھا۔ اِس کلیسیا کو مسیح خداوند کا چیلنج یہی تھا کہ وہ توبہ کرتے ہوئے اُس تعلیم کے مطابق زندگی بسر کریں جو اُنہوں نے حاصل کی تھی۔ یہاں پر یہ بات قابلِ غور ہے کہ اگر وہ توبہ نہ کرتے تو پھر کیا ہونا تھا؟ خداوند نے ایک چور کی مانند اُن کے پاس آنا تھا۔ چور کا تصور دو رُخی اہمیت کا حامل ہوتا ہے۔ اول۔ چور وہ چرانے آتا ہے جو کچھ ہمارا ہوتا ہے۔ خداوند نے اُن کی روشنی چرانے کے

لئے آنا تھا۔ ہوسکتا ہے کہ وہ ایک فلاحی تنظیم کے طور پر کام کرتے رہتے ،لیکن روحانی طور پر مردہ ہی رہتے ۔اِس صورت حال میں اُن کی روشنی ختم ہو جانی تھی۔ دوم۔ چوراُس وقت آتا ہے جب ہمارے وہم وگمان میں بھی نہیں ہوتا۔لمحہ بھر میں، خلاف توقع ،خداوند نے اُن کے پاس آکران کی عدالت کرنی تھی۔ سردیس کی کلیسیا میں کچھ ایسے لوگ بھی تھے جنہوں نے اپنی پوشاک کوآلودہ نہیں کیا تھا۔ اُنہوں نے اُس کے ساتھ سفید لباس پہنے ہوئے چلنا تھا۔ سفید رنگ ہمیشہ ہی پاکیزگی کی علامت ہوتا ہے۔ روحانی موت کی سرانڈ ﴿انتہائی بدبو/تعفن﴾ میں بھی انتہائی بیش قیمت موتی مل جاتے ہیں۔ خداوند ایسے خواتین وحضرات کی وفاداری کوخراج تحسین پیش کرتا ہے۔ سردیس کی کلیسیا میں یہی افسوسناک پہلوتھا کہ یہی چندایک لوگ تھے جوواقعی زندہ اور پاک لوگ تھے۔ پانچویں آیت میں خداوند نے کلیسیا کو یاد دلایا کہ یہ تین انعامات اُن ہی کے لئے ہونگے جو غالب آئیں گے۔اول، وہ سب جو غالب آئیں گے سفید لباس میں ملبس ہونگے۔ وہ خداوند کی معافی کوجانیں گے۔ وہ اپنی گناہ سے داغدار پرانی فطرت سے رہائی اورمخلصی پائیں گے۔اور خداوند کے نام سے ایک جلالی فطرت حاصل کریں گے۔دوم، غالب آنے والوں کا نام کبھی بھی کتابِ حیات سے مٹایانہیں جائے گا۔اُن کی نجات یقینی ہے۔خدا کی بادشاہی میں کوئی بھی شخص اُن کا مقام حاصل نہیں کر سکے گا۔

آخری بات۔خداوند یسوع مسیح آسمان پر فرشتوں کے سامنے خداباپ کے سامنے اُن کا اقرار کرے گا۔ وہ اُنہیں اپنے فرزند کہنے میں فخرمحسوس کرے گا۔وہ شخصی طور پر باپ کے سامنے اُن کے معاملہ کی تائید کرے گا۔ وہ خدا کے بیٹے کے منظورِنظر ہوں گے۔اُن کے حق میں بیٹے کے کلام اورکام کے باعث باپ کے سامنے اُن کی قبولیت یقینی ہوگی۔کیا آپ روحانی طور پرخواب غفلت میں پڑنے کے قصوروار ہوئے ہیں؟ خداوند ہمیں سردیس کی کلیسیا کے نام لکھے گئے خط کے وسیلہ سے ایسی زندگی بسر کرنے کی توفیق بخشے جواُس کے جلال کے عین مطابق ہے۔

چند غور طلب باتیں

☆۔آپ کس قسم کی روحانی سرگرمیوں میں ملوث رہے ہیں؟ آپ کو اپنے قریب لانے کیلئے خدا اِن سرگرمیوں کو کس طرح استعمال کر رہا ہے؟

☆۔خدا اور لوگوں کے دیکھنے میں کیا فرق ہے؟ کیا یہ ممکن ہے کہ کوئی شخص خدا کے ساتھ راست نہ ہو تو بھی معاشرے میں اُس کی بڑی اچھی شہرت ہو۔

☆۔ہم کیوں کر اِس آزمائش میں پڑ جاتے ہیں کہ انسان ہمیں دیکھ کر سراہیں۔ بجائے اِس کے کہ ہم اس بات کے طالب ہوں کہ خدا کی خوشنودی حاصل کریں؟

☆۔روحانی طور پر خوابِ غفلت میں ہونے سے کیا مراد ہے؟

☆۔خداوند نے سردیس کی کلیسیا کو یہ چیلنج کیا کہ وہ اِن باتوں کو یاد کرے جو اُنہوں نے سنی اور حاصل کی ہیں۔آپ نے خداوند سے کیا حاصل کیا ہے؟ کیا خدا کے لئے جلال کے لئے آپ اُس سے وفادار رہے ہیں۔

چند دُعائیہ نکات

☆۔خداوند سے درخواست کریں کہ وہ آپ کے دل کو اپنے جلال اور کام کیلئے بیدار کرے۔

☆۔خداوند سے توفیق مانگیں کہ آپ لوگوں کی بہ نسبت خدا کی خوشنودی کے طالب ہوں۔

☆۔خداوند سے فضل مانگیں کہ وہ آپ کو وہ سب چیزیں یاد دلائے جو بطور ایماندار اُس نے آپ کو دیں ہیں۔خداوند سے التماس کریں کہ وہ اُن چیزوں کو آپ کی زندگی میں اپنے جلال کے لئے استعمال ہونے کا فضل اور توفیق دے۔

باب 8

فلدلفیہ کی کلیسیا

مکاشفہ 3:7-13 پڑھیں

بطور ایماندار ہمیں اس زندگی میں بہت سی رکاوٹوں کا سامنا کرنا پڑے گا۔ تاہم یہ جاننا بہت اہم بات ہے کہ خداوند کس طور سے اَب بھی ہر ایک چیز پر قوی و قادر ہے۔ وہ ہماری جدوجہد اور اُس کشمکش سے واقف ہے جس سے ہم گزر رہے ہیں۔ وہ گہرے طور پر ہمیں جانتا ہے۔ وہ ہماری برداشت سے باہر ہمیں آزمائش میں نہ پڑنے دے گا۔ ﴿1 کرنتھیوں 10:13 پڑھیں﴾ خداوند ہماری زندگی میں اندازہ کے موافق وہی آزمائش اور مشکل لاتا ہے جس کی ہم برداشت کر سکتے ہیں اور بالآخر جس سے ہماری لئے بھلائی پیدا ہوتی ہے۔

فلدلفیہ کی کلیسیا کو خط اُس کی طرف سے لکھا گیا جو قدوس اور برحق ہے۔ جس کے پاس داؤد کی کنجیاں ہیں۔

ہم مکاشفہ 1:18 میں اِس شخصیت سے مل چکے ہیں۔ ہم نے مذکورہ حوالہ میں دیکھا کہ خداوند یسوع مسیح کے پاس موت اور عالمِ ارواح کی کنجیاں ہیں۔ کیا یہ ممکن ہے کہ داؤد کی کنجیاں داؤد کے شہر کے لئے ہوں۔ داؤد کا شہر کیا ہے؟ یہ شہرِ یروشلیم ہے۔ شہر یروشلیم اکثر آسمانی شہر کو پیش کرتا ہے۔

خداوند کے پاس ہی آسمانی شہر اور زندگی کی کنجیاں ہیں۔ کشمکش اور جدوجہد سے دوچار فلدلفیہ کی کلیسیا کیلئے یہ بڑی حوصلہ افزا بات ہوئی ہوگی۔ گناہ کے خلاف اُن کی کشمکش اور جدوجہد بڑی شدید قسم کی تھی۔ لیکن اُن کا خداوند آسمانی شہر اور ابدی زندگی کی کنجیاں اپنے پاس رکھتا ہے۔ گناہ کے خلاف ہماری جدوجہد اور جانفشانی خواہ جس قدر بھی شدید کیوں نہ ہو۔ ہمیں اس بات کی قوی

یقین دہانی ہے کہ ہم آسمانی شہر میں ضرور داخل ہونگے۔ابدی زندگی اور آسمانی شہر میں داخلہ میں کوئی چیز بھی رکاوٹ کا باعث نہیں ہوسکتی۔

خداوند یسوع مسیح نے ہمارے لئے آسمانی شہر کا دروازہ کھولا ہے، ابلیس اِس کو بند نہیں کرسکتا۔ہم بڑی یقین دہانی کی حالت میں آزمائشوں کا مقابلہ کرسکتے ہیں۔حتیٰ کہ موت کا خوف وخطرہ بھی ہمیں اپنی منزل کی طرف گامزن رہنے کی راہ میں حائل نہیں ہوسکتا۔چونکہ موت اور عالمِ ارواح کی کنجیاں ہمارے خداوند یسوع مسیح کے پاس ہیں،اس لئے ہمیں موت پر بھی فتح حاصل ہے۔ ہالیلیو یاہ۔

غور کریں کہ خداوند نے فلدلفیہ کی کلیسیا کے لئے ایک دروازہ کھول رکھا تھا۔یہ کونسا دروازہ تھا؟متن سے ہمیں معلوم ہوتا ہے کہ فلدلفیہ کی کلیسیا میں تھوڑا زور باقی تھا۔یہ کوئی بہت بڑی یا بڑی زور آور کلیسیا نہیں تھی۔بطور ایک بڑی کلیسیا کے ایک معروف کلیسیا نہیں تھی۔یہ کلیسیا سردیس کی کلیسیا کی مانند ترقی نہیں کررہی تھی۔لیکن جو تھوڑا بہت اُن کے پاس تھا، وہ اُس میں خداوند کے وفادار تھے۔

9-10 آیات سے ہمیں اِس کھلے ہوئے دروازے کی پہچان کے تعلق سے ایک اشارہ ملتا ہے۔فلدلفیہ کی کلیسیا اُن لوگوں کے ساتھ کشمکش سے دوچار تھی جو شیطان کی جماعت والوں سے تعلق رکھتے تھے۔ہم متن سے دیکھتے ہیں کہ وہ لوگ جو شیطان کی جماعت سے تعلق رکھتے تھے، گمراہ ہوکر شیطان کے ہاتھوں میں استعمال ہورہے تھے۔وہ اب کلیسیا کو طرح طرح سے دُکھ دے رہے تھے۔خداوند نے فلدلفیہ کی کلیسیا کو بتایا کہ وہ دن دور نہیں جب یہ یہودی اُن کے قدموں میں گرکر اِس بات کو تسلیم کریں گے کہ خداوند اُن سے پیار کرتا ہے۔

یہاں پر عہدِ عتیق کے ایک خوبصورت کردار یوسف اور اُس کے بھائیوں کی تصویر اُبھر کر سامنے آتی ہے۔یوسف کے بھائی اُس سے نفرت کرتے تھے۔وہ اکثر اُس کا مذاق اڑاتے اور بالآخر

اُسے غلام کے طور پر بیچ کر مصر بھیج دیا گیا۔ مگر خدا نے یوسف کو ملکِ مصر میں اختیار اور قدرت کے ساتھ عظمت بخشی۔ جب اُس کے بھائی اُس کے پاس ملکِ مصر میں رسد خریدنے کو آئے، تو وہ اُس کے سامنے جھکے اور اِس بات کو تسلیم کیا کہ خدا اُس سے پیار کرتا ہے اور اُس نے اُسے برکت بخشی ہے۔

کچھ ایسی ہی صورتِ حال ایذا رسانیوں کا شکار فلدلفیہ کی کلیسیا کی بھی تھی۔ ایک وقت آنا تھا جب فلدلفیہ کی کلیسیا کو دُکھ دینے والوں نے خدا کے ہاتھ کو اُن کی زندگیوں پر تسلیم کرتے ہوئے بڑی عاجزی کے ساتھ اُن کے سامنے سرِ تسلیم خم کرنا تھا۔ جزوی طور پر فلدلفیہ کی کلیسیا کے لئے جو دروازہ کھلا ہوا تھا وہ برکت اور اجر کا دروازہ تھا۔ یہ گواہی کا دروازہ تھا، حتیٰ کہ اُن کے دشمنوں نے اِس بات کو تسلیم کرنا تھا کہ خداوند نے فلدلفیہ کی کلیسیا کو برکت دے رکھی ہے۔ 10 آیت سے ہمیں معلوم ہوتا ہے کہ یہ بچ نکلنے کا دروازہ بھی تھا۔ اِس کلیسیا کو اُن کی برداشت سے باہر دُکھ اور ایذا رسانی سے بچانا بھی تھا۔ مزید ایذا رسانی کے آثار نظر آ رہے تھے لیکن خداوند نے اِس کلیسیا کو اُس سے محفوظ رکھنا تھا۔

خداوند کو معلوم تھا کہ یہ کلیسیا اتنی مضبوط نہیں تھی کہ مزید ایذا رسانی اور مصائب کا سامنا کر سکے۔ خداوند اُن کی برداشت کی استعداد سے زیادہ! انہیں دُکھ اور آزمائش میں پڑنے کی اجازت نہیں دے سکتا تھا۔

خداوند نے فلدلفیہ کی کلیسیا کو بتایا کہ جو کچھ اُن کے پاس ہے اُسے تھامے رہیں اور ہمت نہ ہاریں۔ کسی کو اجازت نہیں تھی کہ اُس تاج کو حاصل کر لیں جو اُن کے لئے مقرر تھا۔ تاج وہ اجر ہوتا ہے جو اُس کھلاڑی کو ملتا ہے جو دوڑ کو کامیابی کے ساتھ ختم کرتا ہے۔ ثابت قدم نہ رہ کر وہ اُس اجر کو کھو سکتے تھے۔ تاہم حقیقی ایماندار کبھی نہ مرجھانے والا سہرا حاصل کریں گے۔

غور کریں کہ غالب آنے والے کو خدا کے مقدّس میں ایک ستون بنایا جائے گا۔ ایک ستون مستقل

ہوتا ہے۔غالب آنے والا خدا کی بادشاہی میں مستقبل طور پر قائم رہے گا۔غالب آنے والے کبھی بھی خدا کی حضوری سے باہر نہیں نکلیں گے بلکہ ہمیشہ خدا کے مقدّس میں اُس کی حضوری میں ابدالآباد رہیں گے۔

خداوند نے فلدلفیہ کی کلیسیا کو بتایا کہ وہ غالب آنے والوں پر تین نام لکھے گا۔وہ خدا باپ، نئے یروشلیم اور مسیح کا نیا نام اُن پر لکھے گا۔ہم کسی چیز پر اپنا نام لکھتے ہیں تا کہ اِس بات کی نشاندہی ہو سکے کہ وہ چیز ہماری ملکیت ہے۔خدا غالب آنے والوں پر اپنا نام لکھے گا کیوں کہ اُس نے اُنہیں اپنے ہونے کے لئے خریدا ہوا ہے۔اُس نے نئے یروشلیم کا نام اُن پر لکھا جانا ہے کیوں کہ اُن کا تعلق اب اُس شہر سے ہے۔مسیح نے اپنا نیا فتح مند نام اُن پر لکھا کیوں کہ اُس نے اُنہیں اپنے لئے خریدنے کیلئے اپنی جان قربان کر دی تھی۔

قابلِ غور بات کہ غالب آنے والوں پر مسیح کا جو نام لکھا گیا وہ ایک نیا نام تھا۔قدیم زمانوں میں جب کوئی شخص کوئی دلاوری اور بھلائی کا کام کرتا تھا تو بادشاہ اُسے یہ اختیار دیتا تھا کہ وہ اپنے نام کے ساتھ ''سر'' Sir کا خطاب لکھ سکے۔اُس شخص، اُس کی جرأت اور دلاوری کے سبب اُس کی عزت افزائی کی جاتی تھی۔

خداوند یسوع مسیح نے اپنی موت اور مُردوں میں سے جی اُٹھنے کے باعث تاریخِ دُنیا کا سب سے عظیم کام سرانجام دیا تھا۔باپ نے اُسے جلال دیا اور اُسے ایسا نام بخشا جس کے سامنے ہر ایک گھٹنا جھکے گا۔ یعنی ایسا نام جو ہر ایک نام سے بلند و بالا ہے۔ مقدس پولس رسول نے فلپیوں 2:9-10 میں اِس کے متعلق لکھا ہے۔

''اسی واسطے خدا نے بھی اُسے بہت سر بلند کیا۔اور اُسے وہ نام بخشا جو سب ناموں سے اعلیٰ ہے۔ تا کہ یسوع کے نام پر ہر ایک گھٹنا جھکے۔خواہ آسمانیوں کا ہو، خواہ زمینیوں کا۔خواہ اُن کا جو زمین کے نیچے ہیں۔''

غالب آنے والوں پر فاتح مسیح یسوع کا نام لکھا جائے گا۔ غالب آنے والا اَب مسیح کا ہے جو کہ سب پر ممتاز اور قادر مطلق خدا ہے۔ مسیح کو اب اُسے اپنا کہتے ہوئے فخر محسوس ہوگا اور اب وہ اپنا نیا نام اُس پر لکھے گا۔

خداوند فلدلفیہ کی کلیسیا کی وفاداری کو مدنظر رکھتے ہوئے اُن کو خراج تحسین پیش کرتا ہے۔ اگر چہ وہ کمزور تھی تو بھی فلدلفیہ کی کلیسیا ثابت قدم، قائم اور مضبوط رہی۔ جنگ زورآور اور مضبوط کی نہیں ہے۔ بہت سے مضبوط مسیحی جنگ ہار چکے ہیں۔ ہم بہت سے ایسے معزز مسیحیوں سے مل چکے ہیں جن کو ہم قدر کی نگاہ سے دیکھا کرتے تھے لیکن اب ہم اُن کو دیکھ کر حیران ہوتے ہیں کہ وہ گر چکے ہیں۔ ہوسکتا ہے کہ آپ بائبل مقدس میں سے بہت سے ایسے لوگوں کو جانتے ہوں جو کبھی خدا کے زبردست سورما تھے لیکن وہ بھی ایک دن گر پڑے اور ثابت قدم اور قائم نہ رہ سکے۔ شاید آپ کبھی بائبل سکول اور سیمنری بھی گئے ہوں، شاید آپ گزشتہ کئی سالوں سے مسیحی ہوں۔ آپ بھی اپنے کمزور بھائی کی طرح آسانی سے گر سکتے تھے۔ زورآور نہیں بلکہ کمزور مگر ثابت قدم رہنے والے زندگی کا سہرہ پائیں گے۔ خداوند ہمیں غالب آنے کی توفیق دے۔

چند غور طلب باتیں

☆ ۔داؤد کی کنجیاں کیا ہیں؟ ہمارے لئے یہ بات کس طرح حوصلہ افزائی اور ثابت قدم رہنے کا باعث بنتی ہے کہ خداوند کے پاس داؤد کی کنجیاں ہیں؟

☆ ۔فلدلفیہ ایک کمزور کلیسیا تھی تو بھی خداوند نے اُس کی حوصلہ افزائی کی۔کمزور ہونے کے باوجود کیوں خداوند نے اُن کی حوصلہ افزائی کی؟فلدلفیہ کی کلیسیا کے دشمنوں کے ساتھ کیا واقع ہونے کا وعدہ کیا گیا۔

☆ ۔غالب آنے والوں پر خدا تین نام لکھے گا۔وہ تین نام کون سے ہیں اور اُن سے کیا مراد ہے؟

☆ ۔کیا جنگ ہمیشہ زور آور کی ہوتی ہے؟فلدلفیہ کی کلیسیا ہمیں کیا سکھاتی ہے؟

چند ایک دُعائیہ نکات

☆ ۔نجات کی یقین دہانی کے لئے خداوند کی شکرگزاری کریں۔

☆ ۔خداوند سے فضل مانگیں کہ آپ کو وہ قوت اپنے جلال کے لئے استعمال کرنے کی توفیق دے جو اُس نے آپ کو دے رکھی ہے

☆ ۔خداوند کی شکرگزاری کریں کہ وہ ہمیں اپنی ملکیت قرار دیتا ہے۔اور اپنا نیا نام ہم پر لکھتا ہے۔

☆ ۔خداوند سے توفیق مانگیں کہ وہ آپ کو وفادار رہنے کی توفیق دے۔جو کچھ بھی آپ کے پاس تھوڑا بہت ہے،آپ اُس میں خداوند سے وفادار رہ سکیں۔

باب 9

لودیکیہ کی کلیسیا

مکاشفہ 3:14-22 پڑھیں

آپ کس طرح سے اپنی روحانی حالت کا اندازہ لگائیں گے؟ایک سے دس تک کے سکیل میں آپ کس مقام پر آئیں گے؟ کیا آپ سرد ہیں یا گرم؟ کیا آپ جل رہیں ہیں یا نیم گرم؟ زیادہ تر لوگوں کی تعداد درمیان والے لوگوں کی ہوگی۔یعنی سرد نہ گرم بلکہ نیم گرم۔ ہمارے معاشرے میں درمیانی سڑک پر چلنا ایک عام رجحان پایا جاتا ہے؟ ہم عمومی طور پر اپنے آپ کو زیادہ نمایاں نہیں رکھنا چاہتے۔ہم دوسروں سے مختلف نہیں ہونا چاہتے بلکہ زمانے کے ساتھ ساتھ چلنا چاہتے ہیں۔ہم نیم گرم ہونے پر ہی اکتفا کرلیتے ہیں۔یہی لودیکیہ کی کلیسیا کا مسئلہ تھا۔

لودیکیہ کی کلیسیا کو یہ خط اُس کی طرف سے لکھا گیا جو کہ آمین، سچا اور برحق گواہ اور خدا کی خلقت کا مبدہ ہے۔ہم واضح طور پر سمجھ سکتے ہیں کہ یہ خداوند یسوع مسیح کی طرف ہی اشارہ ہے۔

یسوع کو یہاں پر''آمین'' کے طور پر بیان کیا گیا ہے۔''آمین'' ایسا اظہار ہے جو ہم اُس وقت استعمال کرتے ہیں جب ہم کہی گئی بات کی تصدیق کرتے یا اُس سے متفق ہوتے ہیں تو ہم ''آمین'' کہتے ہیں۔جب ہم کسی چیز کے سچ ہونے پر ایمان رکھتے ہیں اور سمجھتے ہیں کہ یہ بات ہمارے اعتماد کے لائق ہے۔یسوع آمین ہے۔وہ ہمارے اعتماد کے لائق ہے۔

یسوع وفادار اور برحق گواہ بھی ہے۔اِس کی دو وجوہات دی گئی ہیں۔اول، وہ جان دینے تک بھی وفادار اور ثابت قدم رہا۔وہ کوہِ کلوری پر قربان ہوا۔وہ اُس وقت بھی وفادار رہا جب اُسے اپنی جان قربان کرنا پڑی۔دوم۔جو کچھ اُس نے تعلیم دی اُس کے باعث وہ وفادار اور برحق گواہ ہے۔جو کچھ اُس نے کہا، وہ برحق اور ہمارے اعتماد کے بالکل لائق بھی تھا۔

خداوند یسوع مسیح خدا کی خلقت کا مبدّا بھی ہے۔ کیوں کہ وہ آخر تک وفادار رہا۔ خدا نے اُسے سر بلند کیا۔ مسیح کو وہ نام بخشا گیا جو سب ناموں سے اعلیٰ ہے۔ وہ ساری دُنیا پر حاکمِ مطلق ہے۔ اِس لئے ہر ایک گھٹنا اُس کے سامنے جھکے گا۔

خدا کی خلقت کا حاکم لودیکیہ کی کلیسیا کی صورتِ حال سے آگاہ اور واقف تھا۔ اُس نے اِس کلیسیا کو نیم گرم حالت میں دیکھا۔ چونکہ یہ نیم گرم کلیسیا تھی، اِس لئے مسیح اُسے اپنے منہ سے نکال پھینکنے کو تھا۔ لودیکیہ کا قصبہ گرم چشموں سے پانی لیتا تھا۔ جب تک پانی وہاں پہنچتا تو یہ نیم گرم ہو چکا ہوتا تھا۔ نہ صرف وہ نیم گرم پانی پیتے تھے بلکہ اُن کی روحانی زندگی بھی ایسی ہی تھی۔

خداوند نے اُنہیں بتایا کہ اُس کی یہ خواہش ہے کہ کاش وہ سرد یا گرم کلیسیا ہوتی۔ چونکہ وہ نیم گرم کلیسیا تھی، اِس لئے خداوند یسوع مسیح اُنہیں اپنے منہ سے نکال پھینکنے کو تھا۔ خداوند نے اُنہیں بتایا کہ وہ اُنہیں نیم گرم کی بہ نسبت سرد حالت میں دیکھنے کو ترجیح دیتا۔ جب کلیسیا میں ایسے مسیحی لوگ ہوں جو نیم دلی سے خدا کے ساتھ چلتے ہوں تو پھر کلیسیا کو زیادہ نقصان ہوتا ہے۔ کیوں کہ اُن لوگوں کی بہ نسبت جو روحانی معاملات میں دلچسپی نہیں رکھتے، ایسے لوگ کلیسیا کے لئے زیادہ نقصان دہ ثابت ہوتے ہیں۔

نیم دلی یا بے دلی سے خداوند کے ساتھ چلنے والے مسیحیوں کا ایک پاؤں دُنیا میں ہوتا ہے اور دوسرا قدم کلیسیا میں ہوتا ہے۔ ایسے لوگ دونوں دُنیاؤں میں زندہ رہنے کی کوشش کرتے ہیں۔ اُن کی زندگی میں گناہ پر فتح اور غلبہ نہیں پایا جاتا۔ بلکہ ایسے لوگ ریاکار ہوتے ہیں۔ اتوار کی صبح وہ کلیسیا میں ہوتے ہیں اور سوموار کی صبح وہ دُنیا اور اُس کی بدی میں پھنسے ہوتے ہیں۔ جہاں تک اُنہیں مسیح کے ساتھ چلنے میں کوئی دشواری نہیں ہوتی وہاں تک وہ مسیح کے ساتھ چلتے ہیں۔ مسیح یسوع اِس قسم کے مسیحی لوگوں میں کوئی دلچسپی نہیں رکھتا۔ ایسے لوگ کلیسیا کے کردار پر دھبہ ہوتے ہیں اور اپنی ریاکاری کی وجہ سے وہ مسیح کے نام کو داغدار کرتے ہیں۔

لودیکیہ کی کلیسیا ایک امیر کلیسیا تھی۔ اُن کے پاس دُنیاوی مال و اسباب تھا۔ یہی مال و متاع اُنہیں مسیح سے دور لے گیا تھا۔ کیا اُن کی یہ دولتمندی ہی تھی جو خداوند کے لئے اُن کے نیم گرم ہونے کا سبب بنی؟ کلیسیا جو دُنیاوی لحاظ سے دولتمند تھی، روحانی طور پر انتہائی غریب اور خستہ حال تھی۔ وہ کم بخت، قابل رحم، غریب، اندھی اور برہنہ بھی تھی۔ جب خداوند نے اُسے دیکھا تو اُسے لودیکیہ کی کلیسیا کی یہی تصویر نظر آئی۔

17 آیت میں اختلافِ رائے پر دھیان دینا دلچسپ بات ہے۔ کلیسیا اپنے آپ کو دولتمند سمجھتی تھی جبکہ مسیح نے اُنہیں انتہائی غریب دیکھا۔ کلیسیا کی حالت کا اندازہ لگانے کے لئے دو قسم کے معیار استعمال کئے جاتے تھے۔ لودیکیہ کی کلیسیا نے جسمانی معیار پر ہی نظر رکھی۔ اُنہوں نے دیکھا کہ وہ دُنیاوی چیزوں سے مالا مال ہیں اور اُن کے پاس ہر طرح کی جسمانی برکت موجود ہے۔ ہوسکتا ہے کہ وہ دیگر کلیسیاؤں کی طرح ایذاہ رسانی میں سے نہ گزر رہی ہو۔ کلیسیا کے لوگ جس طور سے کلیسیا چل رہی تھے خوش تھے۔ اُنہوں نے دیکھا اور محسوس کیا کہ لودیکیہ کی کلیسیا بہت اچھی کلیسیا ہے۔

جب خداوند مسیح نے کلیسیا پر نگاہ کی تو اُس نے اُن کی حالت کو جانچنے کے لئے وہی معیار استعمال نہ کیا جو لودیکیہ کی کلیسیا نے خود اپنے آپ کو دیکھنے کے لئے استعمال کر رہی تھی۔ خداوند نے اُن کے دلوں پر نگاہ کی تھی۔ اُس نے دیکھا کہ اُن کے دل نیم گرم ہیں اور اُن کے دلوں میں اُس کے لئے کوئی سرگرمی نہیں پائی جاتی۔ وہ کلیسیا کو ایک فلاحی و معاشرتی کلب سمجھتے ہوئے بڑے مطمئن تھے۔ وہ خداوند یسوع مسیح سے وفادار نہ تھے۔ روحانی طور پر وہ غریب اور برہنہ تھے۔ یہ کلیسیا اپنے اراکین پر کوئی روحانی تاثر نہیں رکھتی تھی۔ لوگ نجات دہندہ کی طرف رجوع نہیں لا رہے تھے۔ کلیسیائی اراکین مسیح کی محبت میں ترقی نہیں کر رہے تھے۔ وہ خارجی اور دُنیاوی چیزوں پر ہی اکتفا کئے بیٹھے تھے۔

اِس مسئلہ کے حل کے طور پر مسیح خداوند نے لودیکیہ کی کلیسیا کو اپنے سے تین چیزیں خریدنے کا چیلنج دیا۔سب سے پہلے اُنہیں خداوند سے تپایا ہوا سونا خریدنا تھا۔ اِس سونے کا جسمانی دولت سے کچھ تعلق نہ تھا۔ اِس سونے کو خریدنے والا شخص روحانی طور پر دولتمند ہوتا تھا۔ وہ کس طرح سے یہ سونا خرید سکتے تھے؟ یسعیاہ نبی نے 2-1:55 میں اِس کی وضاحت کی۔

''اے سب پیاسو پانی کے پاس آوٴ۔ اور وہ بھی جس کے پاس پیسہ نہ ہو۔ آوٴ مول لو اور کھاوٴ۔ ہاں آوٴ مے اور دودھ بے زر اور بے قیمت خریدو۔ تم کس لئے اپنا روپیہ اُس چیز کے لئے جو روٹی نہیں۔ اور اپنی محنت اُس چیز کے واسطے جو آسودہ نہیں کرتی خرچ کرتے ہو؟ تم غور سے میری سنو۔ اور وہ چیز جو اچھی ہے کھاوٴ اور تمہاری جان فربہی سے لذت اٹھائے۔''

مسیح نے لودیکیہ کی کلیسیا کو جن چیزوں کی پیش کش کی وہ بے زر خریدی جاتی تھیں۔ اُس کے پاس آجانے کی صورت میں اُنہوں نے کبھی پیاسے نہیں ہونا تھا۔ اُن کی جانیں مطمئن ہو جاتی تھیں۔ اُس نے اُنہیں معافی، اطمینان اور یقین دہانی سے مالا مال کر دینا تھا۔ دُنیاوی مال و متاع نہ ہونے کے باوجود سونا خرید لینے کی صورت میں اُس نے فی الحقیقت ایک دولتمند کلیسیا بن جانا تھا۔

لودیکیہ کی کلیسیا کو اپنی برہنگی کو ڈھانپنے کے لئے سفید لباس بھی خریدنا تھا۔ مفسرین ہمیں بتاتے ہیں کہ لودیکیہ شہر کالی اُون کی وجہ سے بھی بہت مشہور تھا جس سے وہ اپنے ملبوسات تیار کرتے تھے۔ خداوند نے اُنہیں بتایا کہ وہ اپنے سیاہ ملبوسات کو اتار کر اُس سفید لباس کو زیب تن کر لیں جو وہ اُنہیں دینے کو تھا۔ یہ سفعد لباس معافی اور پاکیزگی کی علامت تھا۔ ہم پہلے ہی دیکھ چکے ہیں کہ سردیس کی کلیسیا میں وفادار رہنے والوں کو سفید جامہ پہنایا جانا تھا۔ ﴿مکاشفہ 3:4﴾
خداوند لودیکیہ کی کلیسیا کو بھی اِسی لباس کی پیش کش کر رہا ہے۔

سوم۔ کلیسیا نے آنکھوں کے علاج کیلئے سُرمہ خریدنا تھا۔ وہ روحانی طور پر نابینا تھا۔ جس طور سے

مسیح چیزوں کو دیکھتا تھا وہ اِس طور سے دیکھنے کے قابل نہ تھے۔ لودیکیہ کا علاقہ خراب آنکھوں کے لئے سرمہ تیار کرتا تھا۔ تاہم یہ سرمہ اُن کی روحانی بینائی کو بحال کرنے کے قابل نہ تھا۔

جب خداوند ہمیں چھوتا ہے تو پھر ہم چیزوں کو پہلے کی طرح نہیں دیکھتے۔ ہماری آنکھیں زندگی کے حقیقی مقصد اور مفہوم کو سمجھنے کیلئے کھل جاتی ہیں۔ ضرورت تھی کہ لودیکیہ کی کلیسیا کی آنکھوں کی روحانی بینائی بحال ہوتی۔ وہ مسیح کو دیکھنے سے قاصر تھے۔ اور اِس حقیقت کو بھی نہیں جانتے تھے کہ وہ اُس کے حضور کس حالت میں کھڑے ہوئے ہیں۔

غور کریں کہ خداوند نے لودیکیہ کی کلیسیا کو کیوں ڈانٹا۔ آیت 19 ہمیں بتاتی ہیں کہ اِس کلیسیا کو محبت کی بنا پر ڈانٹا کیوں کہ وہ اِس کلیسیا سے محبت رکھتا تھا۔ یہ حقیقت ہے کہ وہ انہیں نیم گرم ہونے کی وجہ سے منہ سے نکال پھینکنے کو تھا۔ تو بھی وہ ان کے تعلق سے مایوس اور بے دل نہیں ہوا تھا۔ وہ صبر و تحمل سے ان کے دروازہ پر کھڑا ہوا کھٹکھٹا رہا تھا۔ اُس نے خود کو ان پر مسلط نہیں کیا تھا۔ انہوں نے اپنے ذاتی فیصلہ کی بنا پر اس کے لئے دروازہ کھولنا تھا۔ دروازہ کھولنے کی صورت میں اُس نے اندر جا کر اُن سے رفاقت رکھنی تھی۔ وہ خداوند کے ساتھ گہری رفاقت اور قربت سے لطف اندوز ہو سکتے تھے۔ یہ وہ برکت تھی جسے لودیکیہ کی کلیسیا کھوئے بیٹھے تھی۔ وہ ایسی کلیسیا تھی جس میں خداوند موجود نہیں تھا۔ اَب اُن کے لئے موقع تھا کہ وہ اپنے دلوں کو مسیح کے لئے کھولتے اور اُسے اندر آنے کا موقع دیتے۔

اکثر ہماری کلیسیائیں تعلیم، خدمت اور روایات کے بارے میں ہی سوچتی رہتی ہیں اور یہ سب چیزیں ہی اُن کا مرکز و محور ہوتی ہیں نا کہ مسیح۔ کچھ ایسی کلیسیائیں بھی ہیں جو یہ سوچتی ہیں کہ ہمیں مسیح کے تعلق سے بہت زیادہ پر جوش نہیں ہونا چاہئے۔ ایسی کلیسیائیں مسیح خداوند کے لئے دروازہ بند کر دیتی ہیں۔ اور اپنے اعتقاد اور اعمال کا دفاع کرتی رہتی ہیں۔ لیکن یاد رکھیں کہ حالات خواہ جیسے بھی ہوں مسیح ایسی ہر ایک کلیسیا کا باہر کھڑے ہو کر انتظار کرتا رہتا ہے کہ وہ اُسے

اندر آنے کا موقع دے۔

لودیکیہ کی کلیسیا کو چیلنج دیا گیا کہ وہ اپنے دلوں کو کھول کر مسیح خداوند کو اندر آنے کا موقع دے تا کہ وہ اُن کے ساتھ رفاقت رکھ سکے۔ اگر وہ ایسا کرتے تو خداوند نے اُن کی بڑی عزت افزائی کرنا تھی، اُن کے ساتھ رفاقت رکھنا تھی۔ اُنہیں آسمان کی بادشاہت میں اُس کے ساتھ بیٹھنے کا شرف حاصل ہونا تھا۔

نیم گرم ہونے کے باوجود لودیکیہ کی کلیسیا کے لئے ایک اُمید باقی تھی۔ خداوند اُن کی طرف سے مایوس نہیں ہوا تھا۔ یہاں پر خداوند نے اُنہیں ایک اور موقع دیا۔

ہو سکتا ہے کہ آپ کی کلیسیا کی حالت بھی لودیکیہ کی کلیسیا جیسی ہو۔ آج خداوند آپ کو پکار رہا ہے کہ آپ اپنے دلوں کو کھولیں اور اُسے اندر آنے کا موقع دیں۔ وہ پھر سے بجھتے ہوئے شعلہ کو روشن کرے گا اور آپ کی روح کو حیاتِ نوع بخشے گا۔ یہ بات قابلِ غور ہے کہ وہ آپ کو کسی کام کے لئے مجبور نہیں کرے گا۔ وہ بڑے صبر و تحمل سے آپ کے دل پر دستک دے رہا ہے۔ کیا آپ دروازہ کھول کر اُسے اندر نہیں آنے کی دعوت نہیں دیں گے؟

چندغور طلب باتیں

☆ ۔ایک نیم گرم مسیحی ہونے پر ہی اکتفا کر لینا کیوں کر آسان لگتا ہے؟ آپ کس طرح سے اپنی روحانی حالت کا جائزہ لیں گے؟

☆ ۔آج کلیسیا میں نیم گرمی کی حالت کیوں کر ایک خطرناک چیز ہے؟ نیم گرم ایماندار کس طرح سے کلیسیا کے لئے نقصان دہ ثابت ہو سکتے ہیں۔ کیا آپ بھی کبھی اِسی طور سے محسوس اور یقین کرتے تھے کہ ایک بڑی اور دولتمند کلیسیا ایک صحت مند کلیسیا ہوتی ہے؟ ایک صحت مند کلیسیا کی خصوصیات قلم بند کریں۔

☆ ۔آپ کے خیال میں یسوع لودیکیہ کی کلیسیا سے کیوں کر باہر تھا؟ آپ کی کلیسیا کے لوگوں کے دلوں اور ذہنوں پر کون سی چیزوں نے قبضہ کیا ہوا ہے؟ ان سب چیزوں میں مسیح کا کون سا مقام ہے؟

چند ایک دُعائیہ نکات

☆ ۔خداوند سے دُعا کریں کہ وہ آپ کی آنکھیں کھول دے تا کہ آپ خود کو ایسے ہی دیکھ سکیں جیسے وہ آپ کو دیکھتا ہے۔

☆ ۔خداوند کے ساتھ اپنے تعلق میں اپنی نیم گرم حالت کیلئے معافی مانگیں۔

☆ ۔خداوند سے معافی مانگیں کہ آپ نے اُسے اُس وقت نظر انداز کیا جب اُسے آپ کے دِل کا مرکز ومحور ہونا چاہئے تھا۔

☆ ۔خداوند سے کہیں آپ پر اُن چیزوں کو ظاہر کرے جن چیزوں نے اُس کی جگہ لے رکھی ہے۔

باب 10

آسمان پر فضل کے تخت والا کمرا

مکاشفہ 4 باب پڑھیں

کیا آپ کبھی آسمان کے بارے میں سوچ کر حیرت زدہ ہوئے ہیں کہ وہ کیسا ہوگا؟ یوحنا رسول ہمیں 4 باب میں تخت والے کمرے کی جھلک پیش کرتا ہے۔ جب یوحنا رسول پتمس کے جزیرے میں تھا تو اُس نے ایک آواز سنی جو اُس سے مخاطب تھی۔ یہ آواز نرسنگے کی سی آواز تھی۔ اُس نے پہچانا کہ یہ تو وہی آواز ہے جو مکاشفہ 1:10 میں اُس سے مخاطب ہوئی تھی۔ جب یوحنا رسول نے نظر اُٹھائی تو ایک کھلا ہوا دروازہ دیکھا۔ اُس آواز نے اُسے آگے بڑھنے کو کہا اور اُسے بتایا کہ اب وہ ایسی چیزیں دیکھنے کو ہے جو ابھی تک واقع نہیں ہوئیں۔

متن سے ہمیں معلوم ہوتا ہے کہ جب یوحنا رسول نے یہ آواز سنی تو اُس وقت وہ روح میں تھا۔ ظاہر ہے کہ خدا کا روح یوحنا رسول پر ٹھہرا ہوا تھا تا کہ آنے والے واقعات اور باتوں کو اُس پر ظاہر کرے۔ عہدِ عتیق کے بہت سے انبیاہ کی طرح اُس رویا کو دیکھنے کے لئے جو انسانی آنکھ نے کبھی دیکھی بھی نہیں یوحنا رسول کو بھی اُوپر اٹھایا گیا۔ حزقی ایل ایک ایسی ہی رویا کے وسیلہ سے شہر یروشلیم دیکھنے کیلئے لایا گیا۔ ﴿حزقی ایل 40:1-20﴾

یوحنا رسول کو تخت والے کمرے میں لایا گیا، جو تخت پر بیٹھا تھا وہ سنگِ یشب اور عقیق سا معلوم ہوتا تھا۔ جس سنگ یشب کا یہاں پر بیان ہوا ہے، یہ ایک بلور نما شفاف پتھر ہوتا ہے۔ وہ چیز جو بالکل شفاف ہوتی ہے اِس میں کسی قسم کی ملاوٹ یا گندگی نہیں ہوتی ہے۔ یہ پتھر اُس ہستی کی کاملیت کو ظاہر کرتا ہے جو تخت نشین ہے۔ سنگِ عقیق ایک سرخ پتھر ہوتا ہے۔ بعض مفسرین اِسے خون جیسا یا آتشی سرخ بھی کہتے ہیں۔ سرخ رنگ تو بائبل مقدس میں ہمیشہ ہی خون یا آگ کو پیش

کرتا ہے۔خون گناہ کی اُس قیمت کو ظاہر کرتا ہے جو مسیح نے ہمارے لئے ادا کردی ہوئی ہے۔جبکہ آگ اُس کی قدوسیت، پاکیزگی اور خدا کے عدل کو پیش کرتی ہے۔ یہ پتھر تخت نشین ہستی کے عدل وانصاف، پاکیزگی اور اُس کی قدوسیت کے عکاس ہیں۔

یوحنا رسول نے تخت کے اردگرد ایک دھنک بھی دیکھی ۔خدا نے حزقی ایل کو جو رویا دکھائی، تو اُس نے بھی رویا میں دھنک کو دیکھا۔﴿حزقی ایل 28-1:27﴾حزقی ایل اپنی رویا میں اُس دھنک کو بیان کرتا ہے جو اُس کے جلال کی آب وتاب کو پیش کرتی ہے جو تخت نشین ہے۔

جیسی اُس کمان کی صورت ہے جو بارش کے دن بادلوں میں دکھائی دیتی ہے۔ ویسی ہی آس پاس کی اس جگمگاہٹ کی نمود تھی۔ یہ خداوند کے جلال کا اظہار تھا۔﴿حزقی ایل 1:28﴾ یہاں پر یہ بات بھی قابلِ غور ہے کہ یہ کمان/ دھنک عہدِ عتیق میں اُس عہد کو بھی پیش کرتی تھی جو خداوند نے نوح کے ساتھ باندھا تھا۔﴿پیدائش 9﴾ ہر بار جب دھنک بادلوں میں ظاہر ہوتی ہے تو گویا خدا کے لوگوں کو وہ عہد یاد دلایا جاتا ہے جو خدا نے اپنے لوگوں کے ساتھ باندھ رکھا ہے۔تخت کے اردگرد یہ کمان تخت نشین ہستی کی وفاداری کی یاد دلاتی ہے جو اپنے عہد کو قائم رکھتا ہے۔

تخت کے گرد چوبیس بزرگ تھے، یہ بزرگ سفید لباس زیب تن کئے ہوئے تھے جب کہ اُن کے سروں پر سونے کے تاج تھے۔ چوبیس کا عدد بڑی اہمیت کا حامل ہے۔ کیا تخت نشین یہ چوبیس بزرگ اسرائیل کے بارہ قبیلوں اور عہدِ جدید میں بارہ رسولوں کو پیش نہیں کرتے؟ بلاشبہ یہ چوبیس بزرگ خدا کے لوگوں ہی کو ظاہر کرتے ہیں۔

بزرگوں کا سفید لباس میں ملبوس ہونا اُن کے غالب آنے کو ظاہر کرتا ہے۔ کیوں کہ خدا نے سردیس کی کلیسیا کو یہ بتایا تھا کہ جو غالب آئے اُس کو سفید لباس پہنایا جائے گا۔﴿مکاشفہ 3:5﴾ یہ سفید جامے اُن کے پاک ہونے کو ظاہر کرتے ہیں۔سونے کے تاج پہنے ہونا ظاہر کرتا ہے کہ وہ غالب آئے ہیں۔خداوند نے سردیس کی کلیسیا سے یہ وعدہ کیا تھا کہ جو

غالب آئے اُسے زندگی کا تاج پہنایا جائے گا بشرطیکہ وہ جان دینے تک وفادار رہے۔
﴿مکاشفہ 2:10﴾ خداوند نے فلدلفیہ کی کلیسیا کو یہ یاد دلایا تھا کہ جو کچھ اُس کے پاس ہے وہ اُسے تھامے رہے تاکہ کوئی اُس کا تاج چھین نہ لے۔﴿مکاشفہ 3:11﴾ وہ بزرگ اِس لئے حکومت کر رہے تھے کیوں کہ وہ غالب آئے تھے، وہ اُن سچے، وفادار گواہوں کی تصویر ہیں جو جان دینے تک بھی وفادار رہے۔ یہ اُن لوگوں کو پیش کرتے ہیں جن کے نام کتابِ حیات میں لکھے ہوئے ہیں۔

یوحنا رسول کے دیکھتے ہوئے اُس تخت میں سے بجلیاں، آوازیں پیدا ہوئیں۔وہ گرجوں کی آوازوں بھی سن سکتا تھا۔ یہ تخت دیکھنے میں بڑا خوفناک تخت لگتا تھا۔ مردِ خدا موسیٰ کے دنوں میں جب خدا پہاڑ پر اتر آیا تھا تو وہ پہاڑ آگ کی مانند ہو گیا تھا۔ آسمان پر بجلیاں اور گرجیں پیدا ہوئیں تھیں۔ وہ قدوس خدا تھا۔ محض کسی عام انسان کی طرح آپ اُس تک رسائی حاصل نہیں کر سکتے۔ اُس کی حضوری سے خوف ودہشت پیدا ہوتی ہے۔

تخت کے سامنے یوحنا رسول نے آگ کے سات چراغ جلتے ہوئے دیکھے اور ایک شیشے کا سمندر دیکھا۔ عہدِ عتیق کی ہیکل میں، خداوند کی حضوری عہد کے صندوق پر ہوتی تھی۔ جو کہ ہیکل کے پاک ترین مقام میں رکھا ہوا تھا جو کہ ہیکل کا انتہائی اندرونی حصہ ہوتا تھا۔ اُس پاک ترین مقام یعنی خدا کی حضوری تک رسائی کے لئے کاہن کو چراغ دان اور پانی کے حوض کے قریب سے گزرنا پڑتا تھا۔ کیا ممکن ہے کہ یہی وہ چیز تھی جو یوحنا رسول نے دیکھی؟

خدا کی حضوری کے سامنے چراغدان سے مراد خدا کی سات روحیں یا خدا کی سات رخی روح ہے﴿آیت 5﴾

ہم پہلے ہی اِس بات کا تعین کر چکے ہیں کہ سات روحیں پاک روح کو اُس کی کاملیت کے ساتھ پیش کرتی ہیں۔ روح القدس ہی ہمارے ذہنوں کو منور کرتا ہے تاکہ ہم خدا کی باتوں کو سمجھ

سکیں۔روح القدس کے بغیر ہم اُس کی حضوری میں اُس کو دیکھنے کے لئے داخل نہیں ہو سکتے۔
روح القدس ہی ہمیں مسیح کو دیکھنے کے لئے روشنی عطا کرتا ہے۔شیشے کا سمندر بلور کی مانند شفاف تھا۔خدا کی حضوری میں داخل ہونے سے پہلے مقدسین اپنے گناہوں کو یہاں پر دھو کر پاک ہو سکتے تھے۔سمندر کا پانی بالکل شفاف تھا۔سمندر خدا کی پاک صاف کرنے والی اور معاف کرنے والی قدرت کو پیش کرتا ہے۔میکاہ نبی اِس سمندر کے بارے میں بات کرتا ہے جس میں خداوند ہم سب کے گناہوں کو پھینک دے گا اور پھر کبھی یاد نہیں کرے گا۔

''وہ پھر ہم پر رحم فرمائے گا۔وہی ہماری بدکرداری کو پامال کرے گا اور اُن کے سب گناہ سمندر کی تہہ میں ڈال دے گا۔'' ﴿میکاہ 7:19﴾

یوحنا نے تخت کے اردگرد چار جانداروں کو دیکھا، اُن جانداروں کے آگے اور پیچھے آنکھیں ہی آنکھیں تھیں۔حزقی ایل نے بھی ایسے ہی جانداروں کو دیکھا۔ ﴿حزقی ایل 1 باب﴾ اُن چاروں جانداروں کے چہرے ایک دوسرے سے مختلف تھے۔پہلا شیر ببر کی مانند، دوسرا بیل کی مانند، تیسرا آدمی جبکہ چوتھا عقاب کی مانند تھا۔اُن چاروں جانداروں کے چھ چھ پر تھے۔
یوں لگتا ہے کہ گویا یہ فرشتوں کی سی کوئی مخلوق تھے۔
پرستش اور ستائش کرنے میں بزرگوں کی رہنمائی کرتے تھے۔یوں لگتا ہے کہ جیسے یہ اُن کی بنیادی ذمہ داری تھی۔ ﴿مکاشفہ 19:4 ,.7:11,14:3﴾

اِن چاروں جانداروں کے مختلف چہروں کے بارے میں بڑی قیاس آرائیاں پائی جاتی ہیں۔یہ کہنا کافی ہے کہ خدا کی تمام مخلوقات میں سے عظیم ترین مخلوق کو پیش کرتے ہیں۔شیر، جنگل کا بادشاہ ہونے کی حیثیت سے، اپنی طاقت کے سبب سے جانا پہچانا جاتا ہے۔بیل پالتو جانوروں کا بادشاہ ہے۔اور محنت اور خادمانہ روّیہ اُس کی پہچان ہے۔انسان، تمام مخلوقات کا سربراہ ہے۔عقل وفہم انسان کی بنیادی پہچان ہے۔عقاب پرندوں کا بادشاہ ہے۔اپنی بلند اور تیز رفتاری کے

سبب سے جانا اور پہچانا جاتا ہے۔ یہ وہ زبان تھی جسے یوحنا رسول سمجھ سکتا تھا۔ یہ مخلوقات اگرچہ اُس کی مانند نہیں تھیں جو تخت نشین تھا۔تو بھی بڑی زورآور اور ذہین مخلوقات تھیں۔ان کے پاس شیر جیسی طاقت، بیل جیسی ثابت قدمی، انسان کی سی ذہانت اور عقاب جیسی رفتار تھی۔ یہ سب جاندار خدا کی زندہ مخلوقات کو ظاہر کرتے ہیں۔

جیسا کہ ہم پہلے ہی اِس بات کا ذکر کر چکے ہیں کہ ان جانداروں کی ایک اہم ذمہ داری تھی یعنی پرستش وستائش میں رہنمائی کرنے کی ذمہ داری۔ دن رات یہ پکارتے رہتے تھے،"قدوس، قدوس،قدوس،قادر مطلق، جوتھا، جو ہےاور جو آنے والا ہے۔" ﴿مکاشفہ 4:8﴾

جب بھی اِن چار جانداروں نے اُس ہستی کو جلال دیا جو تخت پر بیٹھی تھی تو چوبیس بزرگوں نے جھک کراُسے سجدہ کیا۔ چوبیس بزرگوں نے عزت، بزرگی اور اطاعت کے اظہار کے طور پر اپنے تاج اتار کراُس کے سامنے رکھ دیئے۔

" اے ہمارے خداوند اور خدا،

تو ہی تمجید اور عزت اور قدرت کے لائق ہے۔

کیوں کہ تو ہی نے سب چیزیں پیدا کیں

اور وہ تیری ہی مرضی سے تھیں اور پیدا ہوئیں۔" ﴿مکاشفہ 4:11﴾

اُنہوں نے خدا کو اپنا خالق اور مالک مانتے ہوئے اُس کو سجدہ کیا۔ وہ سمجھتے اور اُس بات کو مانتے تھے کہ اُن کی زندگی اُس کی امانت ہے۔ وہ اِسی کے لئے پیدا ہوئے اور اِسی میں اُن کی خوشی اور شادمانی تھی۔ جو حقیقت اُن بزرگوں کے لئے سچ ہے اِس کا اطلاق ہم پر بھی ہوتا ہے۔ ہم بھی خدا ہی کے لئے پیدا ہوئے ہیں اور صرف اُس کی پرستش اور عبادت کرنے میں ہی ہمیں زندگی کا حقیقی مقصد اور مفہوم حاصل ہوگا۔

ہمارے سامنے اُس کے جلال کی تصویر ہے جو تخت نشین ہے۔ یاد رہے کہ یوحنا رسول کو یسوع نام

پر ایمان کے سبب ملک بدر کیا گیا تھا۔صرف یہی نہیں بلکہ یوحنا رسول کے ساتھ سات کلیسیائیں بھی دُکھ اور ایذا رسانی کا سامنا کر رہی تھیں اور انتہائی مشکل دور میں سے گزر رہی تھیں۔اِن سب حالات و واقعات کے باوجود خدا اَب بھی تخت نشین تھا اور ہر ایک چیز پر قوی و قادر۔ہر ایک چیز کو اُسی نے سنبھالا ہوا تھا۔صرف اور صرف وہی تعریف و ستائش کے لائق تھا۔جب آپ کی زندگی میں ایسے حالات و واقعات رونما ہونا شروع ہو جائیں جو آپ کے زوال کا باعث بنتے ہوئے دکھائی دیں۔تو اُس وقت تخت والے کمرے پر نگاہ کریں اور یاد کریں کہ وہ اب بھی تخت نشین ہے اور ہر ایک چیز پر قوی و قادر بھی۔

یاد رکھیں کہ اگر آپ نے اپنی زندگی یسوع کو دے دی ہے تو وہ دن دور نہیں جب آپ بھی اُس کے تخت کے گرد فراہم ہو کر ایک بڑی بھیڑ کے ساتھ مل کر اُس کو سجدہ کرتے ہوئے اُس کی پرستش، ستائش اور شکر گزاری کریں گے۔پرستش اور ستائش اُسی کی ہے جو عالم بالا پر تخت نشین ہے۔

چند غور طلب باتیں

☆ ۔یوحنا رسول کے لئے ''روح میں'' ہونے کا کیا مطلب تھا؟ کیا خدا آج بھی اِسی طور سے کام کرتا ہے؟

☆ ۔آسمانی تخت کے اِرد گرد موجود پتھر ہمیں خدا کے کردار کے تعلق سے کیا سکھاتے ہیں؟

☆ ۔تخت کے ارد گرد کمان/ دھنک ہمیں خدا کے بارے میں کیا سکھاتی ہے؟

☆ ۔سفید جاموں اور چوبیس بزرگوں کے سروں پر تاجوں کی کیا اہمیت ہے؟

☆ ۔چراغدان اور پانی کا حوض ہمیں کیا سکھاتا ہے کہ خدا نے ہمارے لئے کیا ہے تاکہ ہم اُس کی حضوری میں داخل ہو سکیں؟

چند دُعائیہ نکات

☆ ۔باب کے آغاز میں جو حوالہ دیا گیا ہے، خداوند سے دُعا کریں کہ یہ حوالہ آپ کے لئے حوصلہ افزائی کا باعث ہو۔ خداوند سے فضل اور توفیق مانگیں کہ آپ اِس بات کا گہرا احساس اپنی زندگی میں لے سکیں کہ خداوند خدا قادرِ مطلق ہے اور اِس وقت تخت نشین اور قوی اور قادر ہے۔

☆ ۔خداوند کی شکر گزاری کریں کہ اُس نے روح القدس اور یسوع مسیح کے صلیبی کام کے وسیلہ سے آپ کے لئے ہر ایک چیز مہیا کر دی تاکہ آپ اُس کی حضوری میں داخل ہو سکیں۔

☆ ۔خداوند سے قائم، ثابت قدم اور جان دینے تک وفادار رہنے کی توفیق مانگیں تاکہ آپ بھی غالب آکر سفید جامہ پہننے کا شرف حاصل کر سکیں اور آپ کو زندگی کا وہ تاج ملے جس کا خداوند نے اپنے محبت رکھنے والوں سے وعدہ کیا ہوا ہے۔

☆ ۔اِس بات کے لئے خداوند کی شکر گزاری کریں کہ ایک دن آپ بھی آسمان پر اُس کی جلالی حضوری میں داخل ہونگے۔

باب 11

طومار

مکاشفہ 5 باب پڑھیں

آسمان پر تخت والے کمرے کا منظر ہے۔ خدا اپنے تخت پر بیٹھا ہوا ہے۔ اُس کے ہاتھ میں ایک طومار ہے جس کے دونوں جانب لکھا ہوا ہے۔ اِس طومار کو سات مہروں سے بند کیا گیا ہے۔ چھٹے باب سے ہم سمجھتے ہیں کہ اُس طومار میں خدا کی عدالت اور روئے زمین پر اُس کے مقصد کے تعلق سے لکھا ہوا ہے۔ اگلے باب میں ہم طومار کے اندر جو کچھ لکھا ہوا ہے اس کا جائزہ لیں گے۔ ہمارے لئے اِس بات پر غور کرنا زیادہ اہم ہے کہ بنی نوع انسان کی منزل کا تعین واقع ہونے سے پہلے ہی اِس طومار میں لکھا ہوا تھا۔ بنی نوع انسان کی تاریخ کو کھول کر بیان کرنے کا انحصار ہم پر نہیں ہے۔ خدا نے بڑے محتاط طریقے سے ہمارے مستقبل کا تعین کیا ہوا ہے۔ ہمیں اِس بات سے کیا تسلی ملتی ہے؟

جیسا کہ یوحنا رسول نے اپنے سامنے منظر دیکھا اُس نے ایک زور آور فرشتے کو منادی کرتے ہوئے سنا، ''کون اِس کتاب کو کھولنے اور اُس کی مہریں توڑنے کے لائق ہے؟'' کوئی بھی اِس شرف واستحقاق کا دعویٰ نہ کر سکا۔ آسمان پر کوئی بھی بنی آدم کے لئے خدا کے مقصد کو کھولنے کے لائق نہ نکلا اور نہ ہی زمین پر کوئی ایسا شخص ملا حتیٰ کہ زمین کے نیچے بھی کوئی ایسا شخص دریافت نہ ہو سکا جو اِس ذمہ داری کو لے سکتا۔

زمین کے نیچے والوں کا جو حوالہ دیا گیا ہے اِس کو سمجھنا قدرے مشکل ہے۔ کیا عین ممکن ہے کہ اِس سے مُراد وہ لوگ ہوں جو مر کر پہلے ہی دفن ہو چکے ہیں؟ کیا یہ ممکن ہے کہ اس سے مراد ابلیس اور اُس کے فرشتے ہوں؟ لیکن ایک بات بالکل واضح ہے کہ دُنیائے تاریخ میں کوئی بھی شخص اِس

قابل نہ تھا کہ جو بنی نوع انسان کے لئے خدا کے مقصد اور ارادے کو ظاہر کرسکتا۔کوئی بنی نوع انسان، جہنم کی کوئی بدروح ﴿اگرچہ وہ بہت زبردست اور زورآور ہیں﴾ اِس قابل نہ ہوئیں کہ دُنیا کے لئے خدا کے مقصد کو عیاں کرسکتیں یا بنی نوع انسان کی عدالت کرسکتیں۔

یوحنا رسول کے ردِعمل پر غور کریں کہ جب کوئی بھی اُس طومار کو کھولنے کے لائق نہ ہوا، وہ زار زار رونے لگا۔ یوحنا رسول نے کیوں رونا شروع کردیا؟ بعض مفسرین اِس بات پر ایمان رکھتے ہیں کہ وہ اِس لئے رویا تھا کیوں کہ اُس نے محسوس کیا تھا کہ وہ کبھی بھی یہ جان نہیں سکے گا کہ اُس طومار کے اندر کیا لکھا ہوا تھا۔تاہم میں اِس بات پر ایمان رکھتا ہوا کہ یوحنا رسول کا رونا کسی تجسّس کی تسکین نہ ہونے کے باعث نہیں بلکہ اِس سے کہیں زیادہ تھا۔ اِس طومار میں دُنیا کے لئے خدا کے مقصد اور ابلیس کی عدالت کے بارے میں لکھا گیا تھا۔

یہ کس قدر افسوسناک بات ہوتی کہ اگر محض اِس لئے خدا کا مقصد عیاں نہ ہوسکتا اور ابلیس اور گناہ کی عدالت نہ ہوسکتی کہ کوئی اِس لائق نہ ملتا۔اگر کوئی بھی بدی پر غالب نہ آسکتا تو پھر ہمارا ایمان بھی بے فائدہ ہوتا۔ یوحنا رسول کی جدوجہد بھی رائیگاں جاتی ۔ بہت سے شہید بھی بے کار میں اپنی زندگی گنوا چکے ہوتے۔

جینے کا بھی کوئی مقصد نہ ہوتا۔سب کچھ ہی بیکار اور بے مقصد ہوتا اگر میری زندگی مسیح کے لائق نہ ہوتی۔ میں آسمان کے دروازے پر یہ دریافت کرنے کے لئے جاتا کہ بدی کی قوتوں کے آگے ہتھیار ڈال دیئے گئے ہیں۔کیوں کہ زمین یا آسمان پر کوئی ایسا شخص نہ مل سکا جو خدا کے مقصد اور ارادہ کو پایۂ تکمیل تک پہنچاتا۔اِس صورتحال میں، میں زار و قطار روتا۔چوبیس بزرگوں میں سے ایک نے یوحنا رسول سے کہا، مت رو، کیوں کہ ایک شخص ہے جو مہریں توڑنے اور طومار کو کھولنے کے لائق ہے۔ یہوداہ کے قبیلے کا ببر، داؤد کی اصل و نسل، یسی کے تنے کی کونپل اِس لائق ہے کہ وہ ایسا کرسکے۔

ہمارا خداوند یسوع مسیح یہوداہ کے قبیلے کا ببر تھا، وہ قوی و قادر ہے جو کہ داؤد کی اصل و نسل ہے اُس نے موت اور گناہ پر فتح پائی ہے۔ اُس نے اپنی زندگی اور صلیبی کام کے وسیلہ سے ایسا کیا۔ وہی اکیلا طومار کو کھولنے اور زمین پر خدا کے مقصد کو پورا کرنے کے لائق تھا۔

یوحنا رسول جب یہ سب کچھ دیکھ رہا تھا تو اُس نے اپنے سامنے تخت کے درمیان ایک برّہ کھڑے ہوئے دیکھا۔ وہ گویا ذبح کیا ہوا برّہ دکھائی دیتا تھا۔ اُس کے بدن پر گویا تیز دھار آلہ کے نشان موجود تھے۔ ہمارے خداوند یسوع مسیح کے بدن پر اَب بھی مصلوبیت کے نشان موجود ہیں۔ ایک دن ہم بھی اُن زخموں کو اپنی آنکھوں سے دیکھیں گے۔ اِس بات پر بھی غور کریں کہ اُس برّے کے سر پر سات سینگ تھے۔ جانور کا سینگ ایک ہتھیار ہوتا ہے۔

کتاب مقدس میں سینگ قوت اور اختیار کی علامت ہے۔ سات کا عدد کاملیت کا عدد ہے۔ یہ تصویر بیان کرتی ہے کہ برّہ ساری قدرت اور اختیار کا مالک ہے۔ اِس برّہ کی آنکھیں بھی سات ہی ہیں۔ چھٹی آیت میں ہم پر یہ بات واضح ہوتی ہے کہ سات آنکھیں خدا کی سات روحوں کو پیش کرتی ہیں۔ ہم پہلے ہی یہ دیکھ چکے ہیں کہ ''سات روحیں'' یہ اصطلاح روح القدس کی طرف اشارہ ہے۔ برّہ روح القدس سے معمور اور مسح شدہ ہے۔ یہ برّہ علیم الخبیر ﴿سب کچھ جاننے والا﴾ اور سب کچھ دیکھتا ہے جو کچھ اِس زمین پر یا آسمان پر ہوتا ہے۔

برّہ نے آسمانی باپ کے ہاتھوں سے طومار لیا۔ ہم اِس تقریب کی اہمیت کو کم قدر نہیں سمجھ سکتے۔ باپ کے ہاتھوں سے طومار لینے سے یسوع کو باپ کی طرف سے اِس دنیا کی عدالت کرنے اور اِس دنیا میں اُس کے مقصد و منشا کو پورے کرنے کا اختیار مل گیا۔

باب کا بقیہ حصہ وہ سب کچھ بیان کرتا ہے جو کہ اُس دن آسمان پر واقع ہوا جس روز برّہ یعنی خداوند یسوع مسیح کے سپرد طومار کیا گیا۔ جب خداوند یسوع مسیح نے طومار اپنے ہاتھ میں لیا تو چاروں جانداروں اور چوبیس بزرگوں نے گر کر اُسے سجدہ کیا۔ یہ بات قابلِ غور ہے کہ کس طرح اُنہوں

نے برّہ کوسجدہ کیا۔اُنہوں نے دُعاؤں اور بربطوں کے ساتھ اُسے سجدہ کیا۔

آیات 10-9 اُس گیت کو بیان کرتی ہیں جو چاروں جانداروں اور چوبیس بزرگوں نے گایا۔اُنہوں نے دو وجوہات کی بنا پر برے کی ستائش کی۔اول۔اُنہوں نے اُس کے خون کیلئے اُس کی پرستش وعبادت کی جس نے اُنہیں خدا کے لئے خرید لیا۔وہ گناہ کی غلامی میں جا چکے تھے۔خدا کے بغیر وہ ابدیت میں جانے کے لئے تیار تھے۔خداوند یسوع مسیح نے انہیں شیطان کے ظالم جبڑوں سے چھڑانے کیلئے اپنی جان قربان کی۔

دوم، بزرگوں نے اسے شاہی کاہنوں کا فرقہ اور بادشاہوں کی سلطنت بنانے کے سبب بھی اُس کو سجدہ کیا اور اُس کی ستائش کی۔اُنہیں یہ استحقاق ﴿عزت وشرف﴾ بخشا گیا کہ وہ مسیح کے ساتھ مل کر حکومت کریں اور اُس کی خدمت کریں۔یہ اعزاز کس قدر بلند و بالا تھا۔ہم جو خداوند یسوع مسیح کو جانتے ہیں، نہ صرف ایک بڑی قیمت کے عوض چھڑا لئے گئے ہیں بلکہ ہمیں یہ اعزاز بھی حاصل ہے کہ ہم بطور بادشاہ اور کاہن اُس کی خدمت کرسکیں۔ہم اِس زمین پر اُس کے نمائندگان ہیں۔ہمارے پاس اُس کا دیا ہوا اختیار ہے۔

جونہی یوحنا رسول نے پرستش وستائش کے اِس عظیم نغمہ کو سنا، اُس نے ایک اور آواز بھی سنی جو کہ بزرگوں اور جانداروں کے ساتھ مل کر برّے کی ستائش کرنے لگی۔یہ آواز فرشتوں کے لشکروں کی آواز تھی۔فرشتوں نے جونہی چاروں جانداروں اور چوبیس بزرگوں کو نغمہ سراں ہوتے ہوئے سنا، وہ بھی بڑے جوش وخروش کے ساتھ برّے کی ستائش اور پرستش میں سرگرم عمل اور محو ہو گئے۔وہ پرستش کئے بغیر نہ رہ سکے۔وہ بھی بلند آواز سے یہ پکارنے لگے۔

''ذبح کیا ہوا برہ ہی قدرت اور دولت اور حکمت اور طاقت اور عزت اور تمجید اور حمد کے لائق ہے۔''

تھوڑی ہی دیر میں زمین اور اُس کی معموری بھی پرستش میں شامل ہوگئی، بلکہ عبادت کرنے لگی۔

یوحنا نے دیکھا کہ زمین اور سمندر بھی آسمانی کوائر کے ساتھ مل کر برّے کی ستائش اور عبادت کرنے لگے ہیں، آسمان اور زمین با آواز بلند پکارنے لگے۔

''جو تخت پر بیٹھا ہے اُس کی اور برّہ کی حمد اور عزت اور تمجید اور سلطنت ابدالآباد رہے۔'' ﴿مکاشفہ 5:14﴾

آسمان پر چاروں جاندار اور چوبیس بزرگ بھی آسمان اور زمین کے ساتھ مل کر اُس کو سجدہ کرنے لگے۔ ''آمین'' جونہی اُنہوں نے گر کر سجدہ کیا، یوحنا نے اُس روز کس قدر خوبصورت اور جلالی رویا کا نظارہ کیا۔ یہ دن شکر گزاری اور عبادت کا دن تھا۔ خداوند یسوع مسیح کو اُس کی موت اور مُردوں میں سے جی اُٹھنے کے باعث اختیار دیا گیا تا کہ وہ اِس زمین پر عدالت اور خدا کے مقصد کی تکمیل کر سکے۔

مسیح کے سبب ہمیں ایک اُمید ملی ہے۔ وگرنہ مسیح کے بغیر، خدا سے دُور ہم تاریکی میں ابدیت گزارنے کے لئے تیار ہوتے۔ ہماری یہ دُنیا تباہی اور بربادی کی طرف گامزن ہوتی۔ خداوند یسوع مسیح نے اپنی موت اور مُردوں میں سے جی اُٹھنے کے وسیلہ سے دشمن پر فتح پالی ہے۔ اَب وہ خدا کے دیئے ہوئے اختیار کو اِس دُنیا کی عدالت کرنے اور اِس دُنیا میں خدا کے مقصد اور ارادے کو سرانجام دینے کے لئے استعمال کرتا ہے۔ مکاشفہ کی کتاب کا بقیہ حصہ ہم پر عیاں کرے گا کہ وہ کس طرح اِس کام کو سرانجام دے گا۔

چند غور طلب باتیں

☆ ۔طومار کس چیز کو پیش کرتا ہے؟

☆ ۔ یہ معاملہ کیوں کر اِس قدر سنجیدہ تھا کہ آسمان پر، زمین یا پھر زمین کے نیچے کے علاقہ میں بھی کوئی ایسا شخص نہ ملا جو طومار کی مہریں کھول سکتا؟

☆ ۔کون اکیلا ہی اِس لائق ہے کہ طومار کی مہریں کھول سکے؟

کیوں وہی ﴿خداوند یسوع﴾ اِس لائق ہے؟

☆ ۔ اِس باب میں برّہ کے طور پر کسے بیان کیا گیا ہے؟ اِس کے بارے میں ہم کیا سیکھتے ہیں؟

☆ ۔ جب طومار خداوند یسوع مسیح کے سپرد کیا گیا تھا تو آسمان اور زمین کا ردِعمل کیا تھا؟ یہ واقعہ اِس قدر اہم کیوں تھا؟

چند دُعائیہ نکات

☆ ۔خداوند کا شکر کریں کہ وہ تاریخ کے واقعات میں حاکمِ مطلق ہے۔ اِس بات کے لئے بھی اُس کی شکر گزاری کریں کہ آپ کی زندگی اُس کے ہاتھوں میں ہے۔

☆ ۔ کچھ لمحات کے لئے خداوند یسوع مسیح کی شکر گزاری کریں۔ اِس کام کے لئے اُس کے شکر گزار ہوں جو اُس نے آپ کی نجات کے لئے سر انجام دیا ہے۔

☆ ۔ اِس بات کیلئے شکر گزار ہوں کہ وہ اِس دُنیا میں باپ کے ارادے اور مقصد کو پورا کر رہا ہے۔

☆ ۔ ماضی میں ایسے اوقات جب آپ اِس بات پر ایمان رکھنے سے قاصر رہے کہ وہی ہر ایک چیز پر قوی وقادر ہے، اُس سے معافی مانگیں۔

باب 12

مہروں کا کھلنا

مکاشفہ 6 باب پڑھیں

وہ طومار جو برّہ کے سپرد کیا گیا اور جس پر مہریں لگی ہوئی تھیں، اب وہ مہریں کھولی جانے والی ہیں۔ وہ چاروں جاندار جنہیں ہم چوتھے باب میں ملے تھے، اُنہوں نے باری باری یوحنا رسول کو بلایا کہ وہ آکر مہروں کے کھلنے کا منظر دیکھ سکے۔ ہر ایک مہر کے کھلنے پر زمین پر بعض واقعات رونما ہوئے۔ اِن واقعات کا معنی ومفہوم مفسرین کے درمیان بحث وتکرار کا باعث ہے۔ میرا ایمان ہے کہ یوحنا رسول نے چھٹے باب میں جو کچھ دیکھا وہ ہو بہو اُس بات سے مطابقت رکھتا ہے جو خداوند یسوع مسیح نے متی 24 لوقا 21 میں بتائی۔ ہم مکاشفہ 6 باب کی روشنی میں مذکورہ اناجیل میں جو کچھ خداوند نے سکھایا ہے اُس کی تفسیر وتشریح کریں گے۔

جب پہلی مہر کھلنے والی تھی، پہلے جاندار نے یوحنا رسول کو بلایا کہ وہ آکر دیکھے کہ کیا ہونے والا ہے۔ جب برّے نے پہلی مہر کھولی، یوحنا رسول نے ایک سفید گھوڑا دیکھا۔ اُس گھوڑے کے سوار کے ہاتھ میں ایک کمان جبکہ سر پر ایک تاج تھا۔ اُسے فتح کرنے کے لئے بھیجا گیا۔ مکاشفہ 19 باب میں یوحنا رسول نے ایک اور گھوڑا دیکھا۔ بلاشبہ مکاشفہ 19 باب میں سوار ہمارا خداوند یسوع مسیح ہے۔ 19 باب میں اُس سوار کو ''سچا اور برحق'' کہا گیا ہے۔ اُس کی آنکھیں گویا آگ کے شعلے ہیں۔ اُس کے سر پر بہت سے تاج ہیں۔ اس کا نام ''بادشاہوں کا بادشاہ اور خداوندوں کا خدا'' تھا۔ کیا مکاشفہ 6 اور مکاشفہ 19 باب والا سوار ایک ہی ہے؟ بہت سے مفسرین اِس بات پر متفق ہیں کہ یہ ایک ہی سوار ہے۔ تاہم مذکورہ ابواب میں موجود سواروں میں کچھ خاص فرق پایا جاتا ہے۔

مکاشفہ 6 باب میں سوار مکاشفہ 19 باب میں ہمارے خداوند کی طرح ویسے ہی گھوڑے پر سوار ہوتا ہے۔ اِس کے سر پر بھی بہت سے تاج ہیں۔ غور کریں کہ مکاشفہ 19:12 میں سوار ایک تاج نہیں بلکہ بہت سے تاج پہنے ہوئے ہے۔ مکاشفہ 6 باب میں جس سوار کا ذکر کیا گیا ہے وہ مکاشفہ 19 باب کے سوار کی طرح جلالی نہیں ہے۔ یوحنا 19 باب میں سوار کو بڑے واضح طور پر پیش کرتا ہے۔ وہ مکاشفہ 19 باب میں سوار کے جاہ وجلال کی تاب نہ لا سکا۔ جبکہ مکاشفہ 6 باب میں ایسا نہیں ہے۔ کیا ممکن ہے کہ سفید گھوڑا جھوٹے مسیح کے طور پر ظاہر ہوا ہے؟ خداوند یسوع مسیح نے واضح طور پر تعلیم دی اور کہا کہ اخیر زمانہ میں بہت سے لوگ حق سے گمراہ ہو جائیں گے۔ جھوٹے مسیح اور جھوٹے اُستاد بہتوں کی تباہی اور بربادی کے لئے کوشاں ہوں گے۔

عین ممکن ہے کہ یہ سفید گھوڑا اُن جھوٹے نبیوں کو پیش کرتا ہے جو اخیر زمانہ میں آئیں گے۔ ﴿متی 24:4-5 اور لوقا 21:8-9﴾

اِس باب میں سفید گھوڑے کی ایک اور ممکنہ تشریح بھی ہوسکتی ہے۔ بعض مفسرین سفید گھوڑے کو عالمگیر سطح پر انجیل کی منادی کے طور پر بھی دیکھتے ہیں۔ خداوند یسوع مسیح ہمیں بتاتے ہیں کہ خاتمہ ہونے سے پہلے تمام روئے زمین پر انجیل کی منادی کا ہونا ضرور ہے۔ ﴿متی 24:14﴾

یقیناً اخیر زمانے کا ایک نشان یہ بھی ہے کہ پوری دُنیا میں انجیل کی منادی ہوگی۔ خداوند کی عدالت کا ہولناک دن آنے سے قبل تمام قوموں کے لئے انجیل کی منادی ہوگی تاکہ اُنہیں توبہ کا موقع مل سکے۔

پہلی مہر کی دو ممکنہ تفاسیر پائی جاتی ہیں۔ ممکن ہے کہ سوار ایک دھوکے باز شخص ہو۔ وہ مرد و زن کو خدا کی طرف سے پھیر کر اُن کے دلوں کو فتح کرنے کے لئے آیا ہو۔ یہ بھی ممکن ہے کہ سوار انجیل کی منادی ہو جو کہ پوری دُنیا میں کی جاتی ہے تاکہ لوگوں کے دلوں کو خداوند کی طرف پھیر کر اُنہیں فتح کیا جائے۔ دونوں تفاسیر ہمارے خداوند کی تعلیمات سے مطابقت رکھتی ہیں۔

جب دوسری مہر کھولی گئی، یوحنا رسول نے ایک لال رنگ کا گھوڑا دیکھا۔ گھوڑے کا سوار اپنے ہاتھ میں ایک بڑی تلوار لئے ہوئے تھا۔ اُسے یہ اختیار دیا گیا تھا کہ وہ زمین پر سے صلح کو اُٹھا لے۔ تا کہ لوگ ایک دوسرے کو قتل کریں۔ خداوند یسوع مسیح متی 7-6:26 اور لوقا 9:21 میں ہمیں بتاتے ہیں کہ اخیر زمانہ میں جنگ وجدل اور برّ بریت اور تشدد کا بازار گرم ہوگا۔ سرخ رنگ آگ اور خون کا رنگ ہے۔ وہ قوموں کے درمیان جنگوں اور مخالفتوں کے اضافے کو پیش کرتا ہے کہ جب خداوند کی آمد قریب ہوگی تو پھر ایسا ہوگا۔

جب تیسری مہر کھولی گئی تو یوحنا رسول نے ایک کالا گھوڑا دیکھا۔ اُس کے سوار کے ہاتھ میں ایک ترازو ہے۔ جب وہ گیا تو اُس نے بلند آواز سے یہ پکارا۔

''گیہوں دینار کے سیر بھر اور جو دینار کے تین سیر اور تیل اور مے کا نقصان نہ کر۔'' ﴿آیت 6﴾

یہاں پر بھیانک قسم کے قحط کو بیان کیا گیا ہے۔ ایک شخص کو مٹھی بھر گندم کے لئے دن بھر کام کرنا پڑے گا۔ تیل اور مے کی بڑی حفاظت ہوگی کیوں کہ وہ قلیل مقدار میں دستیاب ہوں گے۔ یہ بات بھی ہمارے خداوند یسوع مسیح کی اُس بات سے مطابقت رکھتی ہے جو اُنہوں نے متی 7:24 اور لوقا 11:21 میں بیان کی۔ جہاں اُنہوں نے کہا کہ پوری دُنیا میں جگہ جگہ کال پڑیں گے۔ ی ہ سیاہ گھوڑا دُنیا میں جگہ جگہ پڑنے والے قحط ہی کو پیش کرتا ہے۔

جب چوتھی مہر کھولی گئی تو یوحنا رسول نے ایک زرد گھوڑا بھی دیکھا۔ اُس گھوڑے کے سوار کا نام موت تھا۔ موت اور عالمِ ارواح اُس کے پیچھے پیچھے تھے۔ اُس گھوڑے کے سوار کو یہ اختیار دیا گیا تھا کہ وہ چوتھائی زمین کے لوگوں کو تلوار، کال، وبا اور زمین کے درندوں سے ہلاک کرے۔ خداوند یسوع مسیح نے اپنے شاگردوں کو متی 21:24 میں بتایا کہ اُس کی آمد سے قبل بڑی مصیبت کا دور ہوگا۔ اخیر زمانہ دہشت، خوف اور دُکھوں کے ایام پر مبنی ہوگا۔ بہت سے لوگ اپنی جان سے ہاتھ دھو بیٹھیں گے۔ موت کا زرد گھوڑا دُکھوں اور موت کو پیش کرتا ہے جو اُن دنوں

واقع ہوگی۔

جب پانچویں مہر کھولی گئی تو رسول نے مقدسین کی آواز سنی جو بلند آواز سے انتقام لینے کے لئے پکار رہے تھے۔ یہ وہ خواتین و حضرات تھے جو مسیح یسوع کے لئے قائم رہنے کے باعث مارے گئے تھے۔ اُنہوں نے خداوند سے پوچھا کہ اُن کے خون کا بدلہ کب لیا جائے گا۔ خداوند نے اُن سب کو ایک سفید جامہ دیا۔ مکاشفہ 3:5 میں اِس سفید جامے کا وعدہ غالب آنے والے لوگوں سے کیا گیا تھا۔ سفید جامہ گناہ پر فتح کی علامت بھی ہے۔ خداوند نے اُنہیں کہا کہ اُس وقت تک اُنہیں انتظار کرنا ہوگا جب تک کہ اُن کے ہم ایمان بھائیوں اور بہنوں کی تعداد بھی پوری نہ ہو جائے جو اُن کی طرح ہلاک کئے جانے کو ہیں۔ مزید دُکھوں اور ایذا رسانی متوقع تھی۔ اور بھی بہت سے خواتین و حضرات مسیح کے لئے جان دیں گے جن کا شمار اُن کے ساتھ ہوگا جو پہلے ہی سے مسیح پر اپنے ایمان کے باعث انتقال کر چکے ہیں۔

خداوند یسوع مسیح متی 24:9-10 میں ہمیں بتاتے ہیں کہ اخیر زمانہ میں بہت سے ایمانداروں کو ایذا رسانی حتیٰ کہ ہلاک کرنے کے لئے حوالہ کریں گے۔ خداوند یسوع مسیح نے لوقا 21:16-17 میں بتایا کہ بہت سے ایمانداروں کو اُن کے مجھ پر ایمان کی بنا پر اُن کے گھر کے افراد ہی پکڑوائیں گے حتیٰ کہ مروا ڈالیں گے۔ جیسے جیسے اخیر زمانہ قریب آ رہا ہے ہم خدا اور اُس کے لوگوں کے تعلق سے نفرت اور عداوت کو بڑھتے ہوئے دیکھ سکتے ہیں۔ ہم کلیسیا کے لئے ایذا رسانی میں اضافہ کی توقع کر سکتے ہیں۔ پانچویں مہر ہمیں باور کراتی ہے کہ ہمیں اپنے ایمان میں مضبوط ہونے کی ضرورت ہے کیوں کہ ہم میں سے بعض کو خداوند یسوع مسیح کی خاطر جان دینا پڑے گی۔

جب چھٹی مہر کھولی گئی تو بہت بڑا بھونچال آیا۔ سورج تاریک اور چاند خون سا ہوگیا۔ ستارے آسمان سے گر پڑے۔ بعض مفسرین یہاں پر اخیر زمانہ کی سیاسی صورتحال کا حوالہ دیتے ہیں۔ وہ

سورج، چانداورستاروں سے مراد سیاسی رہنما لیتے ہیں جوگر پڑیں گے یازوال کا شکار ہو چکے ہیں۔بھونچال کووہ ایک بڑی سطح پر اُلجھاؤ سمجھتے ہیں جواُن رہنماؤں کے زوال سے وقوع پذیر ہوگا۔اگرہم متی 24اورلوقا 21 باب کو مکاشفہ 6 باب کی تفسیر کے طور پر استعمال کریں،تو ہمیں اِن آیات کی روحانی تفسیر کرنے کی ضرورت نہیں ہے۔خداوند یسوع مسیح نے یہ تعلیم دی کہ اخیر زمانہ میں ہم ایسے ظاہری نشانات کی توقع کر سکتے ہیں جواُس کی آمد کی طرف اشارہ کریں گے۔

متی 24:7 میں بتایا گیا ہے کہ اُس کی دوسری آمد سے قبل زمین پر جگہ جگہ بھونچال آئیں گے۔غور کریں کہ خداوند یسوع مسیح لوقا 21:25-28 میں کیا فرماتے ہیں۔

''اورسورج اور چاندورستاروں میں نشان ظاہر ہوں گے اور زمین پر قوموں کو تکلیف ہوگی کیوں کہ وہ سمندراوراُس کی لہروں کے شور سے گھبرا جائیں گی۔اورڈر کے مارے اور زمین پر آنے والی بلاؤں کی راہ دیکھتے دیکھتے لوگوں کی جان میں جان نہ رہے گی۔اِس لئے کہ آسمان کی قوتیں ہلائی جائیں گی۔اُس وقت لوگ ابنِ آدم کو قوت اور بڑے جلال کے ساتھ بادل میں آتے دیکھیں۔اور جب یہ باتیں ہونے لگیں تو سیدھے ہوکر سراوپر اُٹھانا اِس لئے کہ تمہاری مخلصی نزدیک ہوگی''

یوایل نبی نے خداوند یسوع مسیح کی آمد کے تعلق سے پیش گوئی کی۔اُس نے یہ پیش گوئی بھی کی کہ آسمان پر ایسے نشانات ظاہر ہوں گے جو کہ خداوند کی آمد کا پتہ دیں گے۔یوایل نبی 2:30-31 میں اِس بات کوواضح طور پر پیش کرتے ہیں۔

''اورمیں زمین وآسمان میں عجائب ظاہر کروں گا۔یعنی خون اورآگ اوردھوئیں کے ستون۔اِس سے پیشتر کہ خداوند کا خوفناک روزِعظیم آئے،آفتاب تاریک اورمہتاب خون ہو جائے گا۔اور جو کوئی خداوند کا نام لے گا نجات پائے گا۔''

میرے خیال میں چھٹی مہر کو سمجھنے کا بہترین طریقہ یہ ہے کہ آیت کو اِسی طور سے لیں جیسا کہ اِسے

بیان کیا گیا ہے۔اخیر دنوں میں آسمان پر ایسے نشانات ظاہر ہوں گے جو کہ اِس بات کی نشاندہی کریں گے کہ اُس کی آمد قریب ہے۔ جب یوحنا رسول نے چھٹی مہر کے کھلنے پر مذکورہ واقعات کو بڑی تیزی سے رونما ہوتے دیکھا، تو اُس نے آسمانوں کو ایک طومار کی مانند لپٹے ہوئے دیکھا۔ جب آسمان کھلے زمین لرز گئی۔ اِس بڑے بھونچال سے پہاڑ اور جزیرے اپنی جگہ سے سرک گئے۔خداوند کی حضوری ظاہر ہوئی۔اِن واقعات کے پیشِ نظر زمین کے باشندوں کے ردِعمل پر غور کریں۔امیر، غریب، خواہ آقا اور غلام سبھی نے اپنے آپ کو پہاڑوں اور غاروں میں چھپالیا۔ وہ بلند آواز سے چلانے لگے کہ پہاڑ اور ٹیلے اُن پر گر پڑیں اور اُنہیں برّہ کے غصب سے چھپالیں۔کیسی دہشت اُن کے دلوں پر چھا گئی۔

انہوں نے اپنی زندگی میں خداوند کو پس پشت ڈالے رکھا۔اب وہ اُن کی بداعمالیوں کا صلہ اُنہیں دینے کے لئے آرہا تھا۔ وہ دن یومِ حساب وحشت اور دہشت اور خوف و ہراس کا دن ہوگا۔کیا آپ اِن واقعات کا سامنا کرنے کیلیے تیار ہیں؟ کیا خداوند کے لئے آپ کی وفاداری آنے والی آزمائشوں اور مصائب کا سامنے کر پائے گی؟ بطور ایماندار ہمیں غالب آنے کے لئے بلایا گیا ہے۔ہم میں سے بعض کو غالب آنے کیلیے اپنی جان تک قربان کرنا پڑے گی۔جیسے جیسے اخیر زمانہ قریب آرہا ہے، حالات کٹھن سے کٹھن تر ہوتے چلے جائیں گے۔

ہماری ثابت قدمی و استقلال کو بڑی سنجیدگی سے جانچا اور پرکھا جائے گا۔میں عبرانیوں 10:38-39 میں پائی جانے والی ایک نصیحت کے ساتھ اختتام کرنا چاہوں گا۔

”اور میرا راست باز بندہ ایمان سے جیتا رہے گا اور اگر وہ ہٹے گا تو میرا دل اُس سے خوش نہ ہوگا۔لیکن ہم ہٹنے والے نہیں کہ ہلاک ہوں بلکہ ایمان رکھنے والے ہیں کہ جان بچائیں گے“

میری دُعا ہے کہ ہم پیچھے ہٹنے والوں میں سے نہ ہوں بلکہ اپنی جانوں کو بچانے والوں کی طرح ثابت قدم اور قائم رہیں۔

چند غور طلب باتیں

☆ ۔جیسے جیسے خداوند کا دن نزدیک آ رہا ہے ہم کس بات کی توقع کر سکتے ہیں؟ مہروں کے کھلنے سے کیا چیز زمین پر واقعات رونما ہوئے؟

☆ ۔آپ کے خیال میں خداوند ایمانداروں کے لئے کیونکر حالات و واقعات کو مزید مشکل ترین بنا دے گا؟

☆ ۔اِس باب میں جو مختلف مہریں کھولی گئی ہیں، اِن پر غور کریں۔ کیا کوئی ایسا ثبوت نظر آ رہا ہے جس سے ظاہر ہوتا ہے کہ خاتمہ قریب آ رہا ہے؟

☆ ۔مہروں کے کھلنے سے آسمان اور زمین کا ردِعمل کیسا تھا؟ جب خداوند آئے گا تو کیا آپ تیار ہوں گے؟

چند دُعائیہ نکات

☆ ۔اِس بات کے لئے خداوند کا شکر کریں کہ وہ تاریخ کے واقعات پر اپنا اختیار رکھتا ہے۔ حتیٰ کہ کلیسیا پر ہونے والی ایذہ رسانی بھی اُس کے اختیار میں ہے۔

☆ ۔خداوند سے فضل اور توفیق مانگیں کہ جب اُس کی آمد قریب آ رہی ہے تو آپ قائم اور مضبوط رہ سکیں۔

☆ ۔کسی عزیز کے لئے دُعا کریں جس نے ابھی تک خداوند اور اُس کی نجات کو قبول نہیں کیا۔ خداوند سے کہیں کہ وہ اُن کے دل میں کام کرے اور اُنہیں اپنی آمد کے لئے تیار کرے۔

باب 13

ایک لاکھ چوالیس ہزار اور ایک بہت بڑی بھیڑ

مکاشفہ 7 باب پڑھیں

تاریخ دنیا میں خدا نے اپنے لوگوں کو اپنے خاص خادم ہونے کے لئے چنا۔ جہاں کہیں خدا نے اپنے لوگوں کو کرنے کے لئے کوئی کام یا ذمہ داری سونپی، خدا نے اپنے لوگوں کو بلاہٹ دی اور پھر وہ کام کرنے کے لئے اُنہیں مسلح اور تیار کیا۔ چھٹی مہر کے کھلنے کے بعد، یوحنا رسول نے چار فرشتوں کو دیکھا۔ یہ چاروں فرشتے زمین کے چاروں اطراف کی ہوا کو تھامے ہوئے تھے۔ دوسری آیت میں ہم پڑھتے ہیں کہ اِن فرشتوں کو یہ اختیار دیا گیا تھا کہ وہ زمین کو نقصان پہنچائیں۔ چاروں ہوائیں خدا کی عدالت کو پیش کرتی ہیں۔ فی الحال یہ فرشتے اِس عدالت کو روکے ہوئے ہیں۔

یوحنا کی رویا میں ایک پانچواں فرشتہ نمودار ہوا۔ اِس پر زندہ خدا کی مہر تھی اور اپنے اختیار کے ساتھ کلام کرتا تھا۔ اُس نے چاروں فرشتگان سے کہا کہ جب تک وہ خدا کے حقیقی خادموں پر مہر نہ کر دے، وہ خدا کے قہر وغضب کی ہواؤں کو تھامے رہیں۔ بالکل ایسی ہی مہر حزقی ایل کی کتاب میں بھی دیکھنے کو ملتی ہے۔

خدا نے ایک شخص کو جس کے پاس دوات تھی حکم دیا کہ وہ شہر کے درمیان سے گزرے اور اُن لوگوں کی پیشانی پر جو اُن سب نفرتی کاموں/ بت پرستی کے سب سے جو اِس کے درمیان کئے جاتے ہیں آہیں مارتے اور روتے ہیں نشان کر دے۔ ﴿حزقی ایل 9:4﴾ پھر دیگر لوگوں کو یہ حکم دیا گیا کہ وہ اُن لوگوں کو قتل کریں جن پر خداوند کی مہر نہیں ہے۔ ﴿حزقی ایل 9:5﴾

مہر کا کیا مقصد تھا؟ حزقی ایل 9 باب میں مہر کا مقصد لوگوں کو محافظت کے لئے الگ کرنا تھا۔ اِس

مہر کو مصر کے واقع سے تشبیہ دی جاسکتی ہے۔موت کا فرشتہ ملکِ مصر میں سے گزرا اور اُس نے اُن سب کے پہلوٹھوں کو ہلاک کیا جن کے دروازوں کی چوکھٹوں پر خون نہیں لگا ہوا تھا اور وہ برّہ کے خون کی محافظت میں نہیں تھے۔مکاشفہ 9:4 میں خدا کے لوگوں پر مہر کی تفسیر اور تشریح کی تصدیق ہوتی ہے۔جب اتھاہ گڑھے میں سے ٹڈیاں نکلیں تو اُنہیں اُن لوگوں کو نقصان پہنچانے کی اجازت نہیں تھی جن کی پیشانیوں پر خدا کی مہر لگی ہوئی تھی۔اِس مہر کا مقصد بُرے وقت میں خدا کے لوگوں کی محافظت کرنا ہے۔یوحنا رسول بتاتا ہے کہ جن لوگوں پر مہر لگائی گئی اُن کی تعداد 144000 تھی۔یہ 144,000 کون لوگ ہیں۔یہ بات بہت زیادہ زیرِ بحث رہی ہے۔جب کہ بائبل مقدس ہمیں اِس تعلق سے کوئی واضح جواب نہیں دیتی۔اِس تعلق سے ہمیں کوئی مفید اشارات نہیں ملتے۔چوتھی آیت پر غور کریں کہ وہ اسرائیل کے تمام قبائل میں سے تھے۔8-5 آیات بڑی تفصیل سے ہمارے لئے اِس بات کو بیان کرتی ہیں کہ ہر ایک قبیلہ میں سے کتنے لوگوں پر مہر کی گئی۔اسرائیل کے بارہ قبائل میں سے 12000 کا چناؤ ہر ایک قبیلہ میں سے کیا گیا۔ہر ایک قبیلہ میں سے صرف 12000 ہزار کا ہی چناؤ کیوں کیا گیا؟ عین ممکن ہے کہ 12 کا عدد بڑی اہمیت کا حامل ہے۔

اسرائیل میں بارہ قبائل تھے جن کو رہنمائی اسرائیل کے بزرگان کرتے تھے۔ہمارے خداوند یسوع مسیح نے بارہ شاگردوں کا چناؤ کیا۔مکاشفہ 21 کے مطابق آسمانی شہر کے دروازے بھی بارہ ہی ہیں۔6باب میں ہم نے دیکھا کہ چوبیس بزرگ تھے۔﴿بارہ کے دو گروہ﴾ 144,000 کا عدد تب حاصل ہوتا ہے جب ہم 12000 کو 12000 سے ضرب دیتے ہیں۔یہ بات بالکل عیاں ہے کہ 12 کا عدد کتابِ مقدس میں بڑی اہمیت کا حامل ہے۔بعض لوگ 144000 علامتی طور پر لیتے ہیں نا کہ لفظی طور پر۔

مکاشفہ 14 ہمیں 144000 کے بارے میں ہمیں مزید بتاتا ہے جن پر مہر ہونا تھی

۔مکاشفہ 14:1 کے مطابق 144000 کے ماتھوں پر باپ کا نام لکھا ہوا تھا۔اِس سے ہمیں یہ پتہ چلتا ہے کہ وہ خدا کی ملکیت اور اُس کی محافظت میں تھے۔وہ برّے کے پیروکار تھے۔اُنہیں آدمیوں میں سے رہائی اور مخلصی کے لئے خرید لیا گیا۔﴿مکاشفہ 14:4﴾ وہ بے عیب تھے۔ ﴿14:5﴾

144000 کی شناخت اور پہچان کیا ہے؟اس بات پر بائبل مقدس کے مفسرین میں اختلاف رائے پایا جاتا ہے۔ 4-8 آیات میں یوحنا رسول بڑی تفصیل میں ہمیں بتاتا ہے کہ یہ لوگ اسرائیل کے مخصوص قبائل سے آئے تھے۔اِس سے ہمیں اِس بات پر ایمان لانے کے لئے قائلیت ہوتی ہے کہ اُن لوگوں کا حسب نسب یہودیت سے تھا۔بعض مفسرین اِس بات کو اجتماعی طور پر کلیسیا کا ایک روحانی حوالہ سمجھتے ہیں۔

یہ بات بڑی اہمیت کی حامل ہے کہ ایک مخصوص گروہ جس کے بارے میں حتمی طور پر خدا ہی جانتا ہے اور اُسے خدا نے ہی چھٹی مہر کھلنے کے بعد اپنے لئے الگ کر لیا۔اِن مخصوص لوگوں کو بڑے مشکل حالات اور آزمائشوں میں سے گزرنا پڑے گا۔اِس دوران اُس غضب سے محفوظ رہیں گے جو اِس دُنیا پر انڈیلا جانے والا ہے۔مکاشفہ 14 سے ہم یہ سمجھتے ہیں کہ 144000 آخر تک خدا سے وفادار رہیں گے۔اگر چہ خدا زمین کے باشندوں پر اپنا قہر و غضب نازل کرنے کو تھا۔
تو بھی وہ اُنہیں گواہی کے بغیر نہیں چھوڑنا نہیں چاہتا تھا۔144000 تاریکی میں بھی بڑی آب وتاب کے ساتھ چمکیں گے۔وہ خدا کے وفادار گواہ ہونگے۔وہ خدا کی ملکیت تھے اور خدا ہی سے بہ دل وجان محبت رکھتے تھے۔جب ہر طرف مصائب، مشکلات اور ذہنی کشمکش کا سماں ہوگا وہ تب بھی بڑے جاہ جلال کے ساتھ روشن ستاروں کی مانند اُس کے حضور چمکیں گے۔اُن کی موجودگی خدا کے فضل اور ترس کی گواہ ہوگی جو گناہگاروں کو بغیر گواہی کے نہیں چھوڑتا۔اُن کی موجودگی گویا ایک یاد دہانی ہے کہ خدا اب بھی گناہگاروں کو اپنی طرف رجوع لانے کے لئے بلا رہا ہے۔

جب 144000 پر مہر کر دی گئی، یوحنا نے ایک کثیر انبوہ جسے کوئی شمار نہیں کر سکتا تھا دیکھا۔ یہ لوگ ہر ایک قوم اور قبیلہ میں سے تھے۔ یہاں پر 144000 جو کہ اسرائیل کے مخصوص قبائل سے آئے اور بہت بڑی بھیڑ کے درمیان فرق دیکھیں جو کہ ہر ایک قوم میں سے تھی۔ عین ممکن ہے کہ یہ بھی ایک اشارہ ہو کہ یہ 144000 یہودی ہیں۔

ہر ایک قوم اور قبیلہ سے جمع ہونے والی یہ بھیڑ سفید جامے پہنے ہوئی تھی۔ ہم پہلے ہی اِس بات کو دیکھ چکے ہیں کہ غالب آنے والوں ہی کو سفید جامے پہننے کا اختیار دیا گیا۔ ﴿مکاشفہ 3:5﴾ کھجور کی ڈالیاں فتح کی علامت تھیں۔ یہ بات قابلِ غور ہے کہ جب یہ لوگ غالب آئے تو اُنہوں نے اُس فتح کے لئے خود کو جلال نہیں دیا۔ 10 ویں آیت میں، اُنہوں نے اِس بات کا اقرار کیا کہ اُن کی نجات اُس برّہ کی طرف سے ہے جو تخت پر بیٹھا ہوا ہے۔ یہ وہی برہ ہے جو مکاشفہ 5:6 میں ذبح کیا گیا تھا۔ وہ خداوند یسوع مسیح کے سوا اور کوئی نہیں تھا۔ ﴿اُس بھیڑ نے بلند آواز سے یہ پکار کر کہا کہ اُن کی نجات خداوند یسوع مسیح اور اُس کے صلیبی کام ہی کے سبب سے ہے۔ اُس نے ہی اُنہیں فتح سے ہمکنار کیا ہے۔

چوبیس بزرگوں اور چاروں جانداروں کے ساتھ آسمانی فرشتے بھی بھیڑ کے ساتھ مل کر اُس کی ستائش کرنے لگے۔ اُنہوں نے بھی منہ کے بل گر کر برّے کو سجدہ کیا۔

جب یوحنا رسول نے یہ سارا منظر دیکھا تو وہ قدرے مضطرب اور پریشان ہوا۔ صرف ہم ہی اِس بات کی اہمیت وتفصیلات پر حیران نہیں ہیں۔ بلکہ یوحنا رسول خود بھی اِس بات کو سمجھنے کے لئے کشمکش سے دوچار ہوا کہ اُس نے اُس بڑی رویا میں کیا دیکھا ہے۔ بالخصوص یوحنا رسول کو اِس بات کی سمجھ نہ آئی کہ یہ بڑی بھیڑ کس کو پیش کر رہی ہے۔ ہمیں اِس بات کو یاد کرنے کی ضرورت ہے کہ جب پوری دُنیا میں رسولوں کے دور میں انجیل کی منادی ہو رہی تھی۔ تو یقینی بات ہے کہ یہ ہر ایک قوم اور اہلِ لغت تک نہیں پہنچی تھی۔ ہر ایک قوم اور قبیلہ میں سے لوگوں کو خدا کی پرستش اور

ستائش کرتے ہوئے دیکھنا اور سمجھنا یوحنا رسول کے لئے تاریخ کے اِس حصہ میں بڑی دشوار بات تھی۔

بزرگوں میں سے ایک نے یوحنا کی اُلجھن اور ذہنی پریشانی کو بھانپتے ہوئے اُس سے بات کی۔ اُس نے اُس کو وضاحت سے بتایا کہ یہ بہت بڑی بھیڑ بڑی مصیبت سے نکل کر آئی ہے۔ اگرچہ کلام کے اِس حوالہ میں یہ بات واضح طور پر بیان نہیں کی گئی تو بھی متن ہم اِس بات کو ماننے کے لئے قائل کرے گا کہ یہ لوگ اپنے ایمان ہی کے سبب دُکھوں اور مشکلات میں سے گزرے۔ اُس بزرگ نے بتایا کہ اب یہ لوگ کبھی بھوکے اور پیاسے نہ ہوں گے۔ نہ تو کبھی سورج کی گرمی اُنہیں ستائے گی۔ اب برّہ ازخود اُن کا چرواہا ہوگا۔ اب وہ خود اُن کا ہادی اور نگہبان ہوگا۔ وہ آبِ حیات کے چشموں کی طرف اُن کی رہنمائی کرے گا۔ اَب رنج والم اُن کی زندگی کا حصہ نہ ہوں گے۔ برّہ آپ اُن کی آنکھوں کے سب آنسو پونچھ دے گا۔

بزرگ نے ہمارے لئے جو تصویر کشی کی ہے وہ انتہائی کرب اور دُکھ کی تصویر ہے۔ اگرچہ اُن لوگوں نے بہت دُکھ سہا، تو بھی غالب رہے۔ جب پانچویں مہر کھولی گئی، تو شہدا کی روحیں خدا کو بلند آواز سے پکار پکار کر کہنے لگیں۔ ''اور جو ابدالآباد زندہ رہے گا اور جس نے آسمان اور اُس کے اندر کی چیزیں اور زمین اور اُس کے اوپر کی چیزیں اور سمندر اور اُس کے اندر کی چیزیں پیدا کیں۔ اُس کی قسم کھا کر کہا، اب اور دیر نہ ہوگی'' ﴿مکاشفہ 6:10﴾

خدا نے اُنہیں جواب دیا کہ جب اُن لوگوں کی تعداد بھی مکمل ہو جائے گی جو اُن کی طرح شہید ہونے والے ہیں تو پھر اُن کے خون کا بدلہ لیا جائے گا۔ کیا یہ ممکن ہے کہ یہ مرد وزن جزوی طور پر پانچویں مہر کے کھلنے وقت کے واقع کا حصہ ہیں۔ کیا اُن لوگوں نے اُن کی تعداد کو پورا کیا جو اپنے ایمان کی خاطر مارے گئے۔ جب ایسے وقتوں میں 144000 کی بڑی مصیبتوں اور دُکھوں سے محافظت ہوگی، تو اُن کا کام آسان نہیں ہوگا۔ دُکھ اٹھانا جاری رکھنے کی بہ نسبت اپنے ایمان

کی خاطر جان قربان کر دینا آسان ہوتا ہے۔ جب اُس بڑی بھیڑ کو خداوند کی حضوری میں لایا گیا، تو اُس وقت تک 144000 کی تعداد مکمل نہیں ہوئی تھی۔

اِس باب میں ہم اِس بات کو دریافت کرتے ہیں کہ ابھی بہت سی مشکلات اور کٹھنائیوں کا سامنا کرنا باقی ہے۔ بعض کو اپنے ایمان کی خاطر جان قربان کر کے خداوند خدا کی حضوری میں جانا ہے۔ جب دیگر لوگوں کو اِس مرتی ہوئی دُنیا کیلئے گویا مشعل راہ بننا ہے جو خدا کی عدالت کے نیچے ہے۔ کون ابدیت میں داخل ہوگا اور کون رہ جائے گا یہ خدا ہی جانتا ہے۔ بصورت دیگر، خدا کے لوگ، خواہ موت، خواہ زندگی کے وسیلہ سے اُسے جلال دینے کے لئے بلائے گئے ہیں۔

اور اُنہوں نے جان دینے تک وفادار رہ کر اُسے عزت اور جلال دینا ہے۔

چند غور طلب باتیں

☆ ۔اِس باب کے آغاز ہی میں ہم فرشتوں کو خدا کی عدالت کو تھامے ہوئے دیکھتے ہیں۔آپ کو اِس بات سے کیا تسلی ملتی ہے؟

☆ ۔144,000 ہزار پر کیوں مہر لگائی گئی؟ جب خدا کی عدالت اِس زمین پر ہوگی تو اِن کا کیا کردار ہوگا؟

☆ ۔جب 144,000 پر مہر لگا کر اُن کو محفوظ کیا گیا۔متن سے یہ ظاہر ہوتا ہے کہ مختلف قوموں اور اُمتوں سے بہت بڑی بھیڑ دُکھ اُٹھا کر خدا کی حضوری میں پہنچی ہے۔اِس سے ہم خدا کے منصوبے اور مقصد کے بارے میں کیا سیکھتے ہیں؟

☆ ۔یوحنا رسول کو ہر ایک قوم اور قبیلہ میں سے خداوند کی پرستش اور ستائش کرتی ہوئی بہت بڑی بھیڑ کو دیکھ کر اُسے سمجھنے میں بڑی دقت ہوئی۔کیا آج اِس بات کو سمجھنا ہمارے لئے آسان ہے؟ یوحنا رسول کے دور سے آج تک خوشخبری کس طرح سے پھیلی ہے؟

چند دُعائیہ نکات

☆ ۔اِس بات کے لئے خداوند کی شکرگزاری کریں کہ اُس نے ایک وقت کے لئے اپنی عدالت کو روکا ہوا ہے۔

☆ ۔اِس بات کے لئے خداوند کی شکرگزاری کریں کہ وہ ہماری زندگی کیلئے ایک مقصد اور منصوبہ رکھتا ہے۔

☆ ۔خداوند سے قوت مانگیں کہ آپ اُس کے لئے قائم اور مضبوط رہ سکیں۔

☆ ۔اِس بات کے لئے بھی شکرگزار ہوں کہ یسوع مسیح کے وسیلہ سے آپ کی نجات مکمل ہے۔

☆ ۔خُداوند کی شکرگزاری کریں کہ وہ پوری دُنیا میں اپنی بادشاہت کو پھیلا رہا ہے۔اِس بات کے لئے بھی خداوند کا شکر کریں کہ کس طرح اُس کی انجیل کا پیغام آپ تک پہنچا۔

باب 14

ساتویں مہر اور نرسنگوں کا پھونکا جانا

مکاشفہ 8:1-9:21 پڑھیں

جب چھٹی مہر کھولی گئی، زمین پر بھیانک قسم کے واقعات رونما ہوئے۔ دھوکہ، جنگ وجدل، قحط، وبا، ایذاہ رسانی اور پھر آسمان پر نشانات کا ظہور یہ سب کچھ چھٹی مہر کے کھلنے کے وقت ہی ہوا۔ خداوند یسوع مسیح نے واضح طور پر بتایا اُس کی آمد سے قبل اِن سب واقعات کا ہونا لازمی ہے۔

ساتویں مہر کے کھلنے سے قبل، خدا کے 144000 کو اپنے لئے الگ اور مخصوص کرلیا اور اُن پر مہر کردی۔ مصائب والم بہت شدید ہونگے۔ جب خدا کے لوگ مصائب اور ایذاہ رسانی سے گزریں گے تو خدا کا ہاتھ ہی اُن کا محافظ ونگہبان ہوگا۔ اور پھر خدا کی عدالت کا روزِ عظیم آجائے گا۔ جیسے جیسے ہم مکاشفہ کی کتاب کے مطالعہ میں آگے بڑھیں گے، خدا کی عدالت کی شدت میں اضافہ ہوتا ہوا دیکھیں گے۔

ساتویں مہر کے کھلتے وقت آسمان پر لگ بھگ آدھا گھنٹہ خاموشی چھائی رہی۔ یہ خاموشی کس چیز کو پیش کرتی ہے۔ آپ اِس قسم کی خاموشی کی توقع اس وقت کر سکتے ہیں جب کوئی غیر معمولی چیز واقع ہوتی ہے۔ ایسی خاموشی کسی چیز کے واقع ہونے کی خبر دیتی ہے۔ ہر ایک ذہن رونما ہونے والے واقعہ پر لگ جاتے ہیں۔

ایسی صورتحال میں کوئی شخص بھی معمول کے مطابق محو گفتگو نہیں ہوتا۔ اِسی خاموشی میں سات فرشتوں نے اپنی اپنی پوزیشن سنبھالی۔ ہر ایک فرشتے کے ہاتھ میں ایک نرسنگا تھا۔ اِن نرسنگوں سے روئے زمین پر ایک خاص قسم کی عدالت کا اعلان ہوگا۔ پھر ایک آٹھواں فرشتہ نمودار ہوا۔ اُس

کے ہاتھ میں سونے کا یک بخوردان تھا۔اُس بخوردان سے ہوا میں بخور چھوڑا گیا۔مقدسوں کی دُعاؤں کے ساتھ بخور سونے کی قربان گاہ پر خدا کے لئے اُٹھایا گیا۔ مکاشفہ 6:10 جب پانچویں مہر کھولی گئی تھی، مذبح کے قریب مقدسوں نے بلند آواز سے چلانا شروع کر دیا۔

''اے مالک ،اے قدوس و برحق !تو کب تک انصاف نہ کرے گا؟''

خداوند نے اُنہیں بتایا کہ جب اُن کے ہم خدمت بھائیوں کی تعداد بھی پوری ہو جائے گی ،تب وہ اُن کے خون کا بدلہ لے گا۔مکاشفہ 7 باب میں ہم ہر ایک قوم اور قبیلہ سے فراہم ایک بہت بڑی بھیڑ کو دیکھتے ہیں جو کہ برّہ کے تخت کے سامنے کھڑی ہوئی ہے۔یہاں پر موجود خواتین و حضرات بڑی مصیبت اور دُکھ سے نکل کر خدا کی حضوری تک پہنچے ہیں۔یوں لگتا ہے کہ یہی وہ لوگ ہیں جو مذکورہ تعداد کو پورا کریں گے۔اب یہی وقت ہے کہ خداوند اُن کے خون کا بدلہ لے۔

فرشتہ نے مذبح پر سے آگ سے بھرا ہوا بخوردان لیا اور اُسے زمین پر انڈیل دیا۔جس کے نتیجہ میں آوازیں اور گرجیں پیدا ہوئیں۔اور ایک بہت بڑا بھونچال آیا۔

خداوند اپنے مقدسین کی دُعاؤں کے جواب میں دُنیا کی عدالت کرنے کو تیار تھا۔صداقت اور پاکیزگی کے نرسنگے پھونکے گئے۔

پہلے فرشتے نے نرسنگا پھونکا۔جب نرسنگا پھونکا گیا،خون ملے ہوئے اولے زمین پر گرنے لگے۔جس کے نتیجہ میں زمین پر تباہ کاریاں شروع ہو گئیں۔زمین کا ایک تہائی حصہ جل گیا۔ایک تہائی درخت اور گھاس بھی جھلس گئی۔نوح کے دور کے طوفان کے علاوہ،زمین پر کبھی کوئی تباہ کاری واقع نہیں ہوئی۔کوئی بھی شخص زمین کی معشیت کی تباہ کاری کے نتائج کو تصوّر کی نگاہ سے دیکھ سکتا ہے۔پھر اُس کے بعد دوسرا نرسنگا پھونکا۔جب دوسرا نرسنگا پھونکا گیا،ایک بہت بڑی چیز سمندر میں پھینک دی گئی۔یوحنا رسول کو معلوم نہیں کہ وہ چیز کیا تھی۔اُسے صرف آگ سے جلتا ہوا ایک بہت بڑا پہاڑ دکھائی دیا۔ہم اپنے دور میں اِس قسم کی کسی اجرامِ فلک کے آسمان سے گرنے کو

تصور کی نگاہ سے دیکھ سکتے ہیں۔ بائبل مقدس بیان کرتی ہے کہ سمندر کا ایک تہائی حصہ خون سا ہو گیا۔ سطح سمندر میں پائے جانے والی ایک تہائی جہاز بھی تباہ و برباد ہو گئے۔ سمندر کی ایک تہائی مخلوق بھی پانی کے آلودہ ہونے کی وجہ سے مر گئی۔ ذرا تصور کریں کہ اِن مخلوقات کی مرنے سے کس قدر تعفن اُٹھے گا۔ حتیٰ کہ زمین پر موجود سمندر بھی بدبودار ہو جائیں گے۔

تیسرا نرسنگا پھونکتے وقت ایک بہت بڑا استارہ آسمان پر سے گر پڑا۔ اُس ستارے کا نام ناگدونا تھا۔ ناگدونا ایک بہت بڑا کڑوا مادہ ہوتا ہے۔ اُس ستارے نے زمین پر پانی کی فراہمی کو متاثر کیا۔ دریا اور ندیاں آلودہ اور بدبودار ہو گئیں۔ روئے زمین کا ایک تہائی پانی متاثر ہوا۔ جس کے نتیجہ میں بہت سے لوگ لقمہ اجل ہو گئے۔

چوتھا نرسنگا پھونکا گیا، اور پھر آسمان بند ہو گیا، سورج کی روشنی جاتی رہی اور چاند کی روشنی بھی ماند پڑ گئی، اِسی طرح ستاروں کی روشنی بھی متاثر ہوئی۔ اِن سب چیزوں سے بڑھ کر تاریکی ہولناک وبا تھی جس نے رُوئے زمین کے باشندوں کو اپنی لپیٹ میں لے لیا۔ جب چوتھا نرسنگا پھونکا گیا تو ایک بہت بڑے عقاب نے اعلان کیا کہ اب مزید تین نرسنگے پھونکے جائیں گے۔ یہ خاص اعلان کیوں کر کیا گیا؟ ہمیں صرف واقع ہونے والی چیزوں پر غور کرنا ہے کہ وہ نرسنگے جو ابھی پھونکے جانے کو ہیں وہ پہلے چار نرسنگوں سے بھی بھیانک چیزیں اپنے ساتھ لئے ہوئے ہیں۔ عقاب یا فرشتہ ﴿ کنگ جیمز ورژن ﴾ نے اعلان کیا کہ زمین پر انتہائی سخت عدالت رونما ہونے والی ہے۔

جب پانچواں نرسنگا پھونکا جاتا ہے، تو یوحنا آسمان پر سے ایک ستارے کو گرتے ہوئے دیکھتا ہے۔ اب ہم جانتے ہیں کہ یہ ستارہ کس چیز کو پیش کرتا ہے۔ ہم جانتے ہیں کہ ستارے کو اتھاہ گڑھے کی کنجی دی گئی، مکاشفہ 1:18 ہمیں بتاتا ہے کہ یہ یسوع ہے جس کے پاس موت اور عالمِ ارواح کی کنجیاں ہیں۔ تاہم وثوق سے کہا نہیں جا سکتا کہ یہ ستارہ لازمی طور پر یسوع ہی کو پیش کرتا

ہے۔تاہم یہ بات سمجھنے کی ضرورت ہے کہ ستارے کو یہ کنجیاں خدا کے برّہ کے اختیار ہی سے ملی ہیں۔

وہ شخص جس کے پاس کنجیاں تھیں، اُس نے اتھاہ گڑھے کا دروازہ کھولا۔ہم پہلے ہی یوحنا رسول کی رویا کے وسیلہ سے آسمان کی ایک جھلک دیکھ چکے ہیں۔اب یوحنا رسول ہمیں دوزخ کی ایک مختصر جھلک پیش کرتا ہے۔جب دروازہ کھولا گیا، ایک بڑی بھٹی کے دھوئیں کی طرح اتھاہ گڑھے سے دھواں اُٹھا۔دُھواں اِس قدر گہرا تھا کہ آسمان پر تاریکی چھا گئی۔اور اُس نے سورج کی روشنی کو بھی ختم کر ڈالا جو کہ پہلے ہی کم ہو چکی تھی۔

گڑھے سے ٹڈیوں کا ایک غول نکلا، یہ ٹڈیاں عام ٹڈیاں نہیں تھیں۔اُن کا ڈنگ بچھو کے ڈنگ جیسا تھا، اگرچہ اِس سے موت واقع نہیں ہوتی تھی لیکن بڑا تکلیف دہ تھا۔یہ ٹڈیاں اُن گھوڑوں کی مانند دکھائی دیتی تھیں جو جنگ کے لئے تیار ہوئے ہوں۔اُن کے سروں پر گویا سنہری تاج تھے۔اُن کے بال عورتوں کے بالوں کی مانند تھے۔اُن کے دانت اِس قدر تیز اور تباہ کن تھے جیسے شیر کے دانت۔اُن کے سینوں پر سینہ بند موجود تھے۔یہ ٹڈیاں بہت محفوظ دکھائی دیتی تھیں۔اُن کو ہلاک کرنے کا سوال ہی پیدا نہیں ہوتا، وہ از خود تباہ کرنے والی تھیں۔اُن کی دُم بچھو کی دُم کی طرح تھی۔اور اُس میں تکلیف دینے کی قوت تھی۔جونہی وہ زمین پر پھریں، اُن کے پرّوں کی آواز بہت سے رتھوں کی مانند تھی جو جنگ کے لئے پیش قدمی کرتے ہیں۔اُن ٹڈیوں کو اپنے دشمن کے خلاف اختیار دیا گیا۔

ان کے رہنما کو عبرانی میں عبدون اور یونانی میں اپلیون کہتے ہیں۔دونوں الفاظ کا معنی ہے تباہ کرنے والا۔اُن ٹڈیوں کی قوت اور اختیار محدود تھی۔اُنہیں گھاس یا درختوں کو نقصان پہنچانے کا کوئی اختیار نہیں دیا گیا تھا۔جبکہ یہی تو ٹڈیوں کی معمول کی خوراک ہوتی ہے۔اِس کا مطلب ہے کہ وہ ٹڈیاں عام ٹڈیاں نہیں تھیں۔اِن ٹڈیوں کو یہ اختیار بھی نہیں دیا گیا تھا کہ وہ اُن لوگوں کو چھو

سکیں جن پر مہر لگی ہوئی ہے۔ ہم پہلے ہی اِس بات کو دیکھ چکے ہیں کہ 144000 کو مکاشفہ 7 باب میں ایک فرشتے نے مہر لگائی۔ یہ لوگ ابھی بھی اِس روئے زمین پر موجود ہیں۔ اِن لوگوں کو اُن ٹڈیوں سے کوئی گزند ﴿نقصان﴾ نہ پہنچا۔ جو کچھ مصر میں واقع ہوا تھا، یہ تصویر اُس سے کافی حد تک ملتی جلتی ہے۔ جب مصر کی سرزمین نے دس وباؤں کے زیرِ تاب کافی دُکھ اٹھایا تھا۔ جشن کا علاقہ جہاں خدا کے لوگ رہتے تھے، ہر طرح کے حملوں سے بالکل محفوظ تھا۔ ﴿خروج 9:25-26﴾

اتھاہ گڑھے سے نکلنے والی ٹڈیوں کو یہ اختیار دیا گیا تھا کہ وہ صرف اُن لوگوں کو ہی دُکھ دیں جن پر مہر نہیں لگی ہوئی۔ اُنہیں اُن لوگوں کو مارنے کا اختیار نہیں دیا گیا تھا۔ تاہم جب اُن ٹڈیوں نے اُن لوگوں کو کاٹا تو بڑی تکلیف اور درد پیدا ہوا۔ بائبل مقدس ہمیں بتاتی ہے کہ ٹڈیوں کے کاٹے ہوئے یہ لوگ موت کے طالب ہونگے لیکن موت اُن کو نہیں آئے گی۔

پانچ مہینے تک یہ دردناک اور تکلیف دہ صورتحال جاری رہی۔ مفسرین ہمیں بتاتے ہیں کہ ٹڈی کی عمر ہی پانچ مہینے ہوتی ہے۔ یہاں پر ہمیں یہ اشارہ ملتا ہے کہ اُن کی تکلیف محدود تھی۔ اگرچہ یہ تکلیف اور درد انتہائی شدید تھا تو بھی ایک مختصر عرصہ کیلئے تھا۔

جو کچھ یہاں پر ٹڈیوں کے تعلق سے بیان کیا گیا ہے، اِس کے علاوہ ہم اُن ٹڈیوں کے بارے میں کچھ بھی نہیں جانتے۔ اُن ٹڈیوں کی ابتدا اور جڑ بدی کی قوتیں ہی ہیں۔ اُنہیں زمین پر تباہی اور بربادی لانے کیلئے آزاد کیا گیا ہے۔ یہ ٹڈیاں جسمانی طور پر بہت تکلیف اور دُکھ کا باعث تھیں۔ خدا اُن ٹڈیوں کو غیر ایمانداروں کے گناہوں کی عدالت کے لئے استعمال کرے گا۔ آنے والا وقت ہی ہمیں اُن ٹڈیوں کی اصل پہچان اور شناخت دے گا۔ فی الحال یہی کہنا کافی ہے کہ یہ دن تکلیف اور دہشت کے دن ہونگے۔

جب چھٹا نرسنگا پھونکا گیا، تو آسمان پر موجود قربان گاہ سے ایک آواز نے چھٹے فرشتہ کو یہ حکم دیا کہ

وہ دریائے افرات کے چاروں فرشتوں کو کھول دے۔ ہوسکتا ہے کہ وہی فرشتگان ہو جن کا مکاشفہ 7:2 میں ذکر ملتا ہے۔ جو خدا کی عدالت کو روکے ہوئے تھے۔ اُن فرشتوں کو کھول دیا گیا تاکہ بنی نوع انسان کو تباہ کریں۔ اُن فرشتوں کے ساتھ لاتعداد سپاہیوں کی ایک فوج بھی تھی۔ اُنہوں نے ایک تہائی بنی نوع انسان کو ہلاک کرنا تھا۔

گھوڑوں اور اُن کے سواروں کے وضاحت پر غور کریں۔ سواروں نے سرخ، نیلے اور زرد رنگ کی سینہ بند باندھے ہوئے تھے۔ ہم اِن رنگوں کے تعلق سے قیاس آرائی ہی کر سکتے ہیں۔ وہ گھوڑے جن پر وہ سوار تھے بڑے خاص تھے۔ اُن گھوڑوں کے سر شیروں کی مانند تھے۔ یہ گویا آگ کے لپکتے شعلے تھے، دھواں اور گندھک اُن کے منہ سے نکلتے تھے۔ بہت سے مفسرین اُنہیں دورِ جدید کے ٹینکوں اور توپوں کے طور پر دیکھتے ہیں جو میزائل اور گولیاں برساتے ہیں۔

یوحنا کے دور میں تو کوئی ایسی چیز نہیں تھی جس کے ساتھ اُن گھوڑوں کا موازنہ کیا جا سکے۔ اُن گھوڑوں کی دُمیں بڑی خطرناک تھیں۔ یہ دُمیں سانپوں کی مانند تھیں اور اُن لوگوں کو کاٹتی تھیں جن تک اُن کی رسائی ہوتی تھی۔ جیسا کہ پہلے ہی بیان کیا گیا ہے کہ رُوئے زمین پر ایک تہائی انسان شعلہ فشاں گھوڑوں سے ہلاک ہو گئے۔ ہم یہاں پر اِس فوج اور اِس کے ہتھیاروں کے تعلق سے صرف قیاس آرائی سے ہی کام لے سکتے ہیں۔ تاہم صرف یہ بات بالکل واضح ہے کہ مشکل وقت ابھی آنا باقی ہیں۔ خدا کی عدالت حقیقی اور انتہائی شدید قسم کی ہوگی۔ جب خدا اِس روئے زمین پر اپنے قہر و غضب کو نازل کرے گا تو بہت سے لوگ ہلاک ہو جائیں گے۔

ہمارے لئے اِس بات پر غور کرنا اہم بات ہے کہ اُن لوگوں کے اِرد گرد جو کچھ بھی ہو رہا تھا، اِس کے باوجود اُنہوں نے اپنی بت پرستی اور گناہوں سے توبہ نہ کی۔ ﴿20-21﴾

اُنہوں نے قتل و غارت، جادوگری، بدکاری اور چوری سے توبہ کرنے سے انکار کیا۔ روئے زمین پر خدا کی عدالت کے بارے میں لاتعلق اور لاپرواہ رہے۔ اُنہوں نے خدا اور اُس کی آواز کے

تعلق سے اپنے دلوں کو سخت کیا۔

مکاشفہ 21-9:20 بائبل مقدس میں انسان کے دل کی سختی کے بارے میں پایا جانے والا سب سے زبردست حوالہ ہے۔ کسی غیر ایماندار کے دل کی سختی اور ہٹ دھرمی کو ختم کرنے کے لئے کیا درکار ہوتا ہے؟ زمین بھی جاتی رہی، دہشت اور تباہی نے ان کو گھیر لیا۔ ان خواتین و حضرات نے خداوند کی طرف اپنے دل پھیرنے سے انکار کیا۔

میں آپ کو یاد دلانا چاہوں گا کہ ہم خدا کے فضل سے اُس بھیڑ میں شامل ہوں گے۔ خداوند کی تعریف ہو۔ جس نے ہمیں ہماری بغاوت سے رہائی دے کر اپنی بادشاہی میں شامل کیا ہے۔ ہم ابد تک بھی اُس کی پرستش و ستائش کرتے رہیں تو اُس کے ہمیں چھڑانے کی مہربانی کا شکریہ تب بھی ادا نہیں کر سکیں گے۔

یہاں پر ہم صرف خدا کی روئے زمین پر عدالت کے آغاز کے بارے میں ہی پڑھتے ہیں۔ کیا آپ خداوند یسوع مسیح کو اپنا نجات دہندہ مانتے ہیں؟ اِس باب میں نرسنگے کی آواز کو سنیں۔ ہر نرسنگے کے پھونکے جانے پر خدا کی ہولناک عدالت کو دیکھیں۔ اپنے گناہ میں ہی زندگی بسر نہ کرتے رہیں۔ مکاشفہ 9 باب میں سخت دل بے ایمانوں کی مانند نہ ہوں۔ اِس سے پہلے کہ بہت دیر ہو چکی ہو خداوند کی طرف رجوع لائیں۔

چند غور طلب باتیں

☆۔ یہاں پر ہم اِس دُنیا میں خدا کی عدالت کی بارے میں کیا سیکھتے ہیں؟ اِس دُنیا کی معیشت اور لوگوں پر اُس کی عدالت کے کیا اثرات مرتب ہونگے؟

☆۔ گناہ اور بغاوت کے تعلق سے خدا کی نفرت کے بارے میں ہم یہاں پر کیا سیکھتے ہیں؟ اِس کے لئے روزمرہ زندگی گزارنے کے لئے یہ بات کس طرح اثر انداز ہوتی ہے؟

☆۔ خدا کی ہولناک عدالت کے تعلق سے اِس زمین کے باشندوں کا کیا ردِعمل ہے؟ آپ کے خیال میں سخت دلوں کی بے اعتقادی کو توڑنے کیلئے کس چیز کی ضرورت ہوتی ہے؟

☆۔ خدا نے کس طرح آپ کے دل کو شکستہ اور اپنے لئے نرم کیا تھا؟

چند دُعائیہ نکات

☆۔ اِس بات کے لئے شکر گزاری کریں کہ خداوند گناہ اور بغاوت کی سزا دے گا۔

☆۔ خداوند کے شکر گزار ہوں کہ اُس نے آپ کا دل نرم کیا ہے۔

☆۔ خداوند سے درخواست کریں کہ وہ آنے والے حالات و واقعات کا سامنا کرنے کے لئے آپ کو فضل و توفیق دے۔ وفادار اور قائم رہنے کے لئے اُس سے قوت مانگیں۔

☆۔ خداوند کی شکر گزاری کریں کہ اُس نے آپ کو معاف کر دیا ہے۔ قطع نظر اِس بات کے کہ اِس دُنیا میں کیا ہو رہا ہے، آپ کا مستقبل اُس کی حضوری میں روشن ہے۔

باب 15

فرشتہ اور طومار

مکاشفہ 10 باب پڑھیں

ساتویں نرسنگا پھونکا جانے سے قبل، یوحنا رسول نے ایک فرشتہ کو آسمان سے اُترتے ہوئے دیکھا۔ یوحنا رسول نے اِس باب میں فرشتے کی پانچ خصوصیات کو بیان کیا ہے۔ ہر ایک خصوصیت یوحنا کے خداوند کے تعلق سے ابتدائی بیان کردہ تصویر سے مطابقت رکھتی ہے۔

سب سے پہلے ہم دیکھتے ہیں کہ یہ فرشتہ بادل اوڑھے ہوئے ہے۔ مکاشفہ 1:7 سے ہم دیکھتے ہیں کہ جب خداوند یسوع مسیح دوبارہ آئے گا تو وہ بادلوں کے ساتھ آئے گا۔ یسوع کی طرح یہ فرشتہ بھی آسمان سے بادل کو اوڑھے ہوئے اُترا۔

دوسری بات، فرشتہ کے سر کے اوپر ایک دھنک تھی۔ دھنک اُس عہد کا نشان ہے جو خدا نے نوح کے ساتھ باندھا۔ جب یوحنا رسول نے آسمان پر تخت والے کمرہ کو دیکھا تو اُس نے خدا کو ایک تخت پر بیٹھے دیکھا اور اُس کے گرد اگرد ایک دھنک تھی۔ ﴾ مکاشفہ 4:3 ﴿

آسمان سے اُترنے والا یہ فرشتہ عہد کی پاسداری کرنے والے خدا کے جلال کی عکاسی کرتا ہے۔ یوحنا رسول بیان کرتا ہے کہ اُس فرشتہ کا چہرہ آفتاب کی مانند روشن تھا۔ مکاشفہ 1:16 میں بالکل اِسی طرح یوحنا نے اُس شخصیت کی تصویر کشی کی ہے جو سات چراغدانوں کے درمیان کھڑا ہے، اُس کا چہرہ بھی اِس طرح روشن تھا جیسے آفتاب اپنی پوری آب و تاب کے ساتھ چمک رہا ہو، ایسا کہ اُس کی طرف نظر بھی نہ کی جا سکے۔

اُس فرشتے کے پاؤں آگ کے ستونوں کی مانند تھے۔ مکاشفہ 1:15 ہمیں بتاتا ہے کہ وہ شخص جو سات چراغدانوں کے درمیان کھڑا ہوا ہے اُس کے پاؤں بھی آگ میں تپائے ہوئے پیتل

کے سے ہیں۔

آخری غور طلب بات یہ ہے کہ فرشتہ کے ہاتھ میں ایک کھلا ہوا طومار ہے۔ کیا ممکن ہے کہ یہ وہی طومار ہو جس کے تعلق سے یوحنا رسول نے مکاشفہ 5 میں بیان کیا ہے کہ وہ طومار برّہ کو دیا گیا؟ ساتوں مہروں میں سے ہر ایک مہر کھولی گئی اور اب طومار بھی کھلا ہوا ہے۔ اِس میں لکھا ہوا پیغام دُنیا پر ظاہر کر دیا گیا۔ مجھے تو یوں لگتا ہے کہ صرف اور صرف خداوند یسوع مسیح ہی اِس فرشتہ کی ہو بہو تصویر کشی ہے۔

فرشتہ نے ایک پاؤں خشکی پر اور دوسرا پاؤں سمندر پر رکھا۔ جو کہ سمندر اور خشکی پر اُس کے تسلط اور حکمرانی کی ظاہری علامت ہے۔ ہمارا خداوند یسوع مسیح ہر ایک چیز پر قادر اور خداوند ہے۔ جب اُس کے پاؤں خشکی اور سمندر پر مضبوطی سے ٹکے ہوئے تھے تو وہ بلند آواز سے چلایا جیسے ببر دھاڑتا ہے۔ متن کو پڑھنے سے معلوم ہوتا ہے کہ جب وہ چلایا تو گرج کی سات آوازیں سنائی دیں۔

مکاشفہ کی کتاب میں سات کا عدد بار بار دیکھنے کو ملتا ہے۔ ہم نے سات مہریں کھلتی ہوئی دیکھیں۔ اب ہم سات نرسنگوں کے پھونکے جانے کے بارے مطالعہ کر رہے ہیں۔ بعد ازاں، مکاشفہ کی کتاب کے مطالعہ کو جاری رکھتے ہوئے ہم سات پیالوں کے بارے میں پڑھیں گے۔ اِس باب میں ہم سات گرجوں کے بارے میں پڑھ رہے ہیں۔

یوحنا رسول جو کچھ دیکھ رہا تھا وہ اُسے لکھنے ہی والا تھا کہ فرشتے نے اُس سے کہا کہ وہ اِن چیزوں کو اُس پر منکشف نہیں کرے گا۔ سات گرجوں کا بھید بنی نوع انسان کے لئے سر بمہر بند ہی رہنا تھا۔ کیوں خدا نے سات گرجوں کو یوحنا پر تو ظاہر کیا لیکن باقی انسانوں کے لئے اِس بھید کو پوشیدہ ہی رکھا، ہم اِس کے بارے میں کچھ نہیں جانتے کہ خدا نے ایسا کیوں کر کیا۔ سات گرجوں کے زمین پر خدا کی عدالت کے اعلان کے بعد، فرشتہ نے ہاتھ اُٹھا کر قسم اٹھائی۔ ہاتھ اُٹھا کر قسم کھانا

ایک معمول کی بات تھی۔ اُس نے خدا کی قسم کھائی جس نے آسمان اور زمین کی خلق کیا کہ اب خدا کی آخری عدالت کے واقع ہونے میں دیر نہ ہوگی۔

یہ قسم ہمیں فرشتے کے تعلق سے ایک خاص چیز بتاتی ہے۔ یعقوب 5:12 میں ہمیں قسم کھانے کے تعلق سے خبردار کیا گیا، کہیں ایسا نہ ہو کہ ہم اُس کو پورا نہ کر سکیں۔

''مگر اَے میرے بھائیو، سب سے بڑھ کر یہ ہے کہ قسم نہ کھاؤ، نہ آسمان کی نہ زمین کی۔ نہ کسی اور چیز کی بلکہ ہاں کی جگہ ہاں اور نہیں کہ جگہ نہیں تا کہ سزا کے لائق نہ ٹھہرو۔''

فرشتے نے قسم اِس لئے کھائی کیوں کہ اُسے فتح کی کامل یقین دہانی تھی۔ غور کریں کہ فرشتے نے یہ کہا کہ خدا کی عدالت اور خدا کے مقصد کے پورا ہونے میں اب مزید تاخیر نہ ہوگی۔ یہ ایک زبردست بیان ہے۔ جس فرشتے نے یہ بیان دیا، وہ ایک طاقت ور مخلوق ہے۔ کیا آسمان کا کوئی عام فرشتہ یہ کہہ سکتا تھا؟ خدا ہی صرف وقت اور حالات کو اپنے قابو میں رکھنے کی قدرت رکھتا ہے۔ آسمان پر کے فرشتے اُس کے خادم ہیں۔ وہ بروقت اُس کے لئے حاضر خدمت رہتے ہیں۔ صرف مسیح ہی کو خدا کے مقصد اور منصوبے کو عیاں کرنے کا اختیار دیا گیا ہے۔ صرف وہی اِس بات کا تعین کر سکتا ہے کہ اب مزید دیر نہ ہوگی۔

فرشتے نے یہ اعلان کیا کہ اَب خدا کا پوشیدہ مطلب پورا ہوگا۔ جب ساتواں نرسنگا پھونکا جائے گا تو شیطان اور گناہ پر خدا کی فتح کا آخری مرحلہ ہوگا۔ اِس وقت خدا کی بادشاہت کی آخری فتح کا ظہور ہوگا جس کے تعلق سے نبیوں نے پہلے سے بتایا ہوا ہے۔

جب یوحنا نے اپنے سامنے کا منظر دیکھا، آسمان سے اُسے ایک آواز نے پکار کر کہا کہ فرشتے کے ہاتھ سے طومار لے لے۔ اِس آواز کی تابعداری میں یوحنا رسول اُس فرشتے کے پاس گیا اور اُس سے طومار مانگا۔ یوحنا معمول کے مطابق نہیں گیا بلکہ بڑے احترام اور دبدبے کی حالت میں اُس تک رسائی حاصل کی۔

فرشتے نے اُس سے کہا کہ وہ کتاب کو لے کر کھا جائے۔ یوحنا نے ایسا ہی کیا۔ وہ طومار اُس کے منہ میں تو میٹھا لگا لیکن اُس کے پیٹ میں جا کر نہایت کڑوا ہو گیا۔

جب ہم کچھ کھاتے ہیں تو وہ چیز ہمارے وجود کا حصہ بن جاتی ہے۔ یوحنا رسول کو خدا کا کلام لے کر اُسے اپنی زندگی پر اُس کا اطلاق کرنا تھا۔ اُس نے خدا کی باتوں کو لے کر اُنہیں اپنی زندگی کا حصہ بنانا تھا۔

غور کریں کہ وہ کلام جو یوحنا نے کھایا میٹھا تھا۔ خدا کا کلام سب سے خوبصورت پیغام ہے۔ اِس سے ہمیں اپنے لئے خدا کی محبت کا علم ہوتا ہے۔ اِس میں ہماری خاطر یسوع کی موت کی کہانی درج ہے۔ اِس سے بڑھ کر اور کوئی شیریں کلام کون سا ہو سکتا ہے۔ جو کوئی انجیل کا خوبصورت پیغام قبول کرتا ہے۔ اُسے انجیل کے شیریں پیغام میں ایک تلخ حقیقت بھی ملتی ہے۔ بائبل مقدس بیان کرتی ہے کہ مسیح کے نام کے سبب ہم سے عداوت رکھی جائے گی۔ جو کوئی خداوند کو قبول کر کے اُس کے پیچھے چلنا چاہے، ضرور ہے کہ وہ اپنی صلیب اُٹھائے۔ یہ صلیب اٹھانے کے لئے کوئی آسان یا ہلکا بوجھ نہیں ہے۔

رسول کو خدا کے کلام کے تلخ اور شیرین پیغام کو قبول کرنے کے لئے بلایا گیا۔ اُسے پیغام کو لے کر اُسے دوسروں تک پہنچانا تھا۔ اُسے بہت سے لوگوں، قوموں، زبانوں اور بادشاہوں کے تعلق سے پیش گوئی کرنا تھی۔ ﴿مکاشفہ 10:11﴾ اُسے اُن سب چیزوں کو لوگوں پر ظاہر کرنا تھا جو خداوند یسوع مسیح نے اُس پر آشکارا کی تھیں۔ اِن سب باتوں کو ہر کسی نے قبول نہیں کرنا تھا۔ کچھ ایسے لوگ بھی ہوں گے جو اِن باتوں پر کان نہیں لگائیں گے۔ تو بھی اُسے سب لوگوں تک اس پیغام کی باتوں کو پہنچانا تھا۔ یہ ایک اہم کلام تھا جس میں بہت سی قوموں کا انجام درج تھا۔

اِس بات میں ہم دیکھتے ہیں کہ کس طرح واقعات زمین پر خدا کی عدالت کو شکل دے رہے ہیں۔ فرشتے کا یہ اعلان کہ اب تاخیر نہ ہوگی، روئے زمین پر خدا کی بہت بڑی عدالت ہے۔

چند غور طلب باتیں

☆ ۔اِس باب میں آسمان سے زمین پر اُترنے والے خداوند کے فرشتے کی پانچ خصوصیات کون کون سی ہیں؟ اُس فرشتے کی پہچان کے تعلق سے چند خصوصیات ہمیں کیا بتاتی ہیں؟

☆ ۔آپ کے خیال میں خدا نے سات گرجوں کو ہم پر کیوں منکشف کرنا نہ چاہا؟

کیا ہر ایک چیز جو خدا ہم پر ظاہر کرتا ہے، ضروری ہے کہ ہم اُسے دوسروں پر ظاہر کریں؟

☆ ۔کیا دورِ جدید میں خدا شخصی طور پر ہم سے ہم کلام ہوتا ہے؟

☆ ۔یہاں پر ہم دیکھتے ہیں کہ وقت آرہا ہے جب خدا کی عدالت میں کوئی تاخیر نہ ہوگی۔

☆ ۔آپ کے خیال میں خدا روئے زمین پر عدالت میں تاخیر کیوں کر رہا ہے؟

چند دُعائیہ نکات

☆ ۔کچھ لمحات کیلئے غور کریں کہ کس طرح خدا نے آپ سے کلام کیا اور آپ پر کچھ باتوں کو آشکارہ کیا۔اِس بات کے لئے خدا کی شکرگزاری کریں۔

☆ ۔خدا نے یوحنا پر کچھ باتوں کو آشکارہ کیا، خدا نہیں چاہتا تھا کہ وہ دوسروں پر اُن باتوں کو ظاہر کرے۔خداوند سے دُعا کریں کہ وہ آپ کو بتائے کہ کون سی چیزیں آپ نے دوسروں کے سامنے بیان کرنی اور کون سی باتیں صرف شخصی طور پر آپ کے لئے ہیں۔

☆ ۔خداوند کی شکرگزاری کریں کہ ایک دن آئے گا جب وہ دُنیا کی عدالت کرے گا۔

اُس دن کے لئے آپ کے دِل میں جو یقین دہانی پائی جاتی ہے، اُس کیلئے خداوند کی شکرگزاری کریں۔

باب 16

دو گواہ

مکاشفہ 11:1-14 پڑھیں

خدا کا قہر وغضب اُس کے رحم وترس کی وجہ سے ٹھہرا رہتا ہے۔ گناہ گار کو ہر ایک موقع اِس لئے دیا جاتا ہے تاکہ وہ توبہ کرے۔ جب بھی خدا اپنا قہر وغضب نازل کرتا ہے تو پھر یہ نہیں کہا جا سکتا ہے کہ یہ تو ناجائز ہوا۔ خدا آخری لمحہ تک گناہ گار کو اپنی طرف بلاتا رہتا ہے کہ وہ اُس کی طرف رجوع لا کر توبہ کرے۔ ہم یہاں پر مکاشفہ کی کتاب میں دیکھتے ہیں کہ حتیٰ کہ جب اس کا قہر نازل ہوتا ہے تو پھر بھی خدا جن لوگوں کو سزا دے رہا ہوتا ہے اُن سے التماس کرتا ہے کہ وہ اس کی طرح رجوع لا کر نجات پائیں۔ گناہ گاروں کی ہلاکت میں اُس کی خوشنودی نہیں ہے۔ اُس کی یہی آرزو ہے کہ وہ اُس کے پاس آجائیں۔

یوحنا رسول نے جو رویا دیکھی، اُس میں اُسے ناپنے کی ایک لکڑی دی گئی تاکہ وہ خدا کی ہیکل کی پیمائش کر سکے۔ رسول کو یہ ذمہ داری بھی دی گئی کہ وہ اُس ہیکل میں عبادت گزاروں کا بھی شمار کرے۔ بہت سے مفسرین اِس بات پر متفق ہیں کہ ہیکل کی پیمائش تحفظ کے لئے ہے۔ یہ کسی علاقے کی خفیہ طریقے سے مسلسل نگرانی ہے۔ عبادت گزاروں کا شمار اِس لئے کیا جاتا ہے تاکہ کوئی بھی گم نہ ہو جائے۔ متن سے ہم دیکھتے ہیں کہ وہ خدا کی حضوری میں ایک مقدس میں جمع ہیں۔ خدا کی ہیکل کی پیمائش ہو رہی تھی، قابلِ غور بات کہ باہر کے صحن کی پیمائش نہیں کی گئی۔ بلکہ یہ حصہ غیر قوموں کو دے دیا گیا۔ یہودی لوگ خدا کے برگزیدہ لوگ تھے۔ غیر قومیں بت پرست اور غیر ایماندار تھیں۔ غور کریں کہ صحن کا یہ بیرونی حصہ اُن ہی لوگوں کو دے دیا گیا تھا۔ ہمیں یہاں پر یہ بتایا گیا ہے کہ وہ بیالیس ماہ ﴿42﴾ تک اُس مقدس شہر کو پامال کریں گے۔

یہاں پر کیا ہو رہا ہے؟ ہم یہاں پر روئے زمین پر واقع ہونے والی بہت بڑی سطح پر ایذا رسانی کی تصویر دیکھتے ہیں۔ غیر قوموں نے مقدس شہر میں اور ہیکل کے بیرونی حصہ تک رسائی حاصل کر لی ہے۔ ایماندار اندرونی صحن تک محدود ہے جہاں پر خدا کی حضوری ظاہر ہوئی تھی۔ ایماندار وہاں تک محدود ہونے کی وجہ سے محفوظ ہیں۔ ہر طرف غیر ایماندار لوگ خدا کی مقدس چیزوں کو پامال کر رہے ہیں۔ کفر اور بے حرمتی کی انتہا ہو چکی ہے۔ بے ایمان من چاہے کام کرنے کے لئے آزاد ہیں۔ بدی اور گناہ ہر طرف موجود ہے۔

اِس بات پر توجہ کریں کہ بیالیس مہینے ﴿ساڑھے تین سال﴾ تک بدی واقع ہوتی رہے گی۔ قابلِ غور اور اہم بات یہ ہے کہ خدا نے گناہ آلودہ سرگرمیوں کو وقت کی قید میں رکھا ہے۔ وہی ہر چیز پر اختیار اور قدرت رکھتا ہے۔ مناسب وقت پر خدا نے اِس افراتفری اور بدنظمی میں دو گواہوں کو بھیجا۔ یہ دونوں گواہ ٹاٹ اوڑھے ہوئے تھے۔ وہ دُنیا کی حالت پر نوحہ کناں تھے۔ اُنہوں نے بے ایمانوں کو اُن کی بُری راہیں یاد دلائی اور اُنہیں توبہ کیلئے بلایا۔

دو گواہوں نے ﴿1260﴾ بارہ سو ساٹھ دن تک نبوت کی۔ ایک ہزار دو سو ساٹھ دن بیالیس ﴿42﴾ مہینے کا عرصہ ہے۔ جب بدی کا بازار گرم ہوگا تو یہ گواہ اتنے ہی عرصہ کیلئے نبوت کریں گے۔ مقدس شہر کو پامال کرنے والے لوگ اور خداوند کے نام پر کفر بکنے والوں کو توبہ کا موقع دیا جائے گا۔

اِن دو گواہوں کی پہچان اور شناخت کیا ہے؟ بائبل مقدس ہمیں یہ تو نہیں بتاتی کہ وہ کون ہیں۔ یہ بات ہم سے پوشیدہ ہے۔ آنے والا وقت ہی بتائے گا کہ وہ کون ہیں۔ مفسرین نے قیاس آرائی سے کام لیتے ہوئے اُن کی ممکنہ شناخت کی ہے۔ بعض کہتے ہیں کہ موسیٰ اور ایلیاہ زندہ ہو کر واپس آئیں گے۔ بعض کا یہ کہنا ہے کہ اِن دو گواہوں کو شریعت اور خوشخبری کے طور پر سمجھنا چاہئے۔ کچھ ایسے لوگ بھی ہیں جو یہ کہتے ہیں کہ یہ دو گواہ وہ لوگ ہیں جو ابھی تک اِس دُنیا میں پیدا ہی نہیں

ہوئے۔

عبارت کے اِس حصہ کو سمجھنے کے لئے اِن دو گواہوں کی شناخت اہم نہیں ہے۔4 آیت ہمیں بتاتی ہے کہ یہ دو گواہ زیتون کے دو درخت اور دو چراغدان ہیں جو خداوند کے حضور کھڑے رہتے ہیں یہ تصویر ہمیں زکریاہ 4 باب سے ملتی ہے۔رویا میں زکریا نبی نے سونے کے دو چراغدان دیکھے۔اِن چراغدانوں نے سونے کی دونلیوں کے ذریعہ سے زیتون کے اِن دو درختوں کو بے انتہا تیل مہیا کیا۔

کتابِ مقدس میں تیل روح القدس کے کام کو پیش کرتا ہے۔جو تصویر یوحنا رسول نے دیکھی اُس کے مطابق دو گواہوں کو اِس کام کو سرانجام دینے کے لئے خدا کے روح سے قوت ملے گی دُنیا کے لئے نور ہونے کے لئے اُنہیں خدا کے روح سے بہم رسانی ہوگی جو کہ خدا کے لئے چمکنے کے لئے انتہائی ضروری ہے۔

اُس قوت پر غور کریں جو خدا نے اِن دو گواہوں کو دی۔اُنہیں یہ اختیار دیا گیا تھا کہ وہ آسمان کو بند کردیں تاکہ بارش نہ برسے۔وہ پانی کو خون بنادیں۔وہ زمین پر جیسی آفت چاہیں لے آئیں۔اگر اُن کے دشمن اُنہیں کوئی نقصان پہنچانا چاہئیں تو وہ اُنہیں اُس آگ سے بھسم کر ڈالیں گے جو اُن کے منہ سے نکلتی تھی۔خدا نے خاص طور پر اُنہیں اِس اہم کام کے لئے قوت اور اختیار سے نوازہ تھا۔جب وہ اپنا نبوتی کام کر چکے گے تو اتھاہ گڑھے سے ایک حیوان نکل کر اُن پر حملہ آور ہوگا۔جب تک خداوند کی طرف سے سونپا گیا کام ختم نہ کرلیا گیا۔دشمن کو اُن پر کوئی اختیار نہیں تھا۔ہم جو خداوند کیلئے خدمت گزاری کا کام کررہے ہیں، ہمارے لئے یہ بڑی حوصلہ افزائی کی بات ہے۔دونوں گواہوں کی لاشیں بڑے شہر میں پڑی رہیں گی۔

تمثیلی طور پر اِس شہر کا نام سدوم اور مصر کہلاتا ہے۔کلام کا یہ حصہ ہمیں بتاتا ہے کہ یہی وہ شہر ہے جہاں اُن کے خداوند کو مصلوب کیا گیا تھا۔سدوم اور مصر اپنی بدکاری کی وجہ سے مشہور

ہیں۔ابرہام کے دنوں میں، سدوم کو اُس کی بدکاری کی وجہ سے تباہ و برباد کر دیا گیا۔جبکہ مصر خدا کے لوگوں کے لئے غلامی اور جوئے کی سرزمین تھی۔ جب بنی اسرائیل کو پہلی دفعہ جوئے اور غلامی سے رہائی ملی تو یہ مصری تھے جنہوں نے اُن کو تباہ و برباد کرنے کے لئے اُن کا تعاقب کیا۔سدوم اور مصر گناہ کے شہروں کو پیش کرتے ہیں۔وہ جگہ جہاں پر خداوند کو مصلوب کیا گیا تھا۔

دراصل وہ شہر یروشلیم تھا۔لیکن یہاں پر اُسے سدوم اور مصر کہا گیا ہے کیوں کہ اُن کے درمیان گناہ موجود ہے۔دو گواہوں کی لاشیں ساڑھے تین دن تک بڑے شہر میں پڑی رہیں گی۔لوگ اِن نبیوں کی لاشوں کو غور سے دیکھیں گے۔اُن کی تدفین نہیں ہوگی۔اُن کے مرنے پر بڑی خوشی منائی جائے گی۔اُن دو گواہوں کے مرنے پر خواتین و حضرات ایک دوسرے کو تحائف بھیجیں گے۔

دُنیا اُن گواہوں سے نفرت کرتی تھی کیوں کہ اُنہوں نے اُنہیں ستایا تھا۔اُن کے درمیان خدا کی حضوری کے سبب وہ بڑی تکلیف میں تھے۔اِن گواہوں کے پاس قدرت اور اختیار تھا کہ وہ آسمانوں کو بند کر دیں اور زمین پر آفات لائیں۔اُنہوں نے مرد و زن کو اُن کے گناہوں پر قائل کرنے کے لئے ایسا کیا تھا۔لیکن اُنہوں نے اُن کی باتوں پر کان نہ دھرا۔اِس کے برعکس خدا کی طرف سے دی گئی قدرت کو نفرت کی نگاہ سے دیکھا گیا۔جب اُنہوں نے وفات پائی تو بے ایمان اور غیر ایمانداروں نے جشن منایا۔ساڑھے تین دن کے بعد، خدا نے دوبارہ سے اِن دو گواہوں کے مردہ بدنوں میں زندگی کا دم پھونکا۔وہ اپنے پاؤں پر اُٹھ کھڑے ہوئے، اُنہیں دیکھنے والوں پر دہشت چھا گئی۔ جب دُنیا زندہ ہو جانے والے گواہوں کو بڑی ہیبت کے ساتھ دیکھ رہی تھی، دونوں گواہوں نے آسمان سے ایک آواز سنی جو اُنہیں اوپر بلا رہی تھی۔ دشمن کے دیکھتے دیکھتے، دونوں گواہ آسمان کی طرف صعود کر گئے۔جب دونوں گواہ آسمان پر چڑھ گئے تو زمین پر ایک بھونچال آیا اور شہر کا دسواں حصہ گر گیا۔اور اِس بھونچال سے سات ہزار آدمی مر

گئیے۔ باقی زندہ بچ جانے والوں نے خدا کی قدرت کی عظمت کو دیکھ کر اُس کے نام کو جلال دیا۔ اِن گواہوں نے جیتے جی خداوند کے لئے ایسا اور اتنا بڑا کام نہیں کیا تھا جس قدر اُنہوں نے اپنی موت سے سرانجام دیا۔ اِن باتوں کے واقع ہونے کے بعد، یوحنا رسول نے ایک فرشتے کو پکارتے ہوئے سنا، ''دوسرا افسوس ہو چکا، دیکھو تیسرا افسوس جلد ہونے والا ہے۔''﴿مکاشفہ 14﴾ ہمیں اِس بات کو سمجھنے کیلئے مکاشفہ 8:13 کی طرف توجہ کرنا ہوگی۔ یہاں پر فرشتہ﴿عقاب﴾ نے زمین کو آخری تین نرسنگوں کے پھونکے جانے کے تعلق سے خبر دار کیا۔ یہاں 11 باب میں ہم تین میں سے دو نرسنگوں کے پھونکے جانے کے بارے میں پڑھتے ہیں۔ تیسرا اور آخری نرسنگا پھونکا جانے کو ہے۔

اِس حصے سے ہم کیا سمجھتے ہیں؟ مکاشفہ کی کتاب کی تفسیر کرتے ہوئے سب سے بڑی آزمائش ہر ایک کردار اور واقعہ کی شناخت کرتے ہوئے قیاس آرائی سے کام لینا ہے۔ یہ جاننا کس قدر اچھی بات ہوگی کہ یہ دو گواہ کون ہیں۔ فی الحال تو ہم اُن کے بارے میں وہی کچھ جانتے ہیں جو کچھ اِس باب میں ہمارے لئے لکھا ہوا ہے۔ خدا نے ہم سے اُن کی پہچان کے اشارات ہمیں نہیں بتائے۔ ہمارے لئے یہ سمجھنا اہم ہے کہ اخیر زمانہ میں روئے زمین پر جب خدا کی عدالت بہت سخت اور شدید ہوگی۔ وہ پھر بھی گناہ گاروں کو توبہ کے لئے بلاتا رہے گا۔ خدا گناہ گاروں کو توبہ کے لئے ہر ممکن ایک موقع فراہم کرے گا۔ 144000 اور دونوں گواہ بنی نوع انسان کے لئے اُس کے صبر و تحمل کی یاد تازہ کرتے ہیں۔ جب آخری عدالت ہوگی تو پھر گناہ گاروں کے احساس جرم کے تعلق سے کوئی سوال نہیں ہوگا۔ جہاں تک خدا کے لوگوں کی بات ہے تو اِن کا شمار ایسے ہو چکا ہے جیسے کوئی چرواہا اپنی بھیڑوں کو گنتا ہے۔ خداوند اِن کے اردگرد ہونے والی ہولناک ایذاء رسانی سے اُن کو محفوظ رکھے گا۔ اچھا چرواہا اِس بات کا خیال رکھے گا کہ اُن میں سے ایک بھی گم نہ ہونے پائے۔

چند غور طلب باتیں

☆۔اِس باب کا آغاز مقدس شہر پر غیر ایمانداروں کے قابض ہونے اور خداوند کے نام پر کفر بکنے سے ہوتا ہے۔ جب کہ یہ دن بڑے کٹھن ہونگے ،تو خدا ہی اپنے لوگوں کا حامی و ناصر ہوگا اور اُسی کا ہاتھ اپنے لوگوں کو سنبھالے گا۔اِس سے آپ کی کیسی حوصلہ افزائی ہوتی ہے؟

☆۔اسِ باب میں موجود دو گواہوں کو ایک زبردست قوت دی گئی ،تو بھی خدا کے مقصد اور ارادہ کو سرانجام دینے کے بعد وہ مر جاتے ہیں جو خدا نے اُنہیں کرنے کے لئے سونپا تھا۔خداوند کی خدمت کیلئے اِس سے آپ کو کیا یقین دہانی ملتی ہے؟

☆۔دونوں گواہوں کی زبردست قوت اور طاقت کے باوجود لوگ اُنہیں رد کر دیتے ،حتیٰ کہ ہلاک کر دیتے ہیں،اِس سے ہمیں غیر ایمانداورں کی سخت دلی کے بارے میں کیا سیکھنے کو ملتا ہے؟

☆۔کیا خدا لوگوں پر اِس بات کیلئے دباؤ ڈالتا ہے کہ وہ اُسے قبول کریں؟

☆۔گناہ گاروں کے تعلق سے خدا کے صبر و تحمل کے بارے میں ہمیں یہاں پر سیکھنے کیلئے کیا ملتا ہے؟

چند ایک دُعائیہ نکات

☆۔خداوند سے آنے والی مشکلات اور سختیوں کو برداشت کرنے کے لئے فضل مانگیں۔

☆۔گناہ گاروں کے تعلق سے خداوند کے صبر و تحمل کے لئے خداوند کی شکر گزاری کریں۔

☆۔اِس بات کے لئے خداوند کی شکر گزاری کریں کہ آپ کی زندگی اُس کے ہاتھوں میں ہے۔اور وہ آپ کو آپ کی طاقت سے زیادہ آزمائش میں نہیں پڑنے دے گا۔

باب 17

ساتویں نرسنگے کا پھونکا جانا

مکاشفہ 19-11:15 کا مطالعہ کریں

جونہی ساتواں نرسنگا پھونکا گیا۔ آسمان پر پرستش اور ستائش اور تعریف وتمجید کی صدائیں بلند ہونا شروع ہوگئی۔ بے ایمان دُنیا پر خدا کی عدالت ظاہر ہونے والی تھی۔ جب نرسنگا پھونکا گیا تو یوحنا رسول نے آسمان پر آوازیں سنیں، ہمیں معلوم نہیں کہ یہ آوازیں کہاں سے آرہی تھیں۔ یوحنا رسول بیان کرتا ہے کہ وہ آوازیں بہت بلند تھیں۔ اُن آوازوں نے اِس بات کی یاد دہانی کرائی کہ دُنیا کی بادشاہی ہمارے خداوند کی ہوگی۔ کیا یہ دُنیا ابتدا ہی سے ہمارے خداوند کی ملکیت نہیں ہے؟ کیوں اُن آوازوں نے ہمیں بتایا کہ یہ اَب ہمارے خداوند کی بادشاہت بن گئی ہے؟ جب خدا نے کائنات کو تخلیق کیا، تو وہ لوگ جنہیں اُس نے تخلیق کیا تھا گناہ کی طرف بھٹک گئے۔ یسوع اُن کے گناہوں کی معافی کے لئے قربان ہوا۔

اپنی موت اور مردوں میں سے جی اُٹھنے کے باعث خداوند نے قانونی طور پر جو کچھ شیطان کی ملکیت ہو چکا تھا، واپس لے لیا۔ مسیح کی موت اور مردوں میں سے جی اُٹھنے کے باعث اب خدا کی بادشاہت پوری دُنیا میں پھیل رہی ہے۔ ہر روز مرد و زن اَب خداوند یسوع مسیح کی خداوندیت کے تابع ہورہے ہیں۔ ہمیں اِس بات کو سمجھنے کی ضرورت ہے کہ خدا کی بادشاہت بدی اور تاریکی کے درمیان بھی پھیل رہی ہے۔ ہمارے درمیان بدی کی قوتوں کی بادشاہت بھی بظاہر نظر آتی ہے۔ آخری نرسنگا پھونکے جانے کے ساتھ، دشمن کی ساری کاوشیں نیست کر دی جائیں گی۔ خداوند یسوع مسیح کی خداوندیت دُنیا پر ظاہر ہوجائے گی اور بدی کی قوتیں کچلی جائیں گی۔ آسمان سے آنی والی آوازوں نے دوسری بات جو سننے والوں کو یاد کرائی وہ یہ تھی کہ خداوند

ابدالآباد بادشاہی کرے گا۔ خداوند نے تو ہمیشہ ہی دُنیا پر بادشاہی کی ہے۔ تاریخِ انسانیت میں وہ ہمیشہ ہی قادرِ مطلق اور حاکمِ مطلق رہا ہے۔ یہ آوازیں ایسی کچھ بات نہیں کر رہیں تھیں۔ بلکہ یہ آوازیں تو مسیح کے جلالی اور قطعی دورِ حکومت کی بات کر رہی ہیں۔

اِس دورِ حکومت کا آغاز اُس وقت ہوگا جب شیطان اور بدی کی ساری قوتیں مغلوب ہو جائیں گی اور اُن پر مکمل فتح حاصل ہو جائے گی۔ پوری دُنیا پر پھر امن، شانتی اور خدا کا تسلط قائم ہو جائے گا۔ اِس بات پر غور کریں کہ یہ سلطنت ابدی سلطنت ہوگی جس کا آخر نہ ہوگا۔ راستبازی غالب رہے گی۔ کوئی چیز بھی مسیح کے دورِ سلطنت کو ختم نہ کر پائے گی۔ وہ دن کس قدر جلالی دن ہوگا جب یہ سب باتیں وقوع پذیر ہوں گی۔ ایسی دُنیا کا تصور کریں جس میں گناہ موجود نہیں ہوگا۔ وہ دن دور نہیں جب یہ سب باتیں حقیقت بن جائیں گی۔

ہم سمجھ سکتے ہیں کہ کیوں کہ آسمان پر ستائش و پرستش اور تعریف و تمجید کی صدائیں بلند ہونا شروع ہو گئیں۔ اُس دن کے بارے میں سوچتے ہوئے ہمیں بھی آسمانی کوائر کے ساتھ مل کر اپنے عظیم خداوند کی تعریف و تمجید کرنی چاہئے۔ جب چوبیس بزرگوں نے یہ آواز سنی تو اُنہوں نے منہ کے بل گر کر خداوند کو سجدہ کیا۔ اُنہوں نے خدا کی عظمت اور اُس کے جلالی کاموں کے سبب اُس کو سجدہ کیا۔ آئیں تفصیل کے ساتھ اِس پر غور کریں۔ بزرگوں نے خداوند یسوع مسیح کی عظمت اور بزرگی کے باعث اِس کو سجدہ کیا۔ خداوند یسوع مسیح کے تعلق سے اُن کی پرستش اور ستائش ہمیں جو کچھ بتاتی ہے اِس پر غور کریں۔ پہلی بات یہ کہ وہ خداوند ہے۔ بحیثیت خداوند وہ سب پر حاکمِ مطلق ہے۔ دوسری بات، وہ خالق اور ہر ایک چیز کو سنبھالنے اور اپنے اختیار میں رکھنے والا ہے۔ وہ زندگی کا سرچشمہ ہے۔ اُس نے بدی کی قوتوں اور موت پر فتح پائی ہے۔ آخری بات، وہ قادرِ مطلق ہے، اُس کے نزدیک کچھ بھی مشکل اور ناممکن نہیں ہے۔ آخری بات، وہ ازل سے ابد تک رہے گا۔ چوبیس بزرگ خدا ئی عظیم اور جلالی خدا کے آگے اُس کی پرستش اور ستائش میں منہ کر

بل گر پڑے۔ چوبیس بزرگوں نے خداوند یسوع مسیح کے جلالی کاموں کے سبب بھی اُس کی پرستش اور ستائش کی۔ 17 آیت ہمیں بتاتی ہے کہ اُس نے بہت بڑا اختیار پایا اور اپنی سلطنت کا آغاز کیا۔ اب وہ شیطان اور بدی کی قوتوں پر اپنی سلطنت کا دعویٰ کر رہا تھا۔ اِس نکتہ تک تو شیطان بڑا سرگرم تھا۔ لیکن اب اُس کے دن گنے جا چکے تھے۔ ساتویں نرسنگا پھونکے جانے پر، خداوند یسوع مسیح نے دشمن کے خلاف آخری حملہ کیا۔ قوموں کو غصہ آیا، اُنہوں نے کلیسیا پر اپنے غم و غصے کا اظہار کر دیا۔ اُنہوں نے فتح مندی کے ایام سے لطف اٹھایا تھا۔ اب اُن کا خاتمہ ہو چکا تھا۔ اب خدا کا پاک قہر و غضب اُن پر انڈیلا جانے کو تھا۔ اب عدالت کا وقت تھا۔

اب نہ صرف بدی کی قوتوں کی عدالت بلکہ یہ غالب آنے والوں کو اجر دینے کا بھی وقت تھا۔ خداوند کے خادم اپنی وفاداری کا صلہ پانے کیلئے اُس کے حضور کھڑے ہوں گے۔ یہ وہ لوگ ہو ں گے جو آخر تک وفادار رہے۔ اُنہوں نے اچھی کشتی لڑی ہوگی۔ اب یہ خداوند کے ساتھ مل کر فتح کا جشن منائیں گے کہ دشمن پورے طور پر مغلوب ہو چکا ہے۔ ایسی فتح کا جشن کبھی نہیں منایا گیا یہ کس قدر جلالی موقع ہوگا۔ جب یوحنا رسول نے چوبیس بزرگوں کو خداوند کے حضور سجدہ ریز ہو کر پرستش اور عبادت کرتے دیکھا، اس نے غور کیا کہ خدا کا مقدس آسمان پر اُس کے لئے کھل گیا، پاک ترین مقام کھل گیا اور رسول نے خدا کے عہد کے صندوق کو دیکھا۔ پرانے عہد کے وقتوں میں خدا خود کو اُس عہد کے صندوق کے سرپوش پر ظاہر کیا کرتا تھا۔ اب خدا خود کو دُنیا پر ظاہر کر رہا تھا۔ یوحنا رسول نے بجلیاں اور اولے دیکھے۔ پھر ایک بھونچال بھی آیا۔ گرجیں بھی آسمان پر سنائی دیں۔ وہ خدا جو خود کو عہد کے صندوق پر ظاہر کرتا تھا، وہ خدای عظیم اور قدوس خدا تھا۔ اُس کی حضوری سے خوف اور دبدبہ پیدا ہو جاتا تھا۔ اب وہ زمین پر پیش قدمی کرنے والا تھا۔

چند غور طلب باتیں

☆۔مکاشفہ کی کتاب کا یہ حصہ خدا کی الوہیت اور قدوسیت اور اُس کے عجیب کاموں کے پیشِ نظر ستائش اور شکر گزاری سے بھر دیتا ہے۔

☆۔آپ کے نزدیک خدا کون ہے؟ اُس نے آپ کے لئے کیا کیا ہے؟

☆۔اِس حوالہ میں چوبیس بزرگ کس بات کیلئے خداوند کو سجدہ کرتے ہیں؟ اُس نے ہمارے لئے جو کچھ کیا ہے اور جو کچھ خداوند ہے، مذکورہ حوالہ کی روشنی میں اپنے سوال کا جواب تحریر کریں۔

☆۔یہ حوالہ ہمیں بتاتا ہے کہ خدا کی بادشاہی ساتویں نرسنگے کے پھونکے جانے کے بعد پوری معموری کے ساتھ آئے گی۔اِس وقت خدا کی بادشاہی ہمارے درمیان موجود ہے تو بھی یہ پورے طور پر ابھی ظاہر نہیں ہوئی۔

☆۔اِس دُنیا میں خدا کی بادشاہی کی موجودگی کے کون سے شواہد پائے جاتے ہیں۔

چند ایک دُعائیہ نکات

☆۔جیسا کہ مذکورہ حوالہ میں بیان کیا گیا ہے، صفاتِ خداوندی پر غور وفکر کرنے کیلئے کچھ لمحات نکالیں۔جو کچھ خداوند ہے اور جو کچھ اُس نے کیا ہے اِس کے لئے خداوند کی شکر گزاری کریں۔

☆۔اُس کی بادشاہت کی فتح کی یقین دہانی کے لئے اُس کی شکر گزاری کریں۔

☆۔اِس زمین پر اُس کی بادشاہت کے جو شواہد پہلے سے موجود ہیں، اُن کے لئے خداوند کی شکر گزاری کریں۔

☆۔اِس بات کے لئے شکر گزاری کریں کہ وہ دن جلد آرہا ہے جب یہ بادشاہت پورے طور پر ظاہر ہو جائے گی۔

باب 18

عورت، بچہ اور اژدھا

مکاشفہ 12 باب پڑھیں

بائبل مقدس کی جلالی سچائیوں میں سے ایک سچائی یہ بھی ہے کہ ہم خداوند یسوع مسیح میں فاتح اور غالب ہیں۔ اِس دُنیا میں ہمیں بہت سی مشکلات اور مسائل کا سامنا کرنا پڑے گا۔ بہتوں کو مسیح کی خاطر دُکھوں سے گزرنا پڑے گا۔ چونکہ اِن مسائل کا سامنا ناگزیر ہیں اور اِن سے بچ نکلنے کا کوئی راستہ موجود نہیں۔ تاہم اُن کیلئے فتح یقینی ہے جو اُس پر توکل اور بھروسہ کرتے ہیں۔

ہمارا دشمن شکست خوردہ ہے۔ اگر چہ وہ ہماری مخالفت پر اترا ہوا ہے تو بھی اس کا خاتمہ قریب ہے۔ 12 باب میں یوحنا رسول ہمیں اُس دور میں لے جاتا ہے، اُس نے رویا میں ایک عورت دیکھی۔ رسول نے اُس عورت کے تعلق سے کئی ایک باتوں پر غور کیا۔ وہ آفتاب کو اوڑھے ہوئے چاند پر کھڑی تھی جبکہ اُس کے سر پر بارہ ستاروں کا بنا ہوا ایک تاج رکھا ہوا تھا۔ یوحنا نے یہ بھی دیکھا کہ وہ حاملہ تھی۔

پیدائش 12 باب میں ہم جو تصویر دیکھتے ہیں وہ پیدائش میں 10-37:9 دیکھی جانے والی تصویر سے بڑی حد تک ملتی جلتی ہے۔ رویا میں یوسف نے سورج، چاند اور ستاروں کو اپنے سامنے جھکتے ہوئے دیکھا۔ اُس نے یہ خواب اپنے بھائیوں اور باپ کو بتایا۔ یعقوب کو فوری طور پر خواب کی اہمیت سمجھ میں آ گئی۔ پیدائش 37:10 میں یعقوب کی تفسیر پر غور کریں۔

"اور اُس نے اُسے اپنے باپ اور بھائیوں دونوں کو بتایا۔ تب اُس کے باپ نے اُسے ڈانٹا اور کہا کہ یہ کیا خواب ہے جو تو نے دیکھا ہے؟ کیا میں اور تیری ماں اور تیرے بھائی سچ مچ تیرے آگے زمین پر جُھک کر تجھے سجدہ کریں گے؟"

یوسف کے خواب میں سورج، چاند اور ستارے بنی اسرائیل کو ظاہر کرتے ہیں۔امکانِ غالب ہے کہ سورج اوڑھے چاند پر کھڑی ہوئی عورت بنی اسرائیل ہے۔اِس عورت کا سورج اوڑھے چاند پر کھڑے ہونا ظاہر کرتا ہے کہ وہ ایک جلالی عورت ہے۔اُس کے تاج میں لگے بارہ ستارے بنی اسرائیل کے بارہ قبائل کو پیش کرتے ہیں۔

یوحنا رسول نے رویا میں ایک بڑا اژدھا بھی دیکھا۔یہ اژدھا سرخ رنگ کا اور حجم میں بہت بڑا تھا۔اُس کے سات سر اور اُس پر دس سینگ تھے۔اُس کے سر پر سات تاج رکھے ہوئے تھے۔اژدھے کی اِس تصویر سے ہمیں اِس اژدھے کے بارے میں کیا علم ہوتا ہے؟ وہ ایک طاقتور مخلوق ہے۔سینگ اُس کی قوت کو پیش کرتے ہیں۔کیا ممکن ہے کہ اُس کا سرخ رنگ جو خون سے مشابہہ ہے، اُس کو ایک خونخوار مخلوق کے طور پر پیش کرتا ہے؟ مکاشفہ 17:9-10 ایک قرمزی ﴿سرخ﴾ رنگ کے حیوان کا ذکر کرتا ہے جس کے سات سر اور دس سینگ ہیں۔اِس حوالہ میں ہمارے لئے سات سروں کی تفسیر وتشریح کو پیش کیا گیا ہے۔

''یہی موقع ہے اُس ذہن کا جس میں حکمت ہے۔وہ ساتوں سر سات پہاڑ ہیں۔جن پر وہ عورت بیٹھی ہوئی ہے۔اور وہ سات بادشاہ بھی ہیں۔پانچ تو ہو چکے ایک موجود ہے اور ایک ابھی آیا نہیں۔اور جب آئے گا تو ایک عرصہ تک اُس کا رہنا ضرور ہے۔''

مکاشفہ 12:9 میں ہمیں اِس اژدھے کی شناخت دی گئی ہے۔وہ ابلیس ہے۔یہاں پر ہمارے سامنے ابلیس کی جغرافیائی تصویر پیش کی گئی ہے۔وہ ایک طاقتور اژدھا ہے جو بعض سیاسی رہنماؤں پر اپنا اختیار رکھتا ہے۔﴿اُس کے سر اُن رہنماؤں کو پیش کرتے ہیں﴾ شیطان اُن مختلف سیاسی قوتوں کے ذریعہ ہی سے اپنی بغاوت اور قوت کا اظہار کرتا ہے۔اِن سروں کی وضاحت ہمارے لئے کھول کر بیان نہیں کی گئی۔بنی اسرائیل اور کلیسیا کی تاریخ گواہ ہے کہ شیطان نے خدا کے کام کو برباد کرنے کے لئے ہمیشہ سیاسی رہنماؤں کو استعمال کیا۔غور کریں کہ

اِس اژدھے کی دُم نے ایک تہائی ستارے زمین پر گرادیئے۔ بعض مفسرین کا یہ کہنا ہے کہ یہ گرائے گئے فرشتوں کی طرف اشارہ ہے۔ تاہم پہلے باب میں، سات ستارے سات کلیسیاؤں کو پیش کرتے ہیں۔ تاہم ممکن ہے کہ یہ گرائے گئے ستارے گرائے ہوئے فرشتے ہوں۔ جب شیطان نے خدا کے خلاف بغاوت کی تو وہ اکیلا نہیں تھا۔ آسمان پر اور بھی بہت سے فرشتگان تھے جنہوں نے خدا کے خلاف اِس بغاوت میں بھرپور حصہ لیا اور شیطان کے پیروکار ہوگئے۔ آج ہم اِن گرائے گئے فرشتوں کو بدروحیں، یا ناپاک روحیں کہتے ہیں۔ ستاروں کا گرایا جانا آسمان پر شیطان کے پیروکاروں کی بغاوت اور اِس بات کو پیش کرتا ہے کہ وہ کیسے گرائے گئے۔

اژدھا اور اُس کے فرشتگان اپنے ذہن میں ایک خاص مقصد رکھتے ہیں۔ وہ عورت کے سامنے کھڑا ہوگیا جو کہ اسرائیل کو پیش کرتی ہے۔ وہ عورت ایک بچے کو جنم دینے والی تھی۔ وہ اِس بچے کو ختم کرنا چاہتا تھا۔

یہ عورت جس بچے کو جنم دینے والی تھی، وہ کون تھا؟ متن سے ہمیں معلوم ہوتا ہے کہ اُس بچے نے لوہے کے عصا سے قوموں پر حکومت کرنا تھی۔ بالکل ایسے ہی جیسے مسیح نے حکومت کی تھی۔ عین ممکن ہے کہ جس بچے کا یہاں پر ذکر کیا گیا ہے وہ خداوند یسوع مسیح ہے۔ مکاشفہ 2:27 بیان کرتا ہے کہ غالب آنے والے بھی مسیح کی طرح لوہے کے عصا سے حکومت کریں گے۔

جب خداوند یسوع مسیح ایک بچے کے طور پر پیدا ہوئے تھے۔ شیطان نے ہیرودیس بادشاہ کو اُبھارا کہ وہ اِس بچے کو ہلاک کرنے کی کوشش کرے۔ کیا ممکن ہے کہ ہیرودیس اِن سروں میں سے ایک ہو جن کا یہاں پر ذکر کیا گیا ہے؟

شیطان جو کہ پرانا سانپ ہے ہمارے خداوند یسوع مسیح کو ہلاک کرنے میں کامیاب نہ ہوا۔ تاہم وہ پیلاطیس نامی ایک سیاسی رہنما کو استعمال کرنے میں کامیاب ہوگیا تاکہ وہ اُسے مصلوب کرنے کے لئے اُن کے حوالہ کرے۔ یسوع نے شکست نہیں کھائی۔ وہ مُردوں میں سے زندہ ہو

گیا۔ مکاشفہ 12:5 ہمیں بتاتا ہے کہ اُس بچے کو خدا اور اُس کے تخت تک پہنچا دیا گیا۔ اِس سے بچے کی شناخت ہوتی ہے۔ صرف مسیح خدا کے تخت پر بیٹھ سکتا ہے۔

ہمارا خداوند مردوں میں سے زندہ ہو کر اب آسمانی تخت پر سرفراز ہے۔ اژدھا اُس بچے کو ہلاک کرنے کی کوشش میں کامیاب و کامران نہ ہوسکا خداوند یسوع مسیح کے آسمان پر صعود فرما جانے کے بعد اژدھا نے اپنی توجہ عورت کی طرف مرکوز کی۔ غور کریں کہ اِس سے پہلے کہ وہ اُسے ہلاک کر دیتا، اُس عورت کو بیابان میں پہنچا دیا گیا جہاں 1269 دن تک اُس کی حفاظت ہوتی رہی، یوں لگتا ہے کہ یہ سب کچھ اِن واقعات کی دہرائی ہے جو 11 باب میں واقع ہوئے تھے۔ ہم پہلے ہی دیکھ چکے ہیں کہ خدا کے لوگوں کی پیمائش ہوئی اور تحفظ اور نگہبانی کے پیش نظر وہ بیالیس ماہ ﴿1260 دن تک﴾ مقدس تک محدود تھے۔

جب اُس عورت کی حفاظت ہو رہی تھی، یوحنا رسول نے آسمان پر ایک بڑی جنگ ہوتی ہوئی دیکھی، آسمان کے فرشتے شیطان اور اُس کی بدروحوں سے لڑے۔ شیطان غالب نہ آسکا اور اُسے آسمان سے زمین پر پھینک دیا گیا۔ آسمان پر بڑی خوشی اور شادمانی کا سماں تھا۔ شیطان کے زمین پر آگرنے کے سبب زمین بڑی مشکلات، دُکھوں اور مصائب میں مبتلا ہوگی۔

10 آیت میں شیطان کو بھائیوں پر الزام لگانے والے کے طور پر پیش کیا گیا ہے۔ وہ خدا کے حضور دن رات اُن پر الزام لگاتا رہتا ہے۔ ہمیں اُمید کا دامن ہاتھ سے چھوڑنے کی ضرورت نہیں ہے۔ وہ آسمان پر غالب آیا ہے اور وہ زمین پر بھی غالب ہے۔ غور کریں کہ یہ کیسے ممکن ہے۔ وہ برّے کے خون کے سبب غالب آیا ہے۔ ﴿11 آیت﴾

یسوع کا خون ابلیس کو بے اختیار کر دیتا ہے۔ خواہ وہ دن رات آپ پر الزام تراشی کرتا رہے، اِس سے کچھ فرق نہیں پڑتا بشرطیکہ آپ یسوع کے خون سے دُھلے اور اُس میں چھپے ہوئے ہوں۔ کوئی بھی گناہ جو ہم نے کبھی کیا تھا یسوع کے خون میں چھپ چکا ہے۔ مسیح میں کامل معافی اور بحالی

ہے۔شیطان ہم پر الزامات کی بوچھاڑ کرسکتا ہے۔لیکن ہمارے سارے گناہ معاف ہو چکے ہیں۔یہ بڑی شادمانی اورنہایت خوشی کی بات ہے۔خداوند کے لئے ہماری وفاداری بھی شیطان کی شکست کا سبب بنتی ہے۔پرانے مقدسین نے موت کی حد تک وفاداری کا مظاہرہ کیا اور پیچھے نہ ہٹے۔یہ انتہائی اہم ہے کہ ہم یسوع کے خون میں چھپے رہیں۔اِس سے ہمیں اپنی من مانی کرنے کا کوئی جواز نہیں ملتا۔ہمیں ایمان کی زندگی بسر کرنا ہوگی اِس کے لئے بڑی جانفشانی کرنا ہوگی۔مکاشفہ 12 باب میں جن غالب آنے والوں کا ذکر کیا گیا ہے۔اُنہیں مسیح کی خاطر اپنی جان سے ہاتھ دھونے پڑے۔سچائی پر قائم رہنے کے سبب وہ شیطان پر غالب آئے۔

شیطان کوزمین پر پھینک دیا گیا۔وہ مسیح کوجو ابھی بچہ تھا مارنے میں کامیاب نہ ہوا،شیطان کوزمین پر پھینک دیا گیا۔آسمان پر خدا کے خلاف بغاوت کے منصوبہ سازی میں بھی وہ ناکامی سے دوچار ہوا۔اِس باب میں یہ وعدہ کیا گیا ہے کہ وہ کلیسیا کے خلاف ہتھکنڈوں میں بھی کامیابی سے ہمکنار نہیں ہوگا۔ہم سچائی پر قائم رہ کراور یسوع کے خون کے وسیلہ سے اُس پر غالب آسکتے ہیں۔خدا کے کام کو برباد کرنے کے لئے وہ اپنی لاحاصل کاوشوں میں کس قدر مایوس اور بے دل ہو جائے گا۔

تاہم مسیح کے کام کو برباد کرنے میں اگرچہ وہ ناکام تو ہوگا،تو بھی وہ بے دل نہیں ہوگا۔یہ جانتے ہوئے کہ اُس کا وقت بہت کم ہے،وہ اپنی کوششوں کوترک نہیں کرے گا بلکہ اپنی کوششیں تیز کر دے گا۔وہ خدا کے کام کو ہرممکن نقصان پہنچانے میں اپنے ہاتھ ڈھیلے نہیں ہونے دے گا۔

اژدھا عورت پرحملہ آور ہوا۔ہم یہ پہلے ہی دیکھ چکے ہیں کہ عورت اسرائیل کوظاہر کرتی ہے۔وہ کلیسیا کی عکاسی بھی کرتی ہے۔14ویں آیت سے 16 آیت میں مندرج تعلیم کو دہراتی ہوئی معلوم ہوتی ہے۔عورت کو پرّ دیئے گئے تاکہ وہ اوڑھ کر بیابان میں چلی جائے جہاں خدا نے اُس کے لئے جگہ تیار کی تھی۔تاکہ وہاں پر ایک ہزار دوسوساٹھ دن تک اُس کی پرورش کی جائے۔بعض

مفسرین اِس عرصہ کو ایک علامتی سال کے طور پر دیکھتے ہیں۔اِس سے مراد ڈیڑھ سال یا امکان غالب ہے کہ دو سال کا عرصہ ہے۔ساڑھے تین سال کا عرصہ بیالیس مہینوں یا1260 دن کو پیش کرتا ہے۔چھٹی آیت میں اس عرصہ کا ذکر کیا گیا ہے۔ہم یہ بھی دیکھ چکے ہیں کہ یہ وہی عرصہ ہے جس کا ذکر باب 11 میں کیا گیا ہے۔

ہمارے لئے یہ جاننا اہم ہے کہ جس دوران ابلیس کو کھولا جائے گا اور مشکل ترین حالات ہونگے، خداوند ہی اپنے لوگوں کا محافظ اور نگہبان ہوگا۔ایذاہ رسانی کا دور مختصر عرصہ کے لئے ہوگا۔15 آیت ہمیں بتاتی ہے کہ اژدھے نے اپنے منہ سے پانی کی ندی بہائی تاکہ اُس عورت کو نگل لے۔یہ پانی کیا ہے؟

بائبل مقدس تو ہمیں اِس کے بارے میں کچھ نہیں بتاتی تاہم یقین دہانی سے کہہ سکتے ہیں کہ اِس سے مراد اُس دور میں زمین پر موجود کلیسیا کے لئے آزمائشیں، مصائب، ایذاہ رسانی کا دور ہے۔یوحنا رسول کے دور میں کلیسیائیں شیطان کے منہ سے نکلنے والے پانی یعنی آزمائشوں، مصائب اور ایذاہ رسانی کے تجربہ سے گزر رہے تھے۔شیطان کی پوری توجہ کلیسیا کی بربادی پر مرکوز تھی۔اگر کلیسیا پر خدا کا محافظ اور نگہبان ہاتھ اُسے بچانے کے لئے اُس کے ساتھ نہ ہوتا تو کلیسیا اُس دور میں برباد ہو جاتی۔

تاہم شیطان کی کاوشیں شکستہ خاطر ہیں۔وہ پانی جو اُس نے اپنے منہ سے نکالا اُسے زمین نے پی لیا۔خدا کا ہاتھ اپنے لوگوں کو تحفظ بخش رہا تھا۔دوزخ اور عالمِ ارواح کے دروازے اُس کی کلیسیا پر غالب نہ آئیں گے۔جب اژدھا اپنی کاوشوں میں ناکام ہوا تو وہ عورت کی باقی اولاد سے لڑنے کو گیا۔اُس عورت کی اولاد کو ہمارے لئے 17ویں آیت میں بیان کیا گیا ہے، اِس سے مراد وہ لوگ ہیں جو خدا کے حکموں کی تابعداری کرتے اور مسیح کی گواہی پر قائم ہیں۔ہم ہی اُس عورت کی اولاد ہیں۔

یہاں شیطان کی لڑائی کلیسیا کے ساتھ ہے۔ وہ ایماندار جو اُس وقت زمین پر ہونگے اُن کے لئے وہ دن کس قدر مشکل ترین دن ہونگے۔ تاہم خدا اُن سے دستبردار نہیں ہوگا۔ خدا کا محافظ اور محبت بھرا ہاتھ اُن کی حفاظت کرے گا۔ جو مسیح کے ہیں ابلیس کا اُن پر کوئی اختیار نہ ہوگا۔ فتح ہماری ہے کیوں کہ یسوع کا خون ہی ہمارا محافظ اور نگہبان ہے۔

چند غور طلب باتیں

☆ ۔مذکورہ حوالہ میں وہ عورت کون ہے جس نے آفتاب کو اوڑھا ہوا ہے؟ اُس کے آفتاب سے ملبس ہونے کی حقیقت ہمیں اُس کے بارے میں کیا بتاتی ہے کہ خدا اُسے کیسے دیکھتا ہے؟

☆ ۔اژدھا کون ہے اور اِس کا مقصد کیا ہے؟

☆ ۔عورت کے ہاں جنم لینے والا بچہ کون ہے اور وہ کیسے غالب آتا ہے؟

☆ ۔جب اژدھا بچے کو شکست نہ دے سکا تو وہ عورت کی طرف متوجہ ہوا۔خدا کیسے اُس کی حفاظت کرتا ہے؟

☆ ۔عورت کی باقی اولاد کون ہیں اور اُن کے لئے خدا کا کیا وعدہ ہے؟

☆ ۔اِس حوالہ سے ہمیں کیا اعتماد حاصل ہوتا ہے؟

چند ایک دُعائیہ نکات

☆ ۔اِس بات کے لئے خداوند کی شکرگزاری کریں کہ وہ شخصی طور پر آپ کو دیکھتا اور آپ کو شکست دینے کے لئے ابلیس کی جو کاوشیں ہیں اُن سے آپ کو بچاتا ہے۔

☆ ۔خداوند کا شکر کریں کہ وہ ابلیس کی قدرت کو شکست دینے کے لئے قوی اور قادر خدا ہے۔خدا کے شکرگزار رہوں کہ وہی آپ کو شیطان کی ہر اُس کوشش پر فتح بخشے گا جو وہ شخصی طور پر آپ کو گرانے اور شکست دینے کے لئے کرتا ہے

باب 19

سمندر سے نکلنے والا حیوان

مکاشفہ 13:1-10 پڑھیں

مکاشفہ 13 باب میں جن جانداروں کا ذکر کیا گیا ہے اُن کی درست پہچان اور شناخت کے تعلق سے بہت زیادہ مباحثہ پایا جاتا ہے۔ گزشتہ باب میں یوحنا رسول نے ایک بہت بڑے سرخ رنگ کے اژدھے کا ذکر کیا جو ایک اسرائیلی عورت کے نومولود بچے کو مارنے پر کمر بستہ تھا۔ اژدھا شیطان کو پیش کرتا تھا، اُس کی ساری کاوشیں ناکام بنا دی گئیں۔

مکاشفہ 11 باب میں ہم نے دیکھا کہ کس طرح خدا نے دو گواہوں کو زمین پر بھیجا کہ وہ اُس کے نام کی گواہی دیں۔ اب شیطان نے اپنے دو حیوان بھیجے ہیں۔ 13 باب میں جن حیوانوں کا ذکر کیا گیا ہے وہ شیطان کے خادم ہیں۔ خدا کے کاموں کو برباد کرنے کے لئے وہ اُس کی کاوشوں میں اُس کے معاون ہیں۔ اِس سلسلہ میں اب ہم یہاں پر پہلے حیوان کے بارے میں کچھ تفصیل سے جاننے کی کوشش کریں گے۔

پہلا حیوان سمندر میں سے نکلا۔ اُس کے دس سینگ اور سات سر تھے جن پر دس تاج رکھے ہوئے تھے۔ غور کریں کہ تاج اژدھے کے سر پر نہیں بلکہ اُس کے سینگوں پر رکھے ہوئے تھے۔ اور ہر ایک سر پر کفر کا ایک نام کنندہ تھا۔ اِس بات کو سمجھنے کے لئے ہم مکاشفہ 17:9-12 کی طرف توجہ کرتے ہیں۔

"یہی موقع ہے اُس ذہن کا جس میں حکمت ہے۔ وہ ساتوں سر سات پہاڑ ہیں۔ جن پر عورت بیٹھی ہوئی ہے۔ اور سات بادشاہ بھی ہیں۔ پانچ تو ہو چکے ہیں اور ایک موجود ہے اور ایک ابھی آیا نہیں۔ اور جب آئے گا تو کچھ عرصہ تک اُس کا رہنا ضرور ہے۔ اور جو حیوان پہلے تھا۔ اور اب

نہیں وہ آٹھواں ہے اور اُن ساتوں میں سے پیدا ہوا اور ہلاکت میں پڑے گا۔"

درج بالا آیات سے ہم اِس بات کو سمجھتے ہیں کہ ہر ایک سینگ اور ہر ایک سر یا تو ایک بادشاہ کو یا پھر ایک سیاسی قوت کو پیش کرتا ہے۔ وہ حیوان جو سمندر سے نکلا اُس کے سات سر اور دس سینگ تھے۔ وہ بادشاہوں اور سیاسی قوتوں کے ایک سلسلہ کو پیش کرتا تھا۔ کچھ طاقتیں پہلے ہی آ کر جا چکی ہیں جبکہ کچھ سیاسی طاقتوں کو ابھی ظاہر ہونا ہے۔ یہ طاقتیں زورآور اور ظالم تھیں، یوحنا رسول بیان کرتا ہے کہ وہ حیوان چیتے کی مانند تھا۔ جس کے پاؤں ریچھ کی مانند اور منہ شیر جیسا تھا۔ یہاں جن جانوروں کا ذِکر کیا گیا ہے یہ سب جانوروں میں انتہائی خونخوار، ظالم ترین اور سُبک رفتار جانور ہیں۔

غور کریں کہ حیوان کی قوت اور ظلم وستم کا منبع اژدھا تھا۔ اِن سیاسی رہنماؤں اور حکمرانوں پر شیطان کا تسلط تھا۔ اِس سے ہمیں اِس بات کی یاددہانی ہوتی ہے کہ ہمارا دشمن کس قدر طاقتور ہے۔ حتیٰ کہ وہ برسرِ اقتدار مرد و زن پر بھی اپنی دھاک جماتے ہوئے اُن پر اثر انداز ہو سکتا ہے۔ تاکہ وہ اُس کے آلہ کار بن جائیں۔ ہم مردِ خدا موسیٰ کے ایام میں ملک مصر میں یہ سب کچھ ہوتا ہوا دیکھتے ہیں۔ جب شیطان نے فرعون کے دل میں یہ بات ڈال دی کہ وہ اسرائیل کے لڑکوں کو قتل کر ڈالے۔ مسیح کے دور میں شیطان نے ہیرودیس پر اپنا تسلط جمالیا تاکہ وہ لڑکوں کو قتل کرے۔ تاریخ گواہ ہے کہ خدا کے لوگوں کو اِس لئے اپنی جانوں سے ہاتھ دھونے پڑے کیوں کہ شیطان نے سیاسی قوتوں میں اِس مقصد کے لئے اُن میں اثر پیدا کیا۔

غور کریں کہ حیوان کے سروں میں سے ایک سر پر زخم کاری لگا ہوا تھا۔ اور وہ زخم کاری اچھا ہو گیا۔ ﴿آیت 3﴾ مفسرین میں اِس آیت کی تفسیر پر اختلافِ رائے پایا جاتا ہے۔ ہمارا مقصد یہاں پر اُس سر کی درست پہچان کے بارے میں قیاس آرائی کرنا نہیں ہے۔ ایک بات تو بالکل واضح ہے کہ یہ سر کسی بادشاہ یا سیاسی قوت کو پیش کرتا ہے جو تقریباً اپنا اختیار و اقتدار کھو چکی تھی لیکن

اُسے پہلے کی طرح دوبارہ سے اختیار اور قوت مل گئی۔

آیت 3 بتاتی ہے کہ ساری دُنیا اُس حیوان کے پیچھے چلی، یہاں پر ہم ایک بار پھر شیطان کے زبردست اثر کو دیکھتے ہیں۔ وہ دُنیا کو گمراہ کرنے میں کامیاب ہو جاتا ہے۔ مرد و زن پوری طرح دشمن کے فریب کے جال میں پھنس جاتے ہیں۔ وہ حیوان کو ایسی طاقت ملنے کی وجہ سے اژدھے کی عبادت اور پرستش کرتے ہیں۔ وہ اِس لئے حیوان کی پرستش کرتے ہیں کیوں کہ اُنہیں اِس جیسا کوئی نظر ہی نہیں آیا۔ وہ اپنے آپ کو بڑا محفوظ خیال کرتے ہیں، اُن کا خیال ہے کہ کوئی ایسی بڑی طاقت سے لڑکر کامیاب نہیں ہوسکتا۔

اِس حیوان کو خدا کے خلاف کفر بکنے کے لئے ایک منہ دیا گیا۔ بلا شبہ یہ منہ اُسے اژدھے یعنی شیطان ہی نے دیا تھا۔ بعض ممالک میں ہم دیکھتے ہیں کہ بہت سے لوگ خدا سے دُور ہوتے چلے جا رہے ہیں۔ میرے اپنے ملک کینیڈا میں ہر اس چیز کو سکولوں، کاروباری مراکز اور حکومتی سطح سے ختم کیا جا رہا ہے جو خدا سے متعلق ہے۔ ہم دیکھ سکتے ہیں کہ دشمن پہلے ہی سے اپنے کام میں مشغول اور مصروف ہے۔

اُس حیوان کو بیالیس مہینوں تک اپنے اختیار کو استعمال کرنے کی قوت دی گئی۔ اُس نے مکاشفہ 11 باب میں مندرج خدا کے دو گواہوں کی طرح بیالیس ماہ تک ہی اختیار کو استعمال کیا۔ یعنی جتنے ماہ خدا کے گواہ منادی کرتے رہے۔ مکاشفہ 12 باب میں اُتنے ہی عرصہ تک عورت کی پرانے سانپ یعنی اژدھے سے حفاظت ہوتی رہی۔ یہاں پر سیکھنے والی بات یہی ہے کہ حیوان کا اختیار اور قوت محدود ہے۔ خدا کبھی بھی اُس کی تاثیر کو ہمیشہ کام نہیں کرنے دے گا۔ اُس کے پاس کام کرنے کے لئے بہت تھوڑا وقت باقی ہے۔

اِن ساڑھے تین سالوں میں ﴿ بیالیس ہفتے ﴾ حیوان نے خدا کے نام پر کفر بکا۔ اُس نے خدا کے نام، اُس کے خیمہ اور آسمان پر رہنے والے ان مقدسین کے خلاف کفر بکے جو اس کے ساتھ

سکونت کرتے ہیں۔ خدا کی کاموں کے خلاف بڑی آسانی سے حیوان کی تلخی اور کڑواہٹ کو محسوس کیا جا سکتا ہے۔ خدا کے خلاف وہ بے انتہا نفرت سے بھرا ہوا ہے۔

غور کریں کہ اُسے مقدسین کے خلاف لڑنے اور اُن پر غالب آنے کا اختیار دیا گیا۔ وہ ہر ایک قوم، قبیلہ، ہر ایک زبان اور ہر ایک قوم سے لڑے گا۔ بہت سے لوگ اُس کی قدرت اور قوت کے سبب سے اُس کے دام میں پھنس جائیں گے۔

بلاشبہ ایسے لوگ بھی ہوں گے جو اُس کا مقابلہ کریں گے۔ خدا کے ایسے لوگ موجود ہیں جو اُس کے سامنے گھٹنے نہیں ٹیکیں گے۔ جن کے نام کتابِ حیات میں لکھے ہوئے ہیں، کامیابی سے اُس کا آخر تک مقابلہ کریں گے۔ اُس دور میں ایمانداروں کو دُکھ اٹھانے کیلئے بلایا جائے گا۔ خدا نے حیوان کو نہیں روکا کہ وہ اُس کے فرزندوں کو قتل نہ کرے۔ بعض اسیری میں جائیں گے۔ بعض تلوار سے قتل ہوں گے۔ خدا انہیں آخر تک وفادار رہنے کے لئے بلاتا ہے۔ وہ اپنے لوگوں کو اِس لئے بلاتا ہے کہ وہ جان دینے تک وفادار رہیں۔

وہ جو اُس وقت تک زمین پر ہوں گے اُنہیں بڑی ایذا رسانی کا سامنا کرنا پڑے گا۔ خدا نے کوئی ایسا وعدہ نہیں کیا کہ اخیر زمانہ میں ہمارے لئے حالات اور واقعات بڑے آسان و سہل ہوں گے۔ ہمیں معلوم نہیں کہ یہ دور کب شروع ہوگا۔ مقدس لوقا کی معرفت خداوند کے لئے ہمیں کسی بھی فیصلہ کی قیمت کا بھی اندازہ ہونا چاہئے۔ ﴿لوقا 14:28﴾ کیا آپ اُس کی پیروی کریں گے، حتیٰ کہ اگر آپ کو اُس کے لئے مرنا بھی پڑے؟ خداوند ہمیں توفیق دے کہ ہم بطور اُس کے خادم اُس کے بلاوئے کی اہمیت کو بڑی سنجیدگی سے لے سکیں۔ خدا نہ کرے کہ ہم پیچھے ہٹ کر ہلاک ہونے والوں میں سے ہوں، بلکہ خداوند ہمیں توفیق دے کہ ہم ایمان میں قائم رہ کر نجات پانے والوں میں سے ہوں۔ ﴿عبرانیوں 10:39﴾

چند غور طلب باتیں

☆ ۔سمندر سے نکلنے والا حیوان کس چیز کو پیش کرتا ہے؟

☆ ۔سمندر سے نکلنے والے حیوان کی قوت کا منبع کون ہے؟

☆ ۔کیا ہمارے دور میں ایسے شواہد ملتے ہیں جن سے ظاہر ہو کہ سیاسی قوتوں پر ابلیس کا تسلط ہوتا ہے اور وہ تسلط اور اثر خدا کی بادشاہی پر بھی اثر انداز ہوتا ہے؟

☆ ۔ابلیس کے تسلط کے نیچے رہنے والی سیاسی قوتیں کس طور سے دُنیا پر اثر انداز ہوتی ہیں؟ اِس سے دُنیا کے لوگوں کے طرزِ فکر پر کیا اثر پڑتا ہے؟

☆ ۔سمندر سے نکلنے والے حیوان کی ابلیسی قوت اور تسلط کے تابع نہ ہونے کی صورت میں ایمانداروں کے ساتھ کیا واقع ہوتا ہے؟

☆ ۔سمندر سے نکلنے والے حیوان کی قوت محدود ہے، آپ کو اِس حقیقت سے کیا تسلی ملتی ہے؟ اِس سے ہمیں اپنے خدا کے بارے کیا علم ہوتا ہے؟

چند ایک دُعائیہ نکات

☆ ۔جو لوگ آپ پر اختیار رکھتے ہیں، کچھ لمحات اُن کے لئے دُعا کریں۔ خداوند سے کہیں کہ وہ اُنہیں شیطان کے بُرے اثر سے محفوظ رکھے۔

☆ ۔خداوند سے دُعا کریں کہ آپ کو آخر تک قائم اور مضبوط رہنے کی توفیق بخشے اور جب حالات کٹھن بھی ہوں تو آپ آزمائشوں سے بچے رہیں اور اُن میں گرنے نہ پائیں۔

☆ ۔اِس بات کے لئے خداوند کی شکر گزاری کریں کہ جب حالات ناخوشگوار اور مشکلات شدت اختیار کر جائیں گے، تب بھی سب کچھ خداوند کے اختیار میں ہوگا۔

☆ ۔خداوند کی شکر گزاری کریں کہ شیطان کا اختیار محدود ہے۔

باب 20

زمین سے نکلنے والا حیوان

مکاشفہ 13:11-18 پڑھیں

دو حیوانوں میں سے ایک حیوان زمین میں سے نکلا۔ پہلا حیوان سات سروں والا ایک دیو ہیکل حیوان تھا۔ تاہم یہ دوسرا حیوان ایک برّے سے مشابہت رکھتا تھا۔ چونکہ یہ ایک برّہ کے ساتھ مشابہت رکھتا تھا، اِس لئے اُس کے سر پر دو سینگ تھے۔ وہ اژدھے کے منہ کے ساتھ بولتا تھا۔ ہم پہلے ہی یہ دیکھ چکے ہیں کہ اژدھا شیطان تھا۔ شیطان نے دوسرے حیوان کے منہ میں بھی اپنا کلام ڈالا۔ متی 7:15 میں خداوند یسوع مسیح جو کچھ ہمیں بتاتے ہیں اُس پر غور کریں۔

"جھوٹے نبیوں سے خبردار رہو، وہ تمہارے پاس بھیڑوں کے بھیس میں آتے ہیں، مگر باطن میں پھاڑنے والے بھیڑیے ہیں۔"

مقدس پولس رسول کرنتھس کی کلیسیا کے نام لکھے گئے خط میں ہمیں بتا تا ہے کہ شیطان نورانی فرشتے کا روپ دھار لیتا ہے۔ ﴾2 کرنتھیوں 11:14﴿ یہاں پر دشمن کی درپردہ کاوش واضح طور پر دیکھی جا سکتی ہے۔ وہ کچھ پا لینے کی حسرت رکھتا ہے۔ دوسرا حیوان ایک معصوم برّے کی مانند دکھائی دیتا ہے، مگر اژدھے کے منہ سے کفر کی باتیں بکتا ہے۔

زمین سے اُس حیوان کو بہت زیادہ اختیار اور قدرت دی گئی تھی۔ اُس کے پاس بھی پہلے حیوان جیسا اختیار تھا۔ دوسرا حیوان پہلے حیوان کے تابع تھا اور اُس کی خدمت گزاری کرتا تھا۔ ہم پہلے ہی اِس بات کو دیکھ چکے ہیں کہ پہلے حیوان نے شیطان سے اختیار اور قدرت حاصل کی تھی۔ دونوں حیوان ہی شیطان کے آلہ کار تھے۔

دوسرا حیوان پورے طور پر پہلے حیوان کے تابع تھا۔ وہ اُس کی خدمت کرتا تھا اور پوری دُنیا کو اُس

کی عبادت کے لئے بلاتا تھا۔ اُس کا حلیہ کاہنوں جیسا تھا۔ اور وہ کاہنوں کی طرح خدمت کرتا ہوا نظر آتا تھا۔ اُسے بڑے بڑے نشان دکھانے کا اختیار دیا گیا تھا۔ وہ آسمان سے آگ نازل کر دیتا تھا۔ بہت سے لوگ اُس کی قدرت کے سبب گمراہ ہو گئے۔

بطور ایماندار ہمیں کس قدر محتاط ہونے کی ضرورت ہے؟ بہتوں کی طرح، ہم پر بھی اُن نشانات کو دیکھنے کی آزمائش آسکتی ہے تاکہ ہم بھی اِس مخالف مسیح کے فریب کے جال میں پھنس جائیں۔ ہمارا دشمن طاقت ور ہے۔ موسیٰ کے دنوں میں، فرعون کے دربار میں جادوگروں نے اُن نشانات کو دوبارہ سے کر دکھایا جو خدا نے اپنے بندہ موسیٰ کو دیئے تھے۔ جب موسیٰ نے اپنا عصا زمین پر ڈالا اور وہ سانپ بن گیا۔ تو جادوگروں نے بھی ایسا ہی کیا۔ ﴿خروج 7:11-12﴾
جب موسیٰ نے پانی کو خون بنا دیا تو جادوگروں نے بھی ایسا ہی کیا۔ ﴿خروج 7:20-23﴾
شیطان خدا کے لوگوں کو بھی گمراہ کرنے کیلئے اپنی قدرت کو استعمال کرے گا۔

قوت اور قدرت و اختیار کے اِس مظاہرے کے ساتھ، دوسرے حیوان نے زمین کے باشندوں کو بلایا تاکہ وہ پہلے حیوان کے بت کو سجدہ کریں۔ لوگوں کو اپنے فریب کے جال میں پھنسانے کی اِس کاوش میں اُس نے اپنے اختیار سے بت کو بولنے کی طاقت بخشی۔ اور جتنے لوگوں نے اُس حیوان کے بت کی پرستش نہ کی اُن کو قتل کر دیا گیا۔ بہت سے لوگ گر پڑیں گے اور اپنی جانوں کو بچانے کی خاطر اِس حیوان کے بت کی پرستش کریں گے۔ اِس دور میں، کون مسیح کی خاطر قائم رہ سکے گا؟ کون ہے جو دانی ایل کے دوستوں کی مانند ہو اور بت کو سجدہ کرنے سے انکار کر دے۔
﴿دانی ایل 3 باب﴾

وہ دَور آ رہا ہے جب مسیحیوں کو اپنے ایمان کی خاطر ایذا رسانی حتیٰ کہ موت بھی گوارہ کرنا پڑے گی۔ شیطان مسیح کے خلاف اپنے ہتھکنڈے استعمال کرے گا۔ ایمانداروں کو اُس دَور میں بڑی رکاوٹوں سے گزرنا پڑے گا۔ کلام کا یہ حصہ ہمیں بتاتا ہے کہ پہلے حیوان نے اپنے پیروکاروں کو

مجبور کیا کہ وہ اپنے ماتھے یا اپنے دہنے ہاتھ پر ایک چھاپ لیں تا کہ سب دیکھ سکیں۔ یہ چھاپ ملکیت کی علامت ہے۔ وہ جنہوں نے چھاپ لے لی وہ حیوان کی ملکیت ہو گئے اور اُس کی اطاعت قبول کر لی۔

وہی جنہوں نے حیوان کی چھاپ لی تھی خرید و فروخت کر سکتے تھے۔ جنہوں نے حیوان کی چھاپ نہ لی، اُن کے لئے خرید و فروخت کا کوئی موقع نہ تھا، ایسے لوگ مر جائیں گے۔ اُن دنوں ایمان داروں کے لئے یہ سوال ہوگا، ''کیا میں خداوند کی طرف اپنی پشت پھیر دوں اور اپنے خاندان کی کفالت کروں یا پھر جان دینے کی حد تک وفادار رہوں؟'' یہ بڑا مشکل دور ہوگا۔ یہی وہ دن ہونگے جب بھیڑوں کو بکریوں سے الگ کیا جائے گا۔ جو صرف زبانی کلامی مسیح کا اقرار کرتے ہیں۔

18 آیت ہمیں چیلنج دیتی ہے کہ حیوان کے عدد کا شمار کریں۔ اُس کا عدد 666 ہے۔ مفسرین شروع ہی سے اِس عدد کے معنی و مفہوم پر بحث کرتے چلے آئے ہیں۔

تاریخ کے مختلف کرداروں اور شخصیات کو اس کے ساتھ جوڑنے کی کوشش کی گئی، لیکن بائبل مقدس واضح طور پر نہیں بتاتی کہ یہ حیوان کون اور کیسا ہوگا۔ آیت 18 بتاتی ہے کہ 666 کا عدد انسان کا عدد ہے۔ چھٹے دن خدا نے انسان کو پیدا کیا۔ چھ کا عدد انسان کو پیش کرتا ہے۔ سات کا عدد کاملیت کو پیش کرتا ہے اور اگر اِس کے وسیع معنی و مفہوم میں جائیں تو یہ عدد خدا کو پیش کرتا ہے۔ انسان اشرف الخلوقات ہونے کے وجہ سے خدا سے کچھ ہی کم تر ہے۔ چھ کا عدد تین بار کیوں دہرایا گیا ہے؟ کیا اِس لئے کہ یہ خدائے ثالوث ﴿خدا باپ، خدا بیٹا اور خدا روح القدس﴾ کے خلاف اُس کے کفر کو پیش کرتا ہے؟

بائبل مقدس کی تفسیر کرنے کا بہترین اصول یہی ہے کہ کلام کی تفسیر کلام کی روشنی میں کی جائے۔ کیوں کہ بائبل مقدس اپنی تفسیر خود کرتی ہے۔ تاہم کچھ ایسے واقعات اور مثالیں بھی ہیں

جن پر بائبل مقدس مزید روشنی نہیں ڈالتی۔ جہاں بائبل مقدس خاموش ہے، ہمیں بھی خاموش ہو جانے کی ضرورت ہے۔ ہم ممکنہ معنی و مفہوم تک قیاس آرائی سے کام لے سکتے ہیں، لیکن ہماری قیاس آرائی قیاس آرائی ہی رہے۔

کلام کے اِس حصہ سے یہ بات بالکل واضح ہو جاتی ہے کہ وہ دوَر آ رہا ہے جب شیطان خدا کی کلیسیا پر دباؤ ڈالے گا۔ ایمانداروں کے لئے مشکل وقت آ رہا ہے۔ ہمیں اپنے آپ سے یہ سوال پوچھنے کی ضرورت ہے۔ کیا میں خداوند یسوع مسیح سے اتنا وفادار ہوں کہ اُس دن دشمن کا مقابلہ کر سکوں؟ کیا اُس دن میں بھی اُن لوگوں میں سے ہوں گا جو حیوان کی چھاپ لینے سے انکار کرتے ہوئے اپنے مسیح کی خاطر مرنے کو ترجیح دیں گے؟

مکاشفہ کی کتاب ہمیں یاد دلاتی ہے کہ جس دن خدا شیطان کی آخری عدالت کرے گا، اُس دن حالات بد سے بدتر ہوتے چلے جائیں گے۔ خداوند ہمیں اُس دوَر میں قائم اور ایمان میں مضبوط رہنے کا فضل بخشے۔ آمین

چند غور طلب باتیں

☆۔زمین میں سے نکلنے والا حیوان کس چیز سے مشابہ ہے؟ اس سے ہمیں شیطان کی فریب دہی کے بارے میں کیا پتہ چلتا ہے؟

☆۔زمین سے نکلنے والے حیوان کی قوت اور کلام کا منبع کون سا ہے؟

☆۔سمندر سے نکلنے والے حیوان اور زمین سے نکلنے والے حیوان میں کیا تعلق پایا جاتا ہے؟

☆۔جو لوگ حیوان کی چھاپ نہیں لیں گے یا اُس کے بت کی پرستش نہیں کریں گے، اُن کے ساتھ کیسا سلوک ہوگا؟

☆۔666 کا عدد کس کو پیش کرتا ہے؟

☆۔کیا آپ سمجھتے ہیں کہ اُس دَور میں ﴿جس کا ذکر اِس باب میں کیا گیا ہے﴾، خداوند خدا میں قائم، وفادار اور ثابت قدم رہنے کی طاقت آپ کے پاس ہے؟

چند دُعائیہ نکات

☆۔خدا سے درخواست کریں کہ وہ آپ کو اُسے اور اُس کے مقصد کو جاننے کے لئے بڑی حکمت اور امتیاز کی روح بخشے۔

☆۔کچھ لمحات کے لئے اُن لوگوں کے لئے دُعا کریں جو ایسی کلیسیاؤں کا حصہ ہیں جو سچائی کی منادی نہیں کر رہیں۔ خداوند سے منت کریں کہ وہ اُن کی آنکھیں کھول دے تاکہ وہ سچائی کو پہچان سکیں، اِس سے پہلے کہ بہت دیر ہو چکی ہو۔

☆۔خداوند سے اپنے پاسبانوں اور رہنماؤں کیلئے شفاعت کریں کہ وہ شیطان کے بہکاوے میں نہ آئیں بلکہ بہت سے گمراہ لوگوں کو خداوند کے پاس لا سکیں۔

باب 21

ایک لاکھ چوالیس ہزار کی کوائر

مکاشفہ 5-1:14 پڑھیں

زمین پر بے انتہا ایذاہ رسانی کا دَور آیا۔ دونوں حیوان دُنیا میں کھلبلی اور خوف و ہراس پیدا کرتے رہے۔ بہت سی جانیں ضائع ہوگئیں۔ حیوان کی چھاپ نہ لینے والوں کو بڑے دُکھ میں سے گزرنا پڑا۔ دونوں حیوانوں نے زمین پر بڑی قوت اور قدرت کا مظاہرہ کیا۔ اپنے نشانات اور عجائب کے وسیلہ سے وہ بہتوں کو اپنے فریب کے جال میں پھنسانے میں کامیاب ہوگئے۔

رویا میں یوحنا رسول نے ایک برّہ کو صیون پر کھڑے دیکھا، اُس برّے کو اُس حیوان کے ساتھ گڈمڈ نہ کیا جائے جو برّے کی مانند دکھائی دیتا ہے۔ بلکہ یہ وہ برّہ ہے جو مکاشفہ 5 باب میں ہم نے دیکھا۔ جو طومار کی مہریں کھولنے کے لائق ہے۔ یہ خداوند یسوع مسیح ہے۔ برّہ کوہِ صیون پر کھڑا ہوا ہے۔ 144000 جن کے ساتھ برّہ کھڑا ہوا ہے، اُنہیں زمین پر سے اِس لئے چھڑایا اور مول لیا گیا تا کہ وہ اُس کی ملکیت ہوں اور اِسی لئے اب وہ آسمانی تخت کے سامنے برّہ کے ساتھ کھڑے ہوئے ہیں۔ اُن کی آزمائشوں اور مصائب کا دَور ختم ہو چکا ہے۔ اب وہ خداوند یسوع مسیح کے ساتھ کھڑے ہوئے ہیں۔

اِس بات پر غور کریں کہ کلام کا یہ حصہ ہمیں 144000 کے بارے میں کیا بتاتا ہے۔ اُن کے ماتھوں پر باپ کا نام لکھا ہوا ہے۔ جبکہ زمین کے رہنے والوں پر حیوان کی چھاپ ہے۔ 144000 نے حیوان کی چھاپ اپنے ماتھے پر لینے سے انکار کرتے ہوئے آسمانی باپ کے نام کو لینے کو ترجیح دی۔ 4 آیت سے ہم دیکھتے ہیں کہ 144000 نے اپنے آپ کو عورتوں کے ساتھ آلودہ نہیں کیا بلکہ اپنے آپ کو پاک رکھا۔ بعض مفسرین اِس بات کو اُس حقیقت کی

طرف اشارہ کے طور پر دیکھتے ہیں کہ اُن لوگوں نے اخلاقی طور پر اپنے آپ کو پاک رکھا اور خدا کے ساتھ وفادار رہے۔

144000 نے برّہ کی پیروی کی، جہاں کہیں بھی وہ گیا وہ اُس کے پیچھے گئے۔ اُنہوں نے اُس کی تابعداری کی اور اُس کی قیادت میں چلتے رہے۔ یہ بات قابلِ غور ہے کہ اُنہیں دُنیا کے لوگوں میں سے چھڑایا گیا۔ برّے کا خون اُن ہی کے لئے بہایا گیا تھا۔ برّہ نے اُنہیں اپنے ہونے کے لئے خرید لیا۔ وہ برگزیدہ، بلائے ہوئے اور برّہ کے اُس صلیبی کام کے سبب سے نجات یافتہ تھے جو اُس نے اُن کے لئے کیا تھا۔ بظاہر وہ قومیت کے لحاظ سے یہودی نظر آتے تھے تو بھی اُنہوں نے برّہ کے قربانی کے کام کو اور خداوند یسوع مسیح کو قبول کر لیا تھا۔

قابلِ غور بات کہ اُنہیں باپ کے سامنے پہلے پھلوں کے طور پر پیش کیا گیا۔ آزمائشوں میں مسیح نے اُنہیں سنبھالے رکھا اور باپ کے سامنے اُنہیں مقدسین کے طور پر پیش کیا گیا۔ پہلے پھل شکرگزاری کے طور پر پیش کئے جاتے تھے۔ جس طرح بنی اسرائیل کے باغوں میں پہلے پھل جو خداوند کے حضور پیش کئے جاتے تھے بالکل صاف ستھرے اور بے داغ ہوتے تھے، اُن لوگوں کو بھی باپ کے سامنے بے عیب ہدئے کے طور پر پیش کیا گیا۔ اُن کے منہ میں کسی طرح کا جھوٹ اور چھل نہیں تھا۔ خدا نے اُن کی زندگی میں ثابت قدم اور وفادار رہنے کے لئے گہرا کام کیا تھا جو کہ اُن کے طرزِ زندگی سے عیاں تھا۔ جبکہ وہ انتہائی گہرے طور پر آزمائے گئے تو بھی خداوند نے اُنہیں ترک نہیں کیا تھا۔ ان میں سے کوئی بھی گم اور گمراہ نہیں ہوا تھا۔ سبھی کو باپ کے سامنے پیش کیا گیا۔

جب یوحنا رسول نے اپنے سامنے منظر کا جائزہ لیا، تو اُس نے ایسی بلند آواز سنی جیسی کے تیز پانی کی آواز ہوتی ہے جس کے ساتھ گرجیں پیدا ہوتی ہیں۔ جب اُس نے غور سے سنا تو اُس نے بربط نوازوں اور ایک بڑی عظیم کوائر کی آواز سنی، وہ آسمان کے تخت کے سامنے نغمہ سراں تھی۔ وہ

ایک ایسا گیت گا رہے تھے جو کوئی اور نہیں گا سکتا بلکہ صرف اور صرف 144000 ہی اُس گیت کو گا سکتے ہیں۔ کیوں صرف 144000 نے ہی یہ گیت گایا۔ یوں لگتا تھا کہ جیسے اُن لوگوں کو خدا نے آزمائشوں اور مصائب کے اُس خاص دوَر میں جو زمین پر واقع ہونے کو تھی، ایک خاص مقصد کیلئے چنا تھا۔ وہ گیت جو وہ گا رہے تھے کیا وہ گیت برّے کی اِس فتح اور ستائش کا گیت تھا جو اُس نے اُنہیں بخشی تھی؟

کیا اُن کا گیت شخصی گواہی کی شکرگزاری کا گیت نہیں تھا؟ جب یوحنا رسول نے اُن کو غور سے سنا، تو اُس نے محسوس کیا کہ یہ گیت جو اُنہوں نے گایا بڑا شخصی گیت تھا۔ وہ ایسے دوَر اور حالات سے گزرے جن سے کوئی اور نہیں گزر سکتا۔ اب وہ اِس طور سے برّے کی پرستش اور ستائش کر رہے تھے جس طور سے کوئی اور نہیں کر سکتا۔ 144000 غالب آکر برّہ کے ساتھ کھڑے تھے۔ برّے کے فضل سے وہ فاتح ہوئے، یہ آیات ہمیں یاد دلاتی ہیں کہ ہم فتح کے پہاڑ پر برّہ کے ساتھ کھڑے ہو سکتے ہیں، کوئی بھی ایسی کشمکش نہیں ہے جس پر برّہ غالب نہیں آ سکتا۔ ہم تصور کی نگاہ سے دیکھ سکتے ہیں کہ کس طرح فضل کے تخت کے سامنے پرستش اور ستائش سے معمور خداوند کی عبادت کرنے لگے۔ جس نے غالب آ کر انہیں فتح بخشی تھی۔

آزمائش کے لمحات میں آئیں آسمانی کوائر کو دوبارہ سے سنیں۔ 144000 نے خدا کی حکمت اور اُس کے فضل کی گواہی عبادت اور پرستش کرتے ہوئے دی جو اُنہیں کبھی نہیں چھوڑے گا۔ وہ دن جلد آ رہا ہے جب ہم بھی، بشرطیکہ ہم ثابت قدم رہیں تو خدا کے فضل کے تخت کے سامنے شکر گزاری اور ستائش کے اِن نغمات میں آسمانی کوائر کے ساتھ شامل ہونگے۔ جب تک وہ وقت آ نہیں جاتا، خداوند ہمیں آخر تک وفادار، قائم اور مضبوط رہنے کا بھاری فضل بخشے، آمین۔

چند غور طلب باتیں

☆۔ اس باب کے آغاز میں ہمیں زمین پر کیا ہوتا ہوا دکھائی دیا؟

☆۔ اس باب میں 144000 کہاں پر ہیں اور وہ کیا کر رہے ہیں۔

☆۔ 144000 ہزار قائم، ثابت قدم اور فاتح رہے، اِس حقیقت سے آپ کی کیا حوصلہ افزائی ہوتی ہے؟

☆۔ آج کل آپ کس کشمکش سے گزر رہے ہیں۔ کیا خدائے قادر جس نے 144000 کو فتح مندی سے ہر طرح کی آزمائش اور حالات سے گزارا، کیا وہ آپ کے لئے بھی ایسا ہی کر سکتا ہے؟

چند دُعائیہ نکات

☆۔اِس بات کے لئے خداوند کی شکرگزاری کریں کہ اُس کی آمد سے قبل اگرچہ حالات و واقعات ناگوارہ، ناگفتہ بہ اورناخوشگوار ہوجائیں گے۔تاریخ دُنیاپراُس کا ہاتھ قوی اورقادر ہے۔

☆۔خداوند کاشکر کریں کہ اُس نے آزمائشوں اور دشوار گزار راستوں میں بھی آپ کوسنبھالے رکھااورآپ کوفضل دیا کہ آپ ثابت قدم رہ سکیں۔خداوند کی شکرگزاری کریں کہ جب ہم گربھی جاتے ہیں تو وہ ہمیں معاف کرتا ہے۔

☆۔خداوند سے درخواست کریں کہ وہ آپ کواُس خاص مشکل اورآزمائش کا فتح مندی سے سامنا کرنے کی توفیق دے جس سے آپ آج کل دوچار ہیں۔اُس سے فضل مانگیں کہ وہ آپ کو وفادار رہنے کی توفیق بخشے۔

☆۔کیا آپ کسی ایسے ہم ایمان شخص کو جانتے ہیں جو آج کل کسی مشکل یا کشمکش سے دوچار ہے؟دُعا کریں کہ خداونداُسے غالب آنے کی قوت بخشے۔

☆۔ابدیت میں اُس کے ساتھ رہنے کی درخشاں اُمید کے لئے خداوند کی شکرگزاری کریں۔خداوند سے کہیں کہ وہ آپ کی نگاہیں موجودہ آزمائشوں پر سے اُٹھاکرابدیت کی اُمید پر لگائے۔

باب 22

زمین کی فصل

مکاشفہ 14:6-20 پڑھیں

اِس حصہ میں ہم نے دیکھا کہ 144000 کو آسمان پر لے جایا گیا۔ جہاں اُن کو اُس بدی سے محفوظ رہنا تھا جو زمین پر واقع ہوا چاہتی تھیں۔ اِس اگلے حصہ میں یوحنا رسول کی ملاقات کچھ فرشتوں سے ہوئی جنہوں نے زمین پر خدا کی عدالت کا اعلان کیا۔

پہلا فرشتہ درمیانی ہوا میں اڑ کر خوشخبری کو لے کر جگہ بہ جگہ گیا، خوشخبری کی منادی ہر ایک قبیلے، زبان اور قوم میں ہونا تھی۔ اُس نے زمین کے رہنے والوں کو بلایا تاکہ وہ خدا کو جلال دیں۔ اُس نے اُنہیں اُس خدا کی عبادت کے لئے دعوت دی جو کہ زمین کا خالق اور مالک ہے۔ یہ لوگ حیوان کی پرستش کرتے چلے آئے تھے۔ بغیر دوسرا موقع دیئے خدا کو پورا پورا اختیار حاصل تھا کہ وہ اِنہیں نیست کر دیتا۔ بلا شبہ وہ بہت سے مقدسین کی موت کے ذمہ دار تھے۔ 144000 زمین پر ہی رہ گئے تھے تاکہ وہ خدا کے لئے گواہی کا کام دیں۔ لیکن یہ ایسے لوگ تھے کہ اُنہوں نے اُن کی بات پر مطلق کان نہ لگایا۔ یہ حقیقت کہ خدا انہیں توبہ کرنے کا دوسرا موقع فراہم کرتا ہے، یہ اُس کے فضل عظیم اور رحمت کا نشان ہے۔ تاہم اُن کے لئے یہ آخری بلاہٹ ہوگی۔

پہلے فرشتے کے پیچھے ایک اور فرشتہ آیا، اُس فرشتہ نے بابل کے گر جانے کا اعلان کیا۔ قوموں نے اُس کی زناکاری کی مے نوش کی تھی۔ وہ اُس کے گناہ میں ملوث ہوئے اور خدا کی طرف اپنی پشت پھیر دی تھی۔ بابل نے خدا کے لوگوں کو اُن کی سرزمین سے لیا اور اُنہیں ہر اُس چیز سے محروم کر دیا جو خدا کی طرف سے اُنہیں عطا ہوئی تھی اور اُنہیں اسیری میں لے گیا۔ یہاں پر بابل خدا کے خلاف بغاوت اور کلام کے اصولوں کی تصویر ہے۔ یہ اپنے دوَر کی بدی کو پیش کرتا ہے۔ جو اُس

دوَر میں دُنیا کی انتہا تک پھیل چکی تھی۔ زمین پر اُس کے بُرے اثرات پر مکمل فتح ہوگی۔ دوسرے فرشتہ نے بابل کے گر جانے کا اعلان کیا۔

تیسرا فرشتہ اُن لوگوں کے لئے ایک آگاہی لے کر آیا جو حیوان اور اُس کے بت کی پرستش کرتے تھے۔ اور اُس کی چھاپ اپنے ماتھوں پر لی تھی۔ وہ خدا کے قہر کا پیالہ پیئے گے۔ یہاں پر خدا کے قہر کی تصویر کشی مے کے پیالہ سے کی گئی ہے۔ حیوان کی پرستش کرنے والوں پر اُس مے کو پورے طور پر انڈیالا جائے گا۔ اُن کی سزا خوشگوار نہیں ہوگی بلکہ یہ ایک تلخ حقیقت ہوگی۔ جنہوں نے اُس حیوان کی پرستش کی ہوگی اور اُس کی چھاپ اپنے ماتھوں پر لی ہوگی وہ آگ اور گندھک کی جھیل میں بڑے عذاب میں مبتلا ہوں گے۔ کبھی نہ ختم ہونے والے عذاب کا دھواں ہمیشہ اُٹھتا رہے گا۔ جہنم ایک بھیانک مقام ہے۔ دُنیا کے لوگوں کو اچھی طرح آگاہ کیا گیا۔ خدا اپنی عدالت اور سزا میں راست ہے۔

اگر آپ کو اپنی سزا کی یقین دہانی نہیں ہے تو پھر ممکن ہے کہ خدا کے قہر و غضب کا خوف ہی آپ کو اِس طرف قائل کرے کہ آپ پورے دل سے اُس کے طالب ہوں۔ یہ انتہائی اہم فیصلہ ہے جو کہ آپ اپنی زندگی میں کر سکتے ہیں۔ کبھی بھی اِس یقین دہانی کے بغیر اِس دُنیا میں زندگی بسر نہ کریں کہ آپ کے لئے آسمان پر ایک اچھی جگہ تیار ہے۔

اِس بات پر غور کریں کہ حیوان کی چھاپ لینے سے انکار کرنا بھی آسان نہیں ہوگا۔ اِس کے لئے ایک ایماندار کو صبر و تحمل کی ضرورت ہوگی۔ اُن دنوں بعض ایمانداروں کو اپنے ایمان کی خاطر دُکھ سہنا حتیٰ کہ موت بھی گوارہ کرنا پڑے گی۔ اگر اِس موت کا خدا کے اُس ابدی قہر سے موازنہ کیا جائے جو وہ اُن پر نازل کرے گا جنہوں نے اُس حیوان کے بت کی پرستش کی اور اُس کی چھاپ اپنے ماتھے پر لی، تو یہ موت کیا ہے؟

وہ جو خداوند میں مر گئے مبارک ہیں۔ اُن کی ابدیت جلالی ہوگی۔ ابدیت میں وہ اپنی آزمائشوں

اور کشمش سے آرام پائیں گے۔

پہلے تین فرشتے زمین کے رہنے والوں کے لئے ایک آگاہی لے کر آئے۔اَب خدا کی عدالت کا وقت تھا۔ یوحنا رسول کو اپنے سامنے ایک آدم زاد کی مانند کوئی بادل پر بیٹھا دکھائی دیا۔جس کے سر پر سونے کے تاج اور ہاتھ میں تیز درانتی ہے۔ایک اور فرشتہ نے مقدس سے نکل کر اُس بادل پر بیٹھے ہوئے کو بڑی آواز کے ساتھ پکار کر کہا، اپنی درانتی چلا کر کاٹ کیوں کہ کاٹنے کا وقت آ گیا۔

پس جو بادل پر بیٹھا تھا اُس نے اپنے درانتی زمین پر ڈال دی اور زمین کی فصل کٹ گئی۔اُس آدم زاد کی مانند دکھائی دینے والے کی پہچان اور شناخت کے بارے میں بہت زیادہ نکات زیرِ بحث چلے آ رہے ہیں۔بعض لوگ اِسے خداوند یسوع مسیح کے طور پر دیکھتے ہیں۔لیکن مسئلہ یہ ہے کہ یوحنا رسول اِسے آدم زاد کی مانند بیان کرتا ہے۔خداوند یسوع مسیح کی بعض تصاویر جلالی اور بارُعب ہیں۔یوں لگتا ہے کہ یوحنا رسول ہمیں تفصیل سے بتانے میں وقت صرف نہیں کرنا چاہتا۔صرف اتنا ہی کہتا ہے کہ وہ آدم زاد کی مانند تھا۔دوسری بات اُس شخص کو ایک فرشتے نے حکم دیا کہ وہ زمین کی فصل کاٹے۔یہ نامناسب سی بات ہے کہ ایک فرشتہ ہمارے خداوند یسوع مسیح کو حکم دے۔

ہمیں یہ نہیں بتایا گیا کہ فرشتے نے کون سی فصل کاٹی، یہ پہلی فصل ہے۔ممکن ہے کہ اِس فصل میں ایمانداروں اور غیر ایمانداروں کا الگ کیا جانا شامل ہو۔ہم دیکھیں گے کہ دوسری فصل اِس فصل سے قطعی مختلف ہے۔یہاں پر خدا اپنا قہر نازل کرنے سے قبل اپنے لوگوں محفوظ کرنا چاہتا ہے۔وہ آسمان پر 144000 کے ساتھ شامل ہوں گے جہاں پر ہمیشہ کے لئے خداوند کے ساتھ رہیں گے۔اِس فصل کی کٹائی کے بعد عدالت، تباہی اور بربادی اِس زمین کو اپنی لپیٹ میں لے لے گی۔

مقدس میں سے ایک اور فرشتہ نکلا، اُس کے ہاتھ میں بھی ایک تیز درانتی تھی۔ جب یوحنا رسول دیکھ رہا تھا تو ایک اور فرشتہ نکلا جسے قربان گاہ کی آگ پر اختیار تھا۔ اُس نے فرشتے کو حکم دیا کہ وہ اپنی تیز درانتی چلا کر زمین کے انگور کے درخت کے گچھے کاٹ لے۔ قربان گاہ کی آگ کس چیز کو پیش کرتی ہے؟

کیا ممکن ہے کہ یہ آگ خدا کے عدل وانصاف اور اُس کی قدوسیت کو ظاہر کرتی ہے؟ خدا عدل اور اپنی قدوسیت میں زمین کی عدالت کرنے کو تھا۔ اُس فرشتہ نے اپنی درانتی زمین پر ڈالی اور زمین کے انگور کے درخت کی فصل کاٹ ڈالی۔ ممکن ہے کہ یہ انگور اُن لوگوں کو پیش کرتے ہیں جو زمین پر رہ گئے تھے۔ اِن انگوروں کو اکٹھا کر کے خدا کے قہر کے بڑے حوض میں ڈال دیا گیا۔ جن لوگوں کو فصل کی کٹائی کے طور پر اکٹھا کیا گیا، وہ خدا کے قہر وغضب کے نیچے ہیں۔ اور ایسے لوگ غیر ایماندر ہی ہو سکتے ہیں۔ اِن کا انجام اِسی حوض میں آنا تھا۔ اُن کو روندنے سے اتنا خون نکلا کہ گھوڑوں کی لگاموں تک پہنچ گیا اور سولہ سو فرلانگ تک بہہ گیا۔

ہمارے لئے یہ کیسی بڑی آگاہی ہے۔ یہ آنے والی عدالت ہے۔ یہ عدالت بڑی ہولناک اور سخت ہوگی۔ وہ دن جلد آرہا ہے جب خدا اپنا قہر وغضب نازل فرمائے گا۔ خدا قدوس ہے۔ لازم ہے کہ وہ بدی کی عدالت کرے۔ وہ قدوس خدا ہونے کے ساتھ ساتھ ایک ترس اور رحم سے بھرا ہوا خدا بھی ہے۔ وہ ہمیں ہر ممکن مواقع فراہم کرتا ہے تاکہ ہم اُس کی طرف رجوع لائیں۔ باغِ عدن ہی سے وہ بنی نوع انسان کو آنے والی عدالت کے تعلق سے آگاہ کرتا رہا ہے۔ ہزاروں سالوں سے بنی نوع انسان اُس کی طرف پشت پھیرے ہوئے ہے۔ وہ دِن قریب ہے جب آگاہی دینے کا سلسلہ بند ہو جائے گا اور خدا اپنا قہر وغضب نازل کرے گا۔

چند غور طلب باتیں

☆۔اِس حصہ میں خداوند زمین کے رہنے والوں کو کیسے مواقع فراہم کرتا ہے تا کہ وہ توبہ کریں؟

☆۔بابل کس چیز کو پیش کرتا ہے؟ یہاں پر کیا واقع ہوگا؟

☆۔یہاں پر ہم غیر ایمانداروں کی عدالت کے بارے میں کیا سیکھتے ہیں؟ یہاں پر یوحنا رسول دوزخ کی کون سی خاص تصویر دیکھتا ہے؟

☆۔غیر ایمانداروں کی ابدی عدالت کے ساتھ ایمانداروں کی اُس ایذا رسانی کا موازنہ کریں جس کا وہ اِس زمین پر سامنا کرتے ہیں۔اِس سے ہمیں کیا چیلنج ملتا ہے۔

چند دُعائیہ نکات

☆۔گناہ گاروں کو توبہ کرنے کے لئے بڑے رَحم اور ترس سے آگاہ کرنے کیلئے خداوند کی شکرگزاری کریں۔

☆۔اُس دن کے لئے خداوند کی شکرگزاری کریں جب بدی نیست ہو جائے گی اور راستبازی فاتح ہوگی۔

☆۔اِس بات کے لئے بھی خداوند کی شکرگزاری کریں کہ اگرچہ ایمانداروں کو اِس زندگی میں دُکھوں اور مصائب سے دوچار ہونا پڑتا ہے تو بھی ابدیت میں خدا کے حضور ہمیشہ کی زندگی کی درخشاں اُمید اُن کے لئے موجود ہے۔

☆۔کچھ لمحات کیلئے ایسے دوستوں اور رشتہ داروں کیلئے دُعا کریں جو خداوند یسوع مسیح کو نہیں جانتے،اور جنہوں نے کبھی بھی اُس کی معافی اور راستبازی کو قبول نہیں کیا جو اُس کے فضل سے ملتی ہے۔خداوند سے کہیں کہ وہ آپ کو موقع اور توفیق دے تا کہ آپ اِس اُمید کے بارے میں اُن کو بتا سکیں جو آپ مسیح میں رکھتے ہیں۔

باب 23

سات پیالوں کا انڈیلا جانا

مکاشفہ 16-15

ضرور ہے کہ مکاشفہ کی کتاب کے 16-15 ابواب کو اکٹھے لیا جائے۔اِن ابواب میں ہم اُن سات فرشتوں سے ملتے ہیں جو اپنے ہاتھوں میں اُن سات آفات کو لئے ہوئے ہیں جو زمین پر تباہی اور بربادی کا سبب ہوں گی۔ جب زمین پر یہ آفات آئیں گی تو خدا کا قہر پورا ہو جائے گا۔

جب یوحنا رسول اُن فرشتوں کو دیکھ رہا تھا، تو اُس نے شیشہ کا سا ایک سمندر دیکھا جس میں آگ ملی ہوئی تھی۔ہم مکاشفہ 4:6 میں اُس سمندر کو دیکھ چکے ہیں تاہم مکاشفہ 4 باب والے سمندر اور مکاشفہ 15 باب والے سمندر میں فرق پایا جاتا ہے۔مکاشفہ 4 باب والا سمندر بلور کی مانند شفاف تھا۔تاہم مکاشفہ 15 باب والا سمندر ایسا سمندر ہے جس میں آگ ملی ہوئی ہے۔

ہم مکاشفہ 4 باب میں دیکھتے ہیں کہ آسمان پر یہ سمندر خدا کے حضور میں تھا۔ہم اندازہ کر سکتے ہیں کہ مکاشفہ 15 باب والا سمندر بھی خدا کے حضور میں ہی ہوگا۔عین ممکن ہے کہ یہ سمندر اُس حوض کی طرف اشارہ ہو جو کہ خیمہ اجتماع میں موجود ہوتا تھا جہاں کاہن کو عبادت گاہ پر جانے سے پہلے خود کو دھونا پڑتا تھا۔

اِس سمندر میں آگ کیوں ملی ہوئی ہے؟ کیا ممکن ہے کہ یہ ایذا رسانیوں اور مصائب کی آگ ہو جو اُن مقدسین کو پاک صاف کرتی ہے جو اُس کے اردگرد کھڑے ہوئے ہیں۔اِس سمندر کے گردا گرد وہ لوگ کھڑے ہوئے ہیں جنہوں نے اُس حیوان کی پرستش نہیں کی۔اُن میں سے بہت سے ایسے بھی ہیں جنہوں نے اپنے ایمان کی خاطر اپنی جان قربان کر دی۔انہیں آسمانی ساحل تک رسائی کے لئے اس آگ اور پانی میں سے گزرنا پڑا۔

جو حیوان پر غالب آئے اُن میں سے ہر ایک کو بربط دی گئی، اُنہیں سمندر میں پاک صاف کیا گیا اور اب وہ خدا کے حضور کھڑے ہوئے ہیں۔ اُنہوں نے موسیٰ کا گیت گایا۔ موسیٰ کا گیت کون سا ہے؟ جب خدا نے ملک مصر سے اپنے لوگوں کو رہائی دینے کیلئے موسیٰ کو استعمال کیا تو اُس نے مخلصی اور رہائی کا گیت گایا تھا۔ تخت کے سامنے کھڑے ہوئے لوگوں کے پاس بھی گانے کے لئے یہی گیت ہے۔ اُنہیں حیوان سے رہائی ملی ہے۔

اُنہوں نے اُس خدا کی پرستش کی جس کے کام عجیب ہیں۔ جس کے نزدیک کچھ بھی مشکل اور ناممکن نہیں ہے۔ اُس نے خود کو قادر خدا کے طور پر ظاہر کیا۔ اُس کی راہیں راست ہیں۔ اُنہوں نے اِسی لئے اُس کی پرستش اور عبادت کی۔

کبھی کبھی ہم اپنی آزمائشوں میں خدا کے عدل وانصاف پر حیرت کا اظہار کرتے ہیں۔ یہ لوگ جو آسمان پر اُس بڑے سمندر کے سامنے کھڑے ہوئے تھے، اُنہوں نے اِس بات کا اعلان کیا کہ اگرچہ اُنہیں حیوان کے ہاتھوں ایک ہولناک موت کا سامنا کرنا پڑا تو بھی اُن کا خدا اُن سے دستبردار نہیں ہوا۔ اُنہوں نے ایسے خدا کی پرستش اور عبادت کو ترجیح دی جو اپنے کلام کو پورا کرنے میں سچا اور عادل ہے۔ اُنہوں نے اُس کی خدمت کی جو اپنے کاموں میں راست خدا ہے۔

اُن لوگوں نے جس خدا کی عبادت کی تھی وہ تو نسل در نسل سے بادشاہ ہے۔ ازل سے تا ابد وہی قادرِ مطلق خدا ہے۔ اُس کے ہاتھوں سے کچھ بھی باہر نہیں ہے۔ ہر ایک مخلوق کو اُس سے ڈرنے اور اُس کی عزت کرنے کی ضرورت تھی۔ وہی قدوس اور برحق خدا تھا۔ اُس کی ذات میں کوئی گناہ نہیں تھا۔ اُس نے کامل طور پر ہر ایک کام سرانجام دیا۔ چونکہ وہ زمین کی عدالت کرنے کو تھا، اِس لئے سب قوموں نے اُس کے سامنے گھٹنے ٹیکنے تھے۔ اِن لوگوں میں سے نکل کر آنا تھا جنہوں نے حیوان کے ہاتھوں بڑا دُکھ اُٹھایا تھا۔ یہ خدا کے فضل کی بہت بڑی گواہی کا موقع تھا۔

جب یوحنا رسول نے پرستش وستائش کا یہ گیت سنا ہوگا، اُس کا دل خوشی اور شادمانی سے معمور ہو گیا

ہوگا۔ جب اُس نے شہادت کے خیمہ کو ظاہو ہوتے دیکھا ہوگا، عہدِ عتیق میں خدا کی حضوری خیمہ اجتماع میں ہوتی تھی۔ خدا اپنے آپ کو وہاں پر ظاہر کیا کرتا تھا۔ اِسی خیمہ سے سات آفتوں کے ساتھ سات فرشتے نمودار ہوئے، یہ فرشتے کتان کے بنے ہوئے جبے پہنے ہوئے تھے۔ اور سینے پر سونے کے سنہری سینہ بند باندھے ہوئے تھے۔ وہ کہانت کا لباس زیب تن کئے ہوئے تھے۔ خدا کے تخت کے سامنے، ایک جاندار نے ہر ایک فرشتہ کو سونے کا ایک پیالہ دیا۔ یہ پیالے خدا کے قہر سے بھرے ہوئے تھے۔

جب یہ پیالے ہلائے گئے، مقدس دھوئیں سے بھر گیا، یہ دھواں خدا کے جلال سے نکلا تھا جو کہ اپنے آپ کو وہاں پر ظاہر کر رہا تھا۔ جب تک پیالے زمین پر انڈیلے نہ گئے کوئی ہیکل میں داخل نہ ہو سکا۔ آئیں اَب جائزہ لیں کہ اِن پیالوں میں کیا تھا۔

پہلے فرشتہ نے اپنا پیالہ زمین پر انڈیلا۔ اُس کے پیالے میں تکلیف دہ ناسور تھے جو اُن لوگوں کے پیدا ہوئے جنھوں نے اُس حیوان کے بت کی پرستش کی اور اُس کی چھاپ اپنے ماتھوں پر لی تھی۔ یہاں اِس وقت کسی ایماندار کا کوئی ذکر نہیں پایا جاتا۔ دوسرے فرشتہ نے اپنا پیالہ سمندروں کے پانیوں پر انڈیل دیا۔ سمندر خون ہو گیا۔ ہم مکاشفہ 8:8 میں ایسا ہی ایک واقعہ دیکھتے ہیں۔ مکاشفہ 8:8 میں سمندر کا صرف ایک تہائی پانی متاثر ہوا۔ اِس حوالہ کے مطابق سمندر کی ساری مخلوقات مر گئیں۔ یہ آخری عدالت تھی۔

تیسرے فرشتہ نے دریاؤں اور پانی کے چشموں پر اپنا پیالہ انڈیلا۔ اُس نے پیالہ انڈیل کر زمین کے رہنے والوں کو خدا کا عدل وانصاف یاد دلایا جو اُس نے عدالت کر کے ظاہر کرنا تھا۔ اُس نے زمین کے باشندوں کو یاد دلایا کہ اُنھوں نے مقدسین اور خدا کے نبیوں کا خون بہایا تھا۔ اَب خداوند اپنے خادموں کی موت کا بدلہ لے رہا تھا۔

چوتھے فرشتہ نے اپنا پیالہ سورج پر انڈیلا، اِس سے سورج کی تپش میں اور بھی تیزی آ گئی اور زمین

کے رہنے والے پیاس کی شدت اور سورج کی تپش سے جھلسنے لگے۔ سورج کی حرارت ناقابل برداشت ہوگئی۔ پینے کے لئے کوئی پانی نہیں تھا۔ اُن کی موت تکلیف دہ اور جان کنی کی موت تھی۔ اُنھوں نے اپنے بُرے کاموں سے توبہ نہیں کی تھی۔ اُنہوں نے اپنے دلوں کو سخت کرنے اور آسمان کے خدا کے نام پر کفر بکنے کا چناؤ کیا۔

پانچویں فرشتہ نے اپنا پیالہ حیوان کے تخت پر انڈیل دیا، اُس کی سلطنت میں تاریکی چھاگئی، ممکن ہے کہ سورج کی روشنی بجھ گئی ہو، یہ تاریکی ذہنی اُلجھاؤ اور ابتری کی طرف بھی اشارہ کرتی ہے۔ اِس تاریکی کے نتیجہ میں بنی نوع انسان جان کنی کی حالت میں کراہنے لگے۔ اَب اُنہیں اِس بات کا احساس ہوا کہ کوئی ایسی ہستی ہے جو حیوان سے بھی طاقتور، قوی اور قادر ہے۔ تاہم اُنھوں نے اپنی بغاوت سے توبہ کرنے سے انکار کیا۔ اور وہ اپنے درد اور تکلیف کے باعث آسمان کے خدا کے نام پر کفر بکنے لگے۔

چھٹے فرشتہ نے اپنا پیالہ دریائے فرات پر انڈیلا۔ دریا کا پانی خشک ہوگیا اور اُس نے مشرق کے بادشاہوں کے لئے راستہ بنا دیا تا کہ وہ اُس دریا کو عبور کرسکیں۔ دریائے فرات خدا کے لوگوں کے لئے اُس کے دشمنوں کے خلاف ایک رکاوٹ پیدا کرتا ہے۔ دریا خشک ہو جانے سے اُنہیں موقع ملا کہ اُن کے دشمن اُن پر حملہ آور ہوسکیں۔ اُن دریاؤں نے تخلیق کی پیدائش کو دیکھا تھا۔ یہ اُن دریاؤں میں سے ایک دریا تھا جو باغِ عدن سے بہتا ہوا نکلتا تھا۔ یہی دریا تخلیق کی آخری عدالت کو دیکھے گا۔ اب ایک نئی اور بڑی جنگ کے واقع ہونے کے لئے راہ تیار ہورہی ہے۔

جب دریائے فرات خشک ہوگیا، یوحنا رسول نے مینڈکوں کی شبیہہ جیسی تین روحیں دیکھیں، جو اژدھا، حیوان اور جھوٹے نبی کے منہ سے نکلیں تھیں۔ اُن تینوں میں سے ایک ایک بُری روح نکلی، جب اُنہیں اِس بات کا احساس ہوا کہ اَب اُن کا اخیر وقت آگیا ہے تو وہ نکل کر ساری دُنیا کے بادشاہوں کے پاس گئیں تا کہ خدا کے خلاف آخری حملہ کے لئے اُنہیں فراہم کرسکیں۔ اُنہیں

یہ معلوم ہے کہ وہ خدا کو شکست نہیں دے سکتیں تو بھی اُن کے دل سخت ہو چکے ہیں۔ یوحنا رسول نے اِس بات پر غور کیا کہ وہ قوموں کو اپنے فریب کے جال میں پھنسانے اور اُنہیں بڑی لڑائی کی طرف لانے کے لئے نشانات اور عجائب کے ساتھ گئیں۔ اگر اُنہیں شکست ہی کھانی ہے تو وہ اپنے زوال سے پہلے ہر ممکن نقصان کرنے کی خواہش مند ہوں گی۔ یہ آخری لڑائی ہرمجدون میں واقع ہوگی۔

مکاشفہ 6:15 میں خدا نے زمین کے رہنے والوں کو خبردار کیا وہ کہ ہوشیار رہیں۔ اُن کے وہم و گمان میں بھی نہ ہوگا جب وہ آجائے گا۔ وہ چور کی مانند غیر متوقع طور پر آجائے گا۔ اُنہیں اپنے لباس کی حفاظت کرنا ہوگی، کہیں ایسا نہ ہو کہ ابلیس اُن کے سوتے میں اُن پر حملہ آور ہو اور اُنہیں اپنی برہنگی کی شرمندگی اُٹھانا پڑے۔ چوتھے فرشتہ نے ہوا پر اپنا پیالہ انڈیلا۔ اِس کے نتیجہ میں آسمان پر بجلیاں اور گرجیں پیدا ہوئیں۔ اور ایک بھونچال آیا، ایسا بڑا بھونچال جو زمین کے رہنے والوں نے اِس سے پیشتر نہیں دیکھا تھا۔

یہ بھونچال اِس قدر شدید تھا کہ زمین کے شہر بُری طرح ہل گئے، بڑا شہر ﴿بابل کی علامت﴾ تین حصوں میں بٹ گیا، بابل کو خدا کے قہر و غضب کی مے کا پیالہ دیا گیا۔ ایسی بڑی تباہی تھی کہ پہاڑ بھی اپنی جگہ سے سرک گئے اور پھر نظر نہ آئے۔ کیا وہ خدا کے قہرِ عظیم کے تحت ہل کر رہ گئے؟ جزیرے بھی اپنی جگہ سے سرک گئے۔ وہ بھی دوبارہ نہ مل سکے۔ کیا وہ سمندر کی تہہ میں ڈوب گئے؟ آسمان سے من من بھر کے اولے زمین پر گرے۔ یہ اولے زمین پر خدا کی عدالت کا ظاہری نشان تھے جنہوں نے زمین پر بڑی تباہ کاری کی۔

اگرچہ اُنہوں نے خدا کے قہر و غضب کو دیکھا تھا، زمین کے رہنے والے اِس کے باوجود خدا کے نام پر کفر بکتے رہے۔ انسانی دل کس قدر سخت ہوسکتا ہے۔ ایسے لوگوں کے خلاف خدا کا قہر و غضب عدل پر مبنی ہوتا ہے۔ وہ اُس کے نام پر لعنت کرتے ہوئے ہی گور میں جائیں گے۔ کیا یہ

خدا کا فضل ہی نہ تھا جس کے باعث ہم میں سے سنگین دل نکال لئے گئے اور ہمیں گوشتین دل عطا ہوئے؟ وگرنہ ہم بھی اِس گروہ کا حصہ ہوتے۔ آج ہمیں کس طور سے اُس کی پرستش اور عبادت کرنے کی ضرورت ہے۔ ہمیں کس طور سے اُس کی پرستش اور عبادت کرنی چاہئے کیوں کہ وہی ہمارا خالق و مالک ہے اور اُسی نے ہمیں نئے مخلوق بنایا ہے۔ اُسی کے فضل نے ہماری بغاوت کو توڑا اور ہمیں آزاد کیا ہے۔

چند ایک غور طلب باتیں

☆ ۔مکاشفہ 4 باب میں شیشے کے سمندر اور مکاشفہ 15 باب میں مندرج سمندر میں کیا فرق ہے؟

☆ ۔مکاشفہ 15 باب میں مقدسین کس طرح پاک صاف ہوئے؟

☆ ۔کسی طرح دُکھ اور مصائب ہمیں پاک کرتے ہیں؟ کس طرح آزمائشوں، مصائب اور دُکھوں نے آپ کی زندگی کو تبدیل کر دیا اور آپ اور بھی زیادہ خداوند کے قریب آ گئے؟

☆ ۔ایذا رسانیوں، دُکھوں اور موت کے باوجود مقدسین شیشے کے سمندر کے اردگرد خداوند کی عبادت اور پرستش کرتے ہیں۔ آپ کو دُکھوں اور مصائب میں کیوں کر خداوند کی عبادت اور پرستش کرنی چاہیئے؟

☆ ۔اِس زمین پر خدا کی عدالت کے تعلق سے لوگوں کا روّیہ کیسا ہے؟ خدا کے تعلق سے وہ کیسے ردِعمل کا اظہار کرتے ہیں؟ اِس سے ہمیں انسانی دل کے بارے میں کیا جانکاری حاصل ہوتی ہے؟

چند دُعائیہ نکات

☆ ۔اِس بات کے لئے خداوند کی شکرگزاری کریں کہ وہ حالات و واقعات اور دُکھ جن کا آپ کو سامنا کرنا پڑتا ہے، آپ کو خدا کے اور بھی زیادہ قریب لے آتے ہیں۔

☆ ۔کچھ لمحات کے لئے خداوند کے حضور اِس بات پر غور کریں کہ آپ کو اپنے ہر طرح کے حالات میں بھی کیوں کر خداوند کی پرستش اور شکرگزاری کرنی چاہئے۔اِسی وقت کچھ لمحات کیلئے خداوند کی شکرگزاری اور اُس کی پرستش وستائش کریں۔

☆ ۔خداوند کی شکرگزاری کریں کہ اُس نے آپ کو اِس لائق جانا کہ آپ کے سخت دل کو شکستہ دل کردے تاکہ آپ اُس کے لئے مثبت روّیہ اپنا سکیں۔

☆ ۔خداوند کے حضور اپنے دوست احباب اور اُن عزیز و اقارب کیلئے شفاعت کریں تاکہ خداوند اُن کے دلوں کو بھی نرم کرے جنہوں نے ابھی تک خداوند کے فضل اور نجات کے تعلق سے اپنے دلوں کو نہیں کھولا۔

باب 24

خوبصورتی اور حیوان

مکاشفہ 17:1-8 کو پڑھیں

اِس دُنیا میں بہت سی ایسی چیزیں پائی جاتی ہیں جو ہمیں اپنی طرف کھینچتی ہیں۔ بہت سے لوگوں نے اِس دُنیا کی رنگینیوں، امارت اور عیش و عشرت کی طرف راغب ہو گئے اور اُن کے ایمان کا جہاز غرق ہو گیا۔

سات پیالوں کے انڈیلے جانے کے بعد، ایک فرشتہ نے یوحنا رسول کے پاس آ کر اُسے بڑی کسبی کی سزا دیکھنے کو کہا، یہ بڑی کسبی کون ہے؟ فرشتے نے یوحنا رسول کو بتایا کہ دُنیا کے تمام بادشاہوں اور زمین کے تمام رہنے والوں نے اُس کے ساتھ حرام کاری کی۔ تمام مفسرین اِس بات پر متفق ہیں کہ اِس کسبی سے مراد ہر وہ چیز ہے جو خدا کے خلاف ہے۔ بعض مفسرین اُسے اور بھی واضح طور پر بیان کرتے ہیں، اُن کا کہنا ہے کہ اِس سے مراد دولت و امارت اور اِس دُنیا کی عیش و عشرت کی جستجو ہے۔

اگر اِس تشریح کو لیا جائے تو بلاشبہ ہم دیکھ سکتے ہیں کہ کس طرح اُس نے دُنیا کو اپنا گرویدہ کیا ہوا ہے۔ شیطان ہمیں بتاتا ہے کہ ہمارا نصب العین اپنی ذات کو جلال دینا اور اِس دُنیا کی عیش وعشرت سے لطف اُٹھانا ہے۔ بڑی کسبی اپنا فلسفہ پیش کرتی ہے۔ غور کریں کہ یہ کسبی بہت سے پانیوں پر بیٹھی ہوئی ہے۔ 15 آیت ہمیں بتاتی ہے کہ بہت سے پانی لوگوں، قوموں، بہت بڑی بھیڑ اور زبانوں کو ظاہر کرتے ہیں۔ اِس کا پانیوں پر بیٹھنا ظاہر کرتا ہے کہ وہ اُن پر تسلط جمائے ہوئے ہے اور وہ اُس کے قیدی ہیں۔

یہ بات بھی قابل غور ہے کہ کسبی بیابان میں ہے۔ یہی وہ آخری جگہ ہے جہاں پر آپ اُس کے

بیٹھنے کی توقع کر سکتے ہیں۔ کیا وہ خدا کی طرف سے جلاوطن تھی؟ شاید دولت اور عیش وعشرت کی جستجو ہی نے اُسے بیابان کی طرح بے پھل اور خالی کر دیا ہے۔ وہ ارغوانی اور قرمزی لباس پہنے ہوئے ہے۔ ارغوانی اور قرمزی رنگ شاہانہ رنگ ہیں۔ سپاہیوں نے مسیح کو ارغوانی پوشاک پہنائی اور اُس کے سر پر کانٹوں کا تاج رکھ کر پکارنے لگے، ''اَے یہودیوں کے بادشاہ، آداب'' ﴿متی 27:28-29﴾ وہ سونے، قیمتی پتھروں اور موتیوں سے چمک رہی تھی۔ اگرچہ وہ دُنیا کی دولت سے لطف اندوز ہوتی رہی تو بھی وہ بیابان میں تھی۔

اِس بڑی کسبی کے ہاتھ میں سونے کا ایک پیالہ تھا۔ یہ پیالہ مکروہات سے بھرا ہوا تھا۔ اُس میں اِس کی زناکاریوں کی گندگی بھری ہوئی تھی۔ باہر سے تو وہ پیالہ بڑا پُرکشش تھا لیکن اُس کے اندر بدی بھری ہوئی تھی۔ یہ گناہ کی ایک زبردست تصویر ہے۔

یوحنا رسول بیان کرتا ہے کہ کسبی کے ماتھے پر ایک خطاب لکھا ہوا تھا۔ ''بڑا شہر بابل، کسبیوں اور زمین کی مکروہات کی ماں۔'' یہ بابل کا بھید ہے۔ بابل خدا کے لوگوں کا دشمن تھا۔ یہ عورت ہر اُس چیز کو پیش کرتی ہے جو خدا کے خلاف ہے۔ وہ کسبیوں کی ماں ہے۔ روحانی معنوں میں کسبی سے مراد خدا سے برگشتہ ہو کر دوسری چیزوں، لوگوں یا دیوتاؤں میں اپنی خواہشوں کی تکمیل کی جستجو کا نام ہے۔ یہ عورت خدا سے منحرف ہو کر دُنیا کی عیش وعشرت کی جستجو کی تصویر ہے۔ یہ خدا سے الگ ہو کر اُن سب چیزوں کی جستجو کا مفہوم دیتی ہے جو گناہ اور مکروہات کی صورت میں اِس زمین پر واقع ہوئیں۔

یوحنا رسول نے دیکھا کہ وہ عورت نشے میں مدہوش تھی۔ تاہم وہ شراب وغیرہ کے نشے سے مدہوش نہیں تھی بلکہ وہ مقدسین کے خون سے متوالا تھی۔ جب یہ ظاہر ہوتی ہے تو ایک ہی نظر میں حسین وجمیل دکھائی دیتی ہے۔ وہ بہت خطرناک عورت ہے۔ اُس نے بہت سے ایمانداروں کو تباہ کیا۔ ایمانداروں کو تباہ و برباد کرنے کی خواہش اُسے پورے طور سے اپنے اختیار میں کیے

ہوئے ہے جیسے شراب شرابی کو اپنے اختیار میں کر لیتی ہے۔

یہ عورت ایک حیوان پر بیٹھی ہوئی ہے۔ جبکہ حیوان کفر کے ناموں سے بھرا ہوا تھا۔ اُس حیوان کے دس سینگ اور سات سر تھے۔ کیا ممکن ہے کہ یہ وہی حیوان ہو جو ہم نے مکاشفہ 13 باب میں دیکھا تھا؟ ہمیں مکاشفہ 11-9:17 میں بتایا گیا ہے کہ سات سر سات پہاڑوں کو پیش کرتے ہیں۔ روم کا شہر اپنے سات پہاڑوں کی وجہ سے بہت مشہور ہے۔ یوحنا رسول فوری طور پر سمجھ گیا ہوگا کہ یہ روم کے سات پہاڑوں کی طرف اشارہ ہے۔ روم اُس دور میں ایک سیاسی قوت تھا۔ روم کلیسیا کی سیاسی مخالفت کو پیش کرتا ہے۔

آیات 14-12 سے ہم سیکھتے ہیں کہ دس سینگ اُن دس بادشاہوں کو پیش کرتے ہیں جنہیں ابھی تک بادشاہت نہیں ملی۔ وہ وقت قریب ہے جب اُنہیں اختیار مل جائے گا۔ تاہم یہ اختیار مختصر عرصہ کیلئے ہوگا۔ وہ برّہ کے خلاف جنگ کرنے کے لئے حکم حاصل کریں گے۔ اِن دس بادشاہوں کی پہچان یا شناخت کا کوئی اشارہ یہاں پر نہیں دیا گیا۔ تاہم لڑائی کا نتیجہ پہلے ہی سے طے شدہ ہے۔ 13 آیت اِس بات کو واضح کرتی ہے کہ برّہ اور اُس کے وفادار پیروکار اُس پر غالب آئیں گے۔

8 آیت سے ہمیں پتہ چلتا ہے کہ ''پہلے تھا اور اَب نہیں اور پھر موجود ہوگا۔ یہ اتھاہ گڑھے سے نکل کر نیست و نابود کرنے کے لئے جائے گا۔ اِس حیوان کے پیچھے طاقت و توانائی کا سرچشمہ شیطان ہے۔ مکاشفہ 13:4 ہمیں بتاتا ہے کہ یہ اژدھا ﴿شیطان﴾ تھا جس نے حیوان کو سات سر اور دس سینگ یعنی اپنا اختیار دیا۔ شروع زمانہ ہی سے شیطان کا اثر اِس دُنیا میں محسوس ہوتا چلا آیا ہے۔ اِس مفہوم میں ''شیطان تھا'' مکاشفہ 11-16:10 میں ہم دریافت کرتے ہیں کہ حیوان کی سلطنت ہرمجدون کی لڑائی سے قبل تاریکی میں دھکیل دی جائے گی۔ مکاشفہ کی کتاب کا 20 باب ایک ہزار سالہ دوَر کا ذکر کرتا ہے جس میں شیطان کو باندھ دیا جائے تا کہ وہ قوموں کو پھر

اپنے فریب کے جال میں نہ پھنسائے۔ اِس فقرے کی تشریح یوں بھی ہو سکتی ہے کہ "اب نہیں ہے۔" یہ اُس دور کی طرف اشارہ ہے جب شیطان کی سرگرمیوں پر پابندی لگ جائے گی۔
اِس ایک ہزار سالہ دور کے بعد، شیطان کو ایک بار پھر اپنے کاموں کی انجام دہی کے لئے کھول دیا جائے گا۔ اگر ہم نے مکاشفہ 17:8 کو سمجھنا ہے تو پھر اِسے مکاشفہ کی کتاب کے بقیہ متن کے مطابق سمجھنا ہوگا۔ شیطان کی طاقت کو اُس وقت تک محدود کر دیا جائے گا جب تک اُسے آخری تباہی کیلئے کھول نہ دیا جائے۔ اُس کی تباہی یقینی ہے۔ آیت 8 ہمیں بتاتی ہے کہ حیوان اتھاہ گڑھے سے نکل کر آئے گا اور آخری تباہی کی طرف پیش قدمی کرے گا۔ یہ بات مکاشفہ 10-20:7 کے ساتھ کامل طور پر منطبق ہوتی ہے۔ جہاں شیطان کو ایک بار پھر قوموں کو اپنے فریب میں پھنسانے کے لئے کھول دیا جائے گا اور پھر بالاخر اُسے آگ کی جھیل میں ڈال دیا جائے گا۔
16 آیت پر غور کریں کہ حیوان اُس عورت کے خلاف کمر بستہ ہو کر اُس کی تباہی کا خواہاں ہوگا۔ اُس عورت کا بدن آگ سے جلایا جائے گا۔ اگرچہ اُس عورت نے بہت سی باتوں کے تعلق سے شیخی ماری تھی تو بھی سب کچھ جاتا رہا اور محرومیوں کے سوا کچھ نہ بچا۔ بالاخر اِب وہ بھی بھولا دی گئی تھی۔
کتنے ہی ایسے لوگ ہیں جو دُنیا کی عیش و عشرت اور دولت اور امارت کی جستجو میں راہ راست سے بھٹک چکے ہیں؟ اُنہیں اِس بات کا احساس ہی نہیں کہ علامتی بابل اِس حیوان پر بیٹھا ہوا ہے جسے از خود شیطان کنٹرول کر رہا ہے۔ کتنی ہی ایسی روحیں ہیں جنہوں نے دُنیا کی عیش و عشرت اور دولت کی آزمائش کی طرف توجہ کر لی ہے؟ بابل کا بھید چمکتے ہوئے سونے میں ملبس ہے جس کے ہاتھ میں سونے کا پیالہ ہے۔ یہ پیالہ بڑا پر کشش ہے۔ یہ سونے کی چمک دمک سے روشن ہے۔ وہ جنہوں نے اِس پیالے سے پیا تھا۔ اَب خود کو خالی محسوس کرتے ہیں۔ اُس کے زہر نے اُنہیں

اُن کی روحانی قوت سے خالی کر دیا۔ اِس دُنیا کے پاس ہمیں حقیقی قدر و قیمت کی دینے والی کوئی چیز موجود نہیں ہے۔

کلامِ مقدس کا یہ حصہ ہمیں یاد دلاتا ہے کہ اِس دُنیا کی دولت و امارت اور عیش و عشرت عارضی ہیں۔ کیا آپ ڈوبتی ناؤ پر بھروسہ کریں گے؟ کیا آپ ایک ایسے پیالے سے پیئے گے جس سے آپ کی تسکین کبھی نہ ہو سکے۔

چند غور طلب باتیں

☆۔اِس حصے میں ہم دولت اور عیش و عشرت کے بارے میں کیا سیکھتے ہیں؟ کیا آپ اپنے اِرد گرد ایسے لوگوں کو دیکھتے ہیں جو اِس کی جستجو اور تعاقب میں گمراہی کی راہ پر چل دیئے ہیں؟

☆۔اِس دُنیا میں رہتے ہوئے، آپ کس خاص چیز کے بارے میں کشمکش سے دوچار ہیں جو آپ کی توجہ کو خدا سے دور لے جاتی ہے؟

☆۔اِس حصے کے مطابق دولت اور عیش و عشرت کی کشش کے پیچھے کون سی قوت پنہاں ہوتی ہے؟ ☆۔یہاں پر ہم شیطان کی شکست اور اُس کی آزمائشوں کے بارے میں کیا سیکھتے ہیں؟

چند ایک دُعائیہ نکات

☆۔خداوند سے فضل اور توفیق مانگیں تا کہ آپ کی نگاہیں اُس پر لگی رہیں۔خداوند سے التجا کریں کہ وہ آپ کو اِس دُنیا کی پُر کشش چیزوں کی چمک دمک سے روحانی طور پر اندھا ہو جانے سے بچائے۔

☆۔کیا کوئی ایسی خاص چیز ہے جو آپ کو اِن دنوں خدا سے دُور رکھے ہوئے ہے؟ خدا سے کہیں کہ وہ اپنی خوبصورتی اور جلال کو آپ پر منکشف کرے اور آپ کو ہر اُس چیز سے باز آنے کی توفیق بخشے جو آپ کی توجہ خداوند سے ہٹا کر اپنی طرف لگا لیتی ہے۔

☆۔اِس بات کی یقین دہانی کیلئے خداوند کی شکر گزاری کریں کہ بالاخر شیطان پورے طور پر شکست خوردہ اور بے اختیار ہو جائے گا۔

☆۔خداوند سے شفاعت کریں کہ آپ کے اردگرد بسنے والے لوگوں کی آنکھیں کھول دے تا کہ وہ خداوند کی خوبصورتی اور جلال کو دیکھ سکیں۔اُن کے لئے شفاعت کریں تا کہ اُن کی زندگی پر سے ابلیس کی گرفت ٹوٹ جائے اور وہ خدا سے زیادہ دولت اور عیش و عشرت کے طالب نہ ہوں۔

باب25

بابل کا گرنا

مکاشفہ 18 باب پڑھیں

18 باب کے آغاز ہی میں یوحنا رسول نے ایک فرشتہ کو آسمان پر سے اُترتے ہوئے دیکھا، اُس فرشتہ کو بڑا اختیار دیا گیا تھا۔ زمین اُس کے جلال سے روشن ہوگئی، وہ بڑی آواز سے بولتا تھا۔ یہ بات یہاں پر بالکل واضح نہیں ہے کہ آیا یہ فرشتہ خداوند یسوع مسیح کو پیش کرتا ہے۔

یہ فرشتہ آسمان سے بابل کے گرنے کا اعلان کرنے کے لئے آیا، ایک وقت تھا جب بابل ایک اڈا تھا۔ دُنیا بھر کے تاجر اُس کے ساحلوں پر خرید وفروخت کے لئے آتے تھے۔ اب وہ ویران پڑا تھا۔ یہاں پر اب ناپاک روحیں، ناپاک پرندے اور بدی کی قوتیں بسیرا کئے ہوئے تھیں۔

شہر بابل کی عدالت اِس لئے ہوئی کیوں کہ اُس نے اپنی زناکاریوں کے پیالہ میں سے سب قوموں کو پلایا تھا۔ اُس نے زمین کے تاجروں کو ورغلایا تھا۔ وہ اُس کی آزمائشوں میں گر پڑے اور اُس کے بُرے کام اُن کا معمول بن گئے۔ یہ شہر دُنیا کو اُس کے خالق سے گمراہ کرنے کا ذمہ دار تھا۔ کیوں اِس شہر نے دُنیا کو عیش وعشرت اور دولت اور امارت کی پیش کش کر کے گمراہی کے راستہ پر ڈال دیا تھا۔

یوحنا رسول نے آسمان سے ایک اور آواز سنی، جو خدا کے لوگوں کو شہر بابل سے نکل آنے کے لئے پکار رہی تھی۔ دو وجوہات کی بنا پر خدا کے لوگوں کو اِس علامتی شہر کو چھوڑنا تھا، عیش وعشرت اور دولت وامارت کی جستجو کی علامت۔ پہلی وجہ یہ تھی کہ خدا نہیں چاہتا تھا کہ وہ اس کے گناہوں میں شریک ہوں۔ دوسری وجہ یہ تھی کہ خدا نہیں چاہتا تھا کہ اُس کے لوگ اِس شہر پر آنے والی آفات اور مصائب میں مبتلا ہوں۔

مسیحیوں کے لئے آزمائش بابل کے جھوٹ میں پھنس جانا تھا۔ بابل اِس دُنیا کی دولت اور عیش و نشاط کی عکاسی کرتا ہے۔ کتنے ہی ایسے مسیحی ہیں جو اِس دُنیا کے مال ومتاع اور عیش و آرام کی تلاش کے پھندے میں پھنس چکے ہیں؟ ہمیں یہاں پر انتباہ کیا گیا ہے کہ ہم سونے کی چمک دمک اور عیش ونشاط اور دُنیا کی لذتوں کی کشش کے خوبصورت جال میں نہ پھنس جائیں۔ یہ چیزیں ہمیں حقیقی شادمانی نہیں دے سکتیں، یہ چیزیں تو ہمیں ہمارے خداوند سے دور لے جا سکتی ہیں۔

یہاں پر غور کریں کہ خدا کے لوگوں کو غیر ایمانداروں سے الگ کیا گیا ہے۔ بابل کی عدالت سے قبل، خدا کے لوگوں کو وہاں سے ہٹا لیا گیا۔

بابل کے گناہ آسمان تک پہنچ گئے تھے۔ جب اُن کے ایسے گناہوں کی فہرست لمبی ہوتی گئی جن کی سزا خدا نے نہیں دی تھی، تو لوگوں کو بڑا اچھا محسوس ہونے لگا، اُن کا ایمان اِس بات پر پختہ ہو گیا کہ اُنہیں اُن کے گناہوں کی سزا بھگتنا نہیں پڑے گی۔ اُنہوں نے محسوس کیا کہ خدا اُن کے گناہوں کو نظر انداز کر دے گا۔ لیکن فی الحقیقت ایسا نہیں ہونا تھا۔ خدا کو اُن کی بدکاریاں یاد تھیں۔ اُنہیں اُن کے گناہوں کی پوری پوری سزا ملنا تھی۔ خدا نے اُنہیں بتا دیا تھا کہ جس قدر اُنہوں نے خود کو عزت اور جلال دیا ہے اور جس قدر وہ عیش وعشرت سے لطف اندوز ہوتے رہے ہیں اَب اِسی قدر وہ سزا بھی پائیں گے۔ اُن لوگوں کا گناہ یہ تھا کہ اُنہوں نے خدا سے بڑھ کر اپنی دولت، مال ومتاع اور عیش وعشرت کو عزیز رکھا تھا۔ دراصل یہ سب چیزیں ہی اُن کا خدا بن چکی تھیں۔

بابل اور ہر چیز جس کی وہ نمائندگی کرتا تھا متکبر اور مغرور تھی۔ اُس کا دعویٰ یہ تھا کہ یہ کبھی بھی غم سے دوچار نہیں ہوگا۔ ﴿ آیت 7 ﴾ خدا نے اُسے غلط ثابت کر دیا۔ اِس شہر کو وبا، موت، ماتم اور قحط نے گھیر لیا، یہ شہر اُس کے قہر وغضب کی آگ سے بھسم ہوگا۔

اِس باب میں ہم بابل کی تباہی کے تعلق سے مختلف گروہوں کے ردِعمل کو دیکھتے ہیں۔ زمین کے بادشاہ جو اُس کی زناکاریوں میں شریک ہوئے تھے، یہ سب کچھ دیکھ کر خوفزدہ ہو جائیں گے۔ ﴿آیت 10-9﴾ وہ اِس بات کو سمجھ نہ پائے کہ اتنا بڑا شہر اِس قدر جلدی کیسے گر گیا۔ دُنیا کے سوداگر اِس لئے اُس پر ماتم کریں گے کیوں کہ اَب اُن کا منافع بخش کاروبار تباہ ہو جائے گا۔ ﴿11-17﴾ وہ اپنے سروں پر خاک ڈالیں گے اور روتے ہوئے اور ماتم کریں گے کیوں کہ اُن کی آمدنی کا ذریعہ برباد ہو گیا۔ ﴿17-20﴾

اِس رویا میں، یوحنا رسول، نے ایک بڑے فرشتہ کو ایک بڑی چکی کا پاٹ اُٹھا کر سمندر میں پھینکتے ہوئے دیکھا، یوحنا رسول نے فرشتے کو یہ کہتے سنا کہ بابل کا بڑا شہر بھی اسی طرح زور سے گرایا جائے گا۔ جب چکی کا پاٹ سمندر میں گرایا جاتا ہے تو پھر دوبارہ نہیں ملتا۔ یہ تو سمندر کی تہہ میں چلا جاتا ہے جہاں سے ہمیشہ کے لئے بھلا دیا جاتا ہے۔ یہی حال بابل شہر کا ہوگا۔

علامتی شہر بابل میں سازندوں کی آواز پھر سنائی نہ دے گی۔ ہر طرح کی موسیقی ہمیشہ کے لئے خاموش ہو جائے گی۔ کاریگروں کی آواز بھی آنا بند ہو جائے گی۔ چکی رک جائے گی کیوں کہ وہاں پیسنے کے لئے ہی کچھ نہ ہوگا۔ چراغدانوں میں روشنی باقی نہ رہے گی۔ اِس سرزمین پر خوشی و مسرت کی آواز کبھی سنائی نہ دے گی۔ بابل کے سوداگر دُنیا کے امیر ترین لوگ تھے۔ لیکن اب وہ بھی زوال کا شکار ہو جائیں گے۔

بابل کی مادہ پرستی کے جادو نے قوموں کو گمراہ کر دیا۔ یہ شہر بہت سے لوگوں کی موت کا ذمہ دار تھا۔ اُن کے خون سے یہ سرزمین سیراب ہوئی تھی۔ بابل کو اپنی مادہ پرستی اور دُنیا کی عیش و عشرت کے سبب سے عدالت کا سامنا کرے گا۔ خدا اُس کی عدالت کر کے اِسے نیست کرے گا۔

اِس دُنیا کی عیش و نشاط اور مال و متاع ہمیشہ قائم نہیں رہے گا۔ بالآخر یہ سب چیزیں ہمیں تسکین نہ دے سکیں گی بلکہ ہمیں غیر مطمئن اور روحانی طور پر خشک سالی میں مبتلا کر دیں گی۔ کتنے ہی ایسے

لوگ ہیں جو گمراہ ہو کر بابل کی ورغلاہٹ میں آگئے اور بالآخر اُنہوں نے دیکھا کہ وہ ہر چیز سے محروم ہو گئے۔ اگر خدا آپ کو دُنیاوی چیزوں کی خوشیوں اور عیش و آرام سے محروم کر دے تو آپ کی زندگی کا کیا حال ہوگا؟ کیا آپ نے اپنی زندگی کی بنیاد ایسی چیزوں پر رکھی ہوئی ہے جو نیست ہونے والی ہے؟ جب عدالت کا روزِ عظیم آئے گا تو سب کچھ نیست ہو جائے گا۔ اور پھر عیاں ہو جائے گا کہ ہماری اصلیت کیا ہے۔ اصلی سونا باقی رہے گا باقی سب کچھ جل جائے گا۔

چند غور طلب باتیں

☆ ۔ بابل کس چیز کو پیش کرتا ہے؟ آپ اپنے اردگرد کس حد تک اِس کا اثر دیکھتے ہیں؟

☆ ۔ دُنیا کی عیش و نشاط اور دولت اور امارت میں پھنس جانا ایمانداروں کے لئے کس قدر آزمائش کا باعث ہے؟

☆ ۔ بابل کے پیروکاروں نے سوچا، چونکہ خدا سزا دینے میں تاخیر کر رہا ہے اِس لئے اُنہیں اُس کے سامنے جواب دہ نہیں ہونا پڑے گا۔
کیا آپ کی ملاقات ایسے لوگوں سے ہوئی ہے جو اِس طرح سے زندگی بسر کر رہے ہیں کہ گویا اُنہیں خدا کے حضور جواب دہ نہیں ہونا پڑے گا۔

☆ ۔ ہمارے لئے خدا کی بہ نسبت اپنی دولت اور امارت پر بھروسہ کرنا کس قدر آسان ہے؟

چند ایک دُعائیہ نکات

☆ ۔ خداوند سے کہیں کہ وہ آپ کو فضل اور توفیق دے تا کہ آپ اِس دُنیا کی دولت اور امارت اور عیش و نشاط کی کشش کے سبب اپنی نگاہیں اُس سے ہٹا نہ لیں۔ تا کہ آپ کا رشتہ اُس کے ساتھ متاثر نہ ہو۔

☆ ۔ اِس بات کے لئے خداوند کی شکرگزاری کریں کہ وہ آپ کی ہر ایک ضرورت پوری کرنے پر قدرت رکھتا ہے۔ خداوند سے ایسے اوقات کیلئے معافی مانگیں جب آپ نے اُس کی بہ نسبت اپنی لیاقت اور خوبیوں پر زیادہ بھروسہ کیا۔

☆ ۔ خداوند کی شکرگزاری کریں کہ وہ ہر اُس چیز سے زیادہ خوبصورت اور عظیم ہے جو یہ دُنیا ہمیں پیش کر سکتی ہے۔

باب 26

حیوان کا زوال اور جھوٹا نبی

مکاشفہ 19 باب پڑھیں

بابل گر چکا ہے۔لیکن کچھ اور بھی دشمن ہے جنہیں ابھی شکست دینا باقی ہے اور وہ ہیں حیوان، جھوٹا نبی، پرانا سانپ ﴿اژدھا﴾ اور موت۔ ہمارے سامنے آسمانی منظر یہ ہے کہ یوحنا رسول نے آسمان پر ایک بہت بڑی بھیڑ کو خداوند کی تعریف و تمجید کرتے ہوئے دیکھا۔بابل کو شکست دینے کی بنا پر وہ اُس کے نام کو جلال دے رہے تھے۔وہ عدل اور سچائی سے عدالت کرنے کی بنا پر اُس کے نام کو سربلند کر رہے تھے۔اپنے خادموں کے خون کا بدلہ لینے پر وہ اُس کی پرستش اور ستائش کر رہے تھے۔

بابل، یعنی بڑی کسبی اِس دُنیا کی عیش وعشرت اور دولت و امارت کی عکاسی کرتی ہے۔اِسی کی عدالت ہوئی تھی۔اُس کے جلنے کا دھواں ابدالاباد اُٹھتا رہے گا جو اِس بات کی یادآوری ہوگی کہ برّہ فتح مند ہوا ہے۔وہ پھر دُنیا کو گمراہ کرنے کے لئے نہ اُٹھ سکے گا۔اُس کی تباہی ہی اُس کا انجام ہے۔بہتوں نے اپنی دولت اور عیش وعشرت کے ساتھ اپنا پورا توکل بابل پر ہی کیا تھا۔وہ اُس کی چمک دمک اور اُس کی رنگینیوں کے دام میں پھنس گئے۔بابل کا اُٹھتا ہوا دھواں جو کہ ابدالاباد اٹھتا رہے گا اُس کی شکست کی گواہی دیتا رہے گا۔

جب یوحنا رسول نے ایک بہت بڑی بھیڑ کو خداوند کی پرستش اور ستائش کرتے اور اُس کے پاک اور قدوس نام کو عزت وجلال دیتے ہوئے دیکھا تو اُس نے غور کیا کہ چوبیس بزرگ اور چار جاندار بھی اُن کے ساتھ مل کر خداوند کو سجدہ کرنے اور اُس کے نام کی حمد کرنے لگے۔اُس نے تخت میں سے یہ آواز آتی ہوئی سنی، اَے خدا کے سب خادموں، خواہ چھوٹے، خواہ بڑے تم سب

ہمارے خداوند کی حمد کرو۔

جب خدا کے ساتھ ہمارے رشتے اور تعلق کی بات آتی ہے تو پھر معاشرتی طور پر ہمارے مقام کی کوئی اہمیت نہیں رہتی۔ہم سب خدا کے حضور مساوات کے اصول پر کھڑے ہوتے ہیں۔خواہ کوئی چھوٹا ہو، خواہ بڑا سب ہی آسمان کے خدا کے آگے جھکتے ہیں۔

تخت سے آنے والی آواز کے جواب میں، ایک بہت بڑی بھیڑ خداوند کی حمد کرنے لگی، اُس بڑی جماعت کی آواز زور کے پانی اور گرج کی سی تھی۔اُس جماعت نے بلند آواز سے پکارا۔ہللویاہ، ہمارا خدا قادرِ مطلق بادشاہی کرتا ہے۔" اُنہوں نے بہت بڑی شادی کی ضیافت کے پیش نظر گایا، جو کہ ہونے والی تھی اور جس کا دُلہا خداوند یسوع مسیح ہے۔وہ دُلہن جس نے اپنے آپ کو تیار کیا اور سجایا تھا کلیسیا تھی۔اُس نے اعلیٰ قسم کے مہین کتانی لباس سے خود کو ملبس کیا تھا۔جو کہ اُس کی راستبازی کی عکاسی کرتا ہے۔﴿8 آیت﴾ ایک فرشتے نے یوحنا رسول سے کہا، لکھ۔"مبارک ہیں وہ جو برّہ کی شادی کی ضیافت میں بلائے گئے۔" ﴿9 آیت﴾

یوحنا رسول نے مسیح کے اِس طور سے کلیسیا کے ساتھ پھر سے ملنے کی خوشی و مسرت پر مبنی خبر سنی تو وہ مارے خوشی کے اُس پیامبر کے قدموں میں سجدہ کرنے کے لئے گرا جس نے اُس تک یہ خبر پہنچائی تھی۔فرشتہ نے اُس سے کہا خبردار مجھے سجدہ نہ کر کیوں کہ میں تو خدا کا محض ایک خادم ہوں۔ صرف خدا ہی کو سجدہ کیا جائے کیوں کہ وہی اِس لائق ہے۔"کیوں کہ یسوع کی گواہی نبوت کی روح ہے۔" اُس وقت فرشتے نے جو باتیں یوحنا رسول سے کہیں، کچھ لمحات کے لئے ہمیں اُن پر غور کرنا ہوگا۔

نبوت کی اِس کتاب کی مرکزی شخصیت یسوع مسیح اور اُس کی گواہی ہے۔اُس دن اِس کتاب کی ہر ایک نبوت جو یوحنا رسول کو ملی، وہ مسیح اور اُس کی فتح کی طرف اشارہ کرتی ہے۔وہ فرشتہ جو یوحنا رسول تک پیغام لے کر آیا محض ایک خادم تھا جس نے اُن سب کاموں کو بیان کیا جو خداوند یسوع

مسیح نے اپنی آمدِ ثانی پر سرانجام دینے ہیں۔ یوحنا رسول کو اِس پیغام کی اہمیت کے پیشِ نظر پیامبر کے قدموں میں نہیں جھکنا تھا۔ کیوں کہ ساری عزت اور جلال یسوع ہی کو ملنا چاہئے تھا کیوں کہ اُسی نے سب چیزوں کو خلق کیا ہے۔

مسیح کی بطور مرکزی کردار یاد دہانی کے بعد، یوحنا رسول نے دیکھا کہ آسمان کھل گئے، ایک سفید گھوڑا اور اُس پر ایک سوار ظاہر ہوا۔ سفید گھوڑے کے سوار کا نام سچا اور برحق تھا۔ وہ لڑائی کرنے اور راستی اور انصاف سے دُنیا کی عدالت کرنے نکلا تھا۔ اُس کی آنکھیں آگ کے شعلے کی مانند تھیں۔ اُس کے سر پر بہت سے تاج تھے جو کہ اُس کی بہت سی فتوحات کی علامت ہو سکتے ہیں۔ اُس کا ایک نیا نام بھی تھا جو اُس کے سوا کوئی اور نہیں جانتا تھا۔ ہمیں بتایا گیا ہے کہ اُس کا نام ''کلامِ خدا'' تھا

کیوں صرف وہی اپنے نام سے واقف ہے اور کوئی دوسرا نہیں؟ کیا ممکن ہے کہ یہ وجہ ہو کہ صرف وہی اکیلا قانونی طور پر اِس نام کو لینے کے لائق ہو؟ بائبل کے دور میں نام متعلقہ شخص کے کردار کو پیش کیا کرتا تھا۔ صرف خداوند یسوع ہی ''کلامِ خدا'' کا نام لینے کے قابل ہے۔ یسوع کے علاوہ کون سی ایسی شخصیت ہے جو ''کلامِ خدا'' کو مکمل طور پر بیان کر سکے؟ یوحنا رسول اِس لقب سے واقف تھا۔ مسیح نے اپنی زندگی میں اُس نام کو استعمال کیا جو کہ مسیح کی طرف اشارہ ہے۔ ﴿یوحنا 1:1﴾

سوار خون کی چھڑکی ہوئی پوشاک پہنے تھا۔ یسوع کا خون بہایا گیا تھا، اُسے اپنی جان کی قیمت دے کر اپنی فتوحات کو حاصل کرنا پڑا۔ اُسی خون نے بنی نوع انسان کو دشمن کے ہاتھ سے چھڑایا تھا۔

سفید گھوڑے کے سوار کے پیچھے پیچھے بہت بڑی تعداد میں فوجیں چلی آ رہی تھی۔ ہر ایک سپاہی مہین کتانی کپڑے پہنے ہوئے تھا۔ ہر ایک سپاہی کا یہ معمول کا لباس تھا تاہم، اِس بات کو یاد

رکھیں کہ صاف مہین کتانی لباس مقدسین کے راستبازی کے کاموں کی عکاسی کرتے ہیں۔

﴿8 آیت﴾ یہ مقدسین حیوان اور جھوٹے نبی کے ساتھ جنگ کرنے کے لئے آئے ہیں۔اِس حیوان اور جھوٹے نبی کے خلاف ہونے والی جنگ کو صرف وہی فتح کرسکیں گے جن کا مسیح کے ساتھ تعلق اور رشتہ درست ہوگا۔ یہ جنگ اعلیٰ قسم کی فوجی طاقت اور ہتھیاروں سے متعلق نہیں تھی۔اِس جنگ کے لئے تلواروں، بھالوں اور دیگر جسمانی ہتھیاروں کی قطعاضرورت نہ تھی۔

حیوان اور جھوٹے نبی کے خلاف اِس جنگ میں نبرد آزما ہونے والوں کے لئے ضروری تھا کہ وہ راستی سے ملبس ہوتے۔سفید گھوڑے کے سوار کے پیچھے چلنے والوں کیلئے مسیح کی راستبازی ہی ایک مکمل لباس تھا۔صرف وہی جو مسیح کی راستبازی سے ملبس ہیں اِس جنگ میں پیش قدمی کر سکیں گے۔

15 آیت تک سفید گھوڑے اور اُس کے سوار کا بیان جاری رہتا ہے۔اُس کے منہ سے ایک تلوار نکل رہی ہے جس سے وہ قوموں کو مارے گا۔

تلوار خدا کے کلام کو پیش کرتی ہے۔اِسی کلام سے خدا نے جہان خلق کئے۔اور اِسی کلام سے حیوان اور جھوٹے نبی کے دورِحکومت کا اختتام ہوگا۔

اِس بات پر غور کریں کہ یسوع لوہے کے عصا سے دُنیا پر حکومت کرے گا۔اس کی حکمرانی یقینی اور طے شدہ ہوگی۔وہ دنیا کی عدالت کرے گا۔وہ سخت غضب کی مے کے حوض میں انگور روندے گا۔انگوروں سے مراد مسیح کے دشمن ہیں۔انگوروں کے رس سے مراد اُن کا خون ہے۔

سفید گھوڑے کے سوار کی ران اور اُس کی پوشاک پر ایک نام لکھا ہوا ہے۔''بادشاہوں کا بادشاہ اور خداوندوں کا خدا'' وہی دُنیا کا حاکمِ مطلق تھا، اُسی کے سامنے ہر ایک گھٹنا جھکے گا۔

اِس بڑی لڑائی کی تیاری میں، یوحنا رسول نے ایک فرشتے کو آفتاب پر کھڑے دیکھا جو کہ ہوا کے پرندوں کو ایک بڑی ضیافت میں شریک ہونے کے لئے بلا رہا تھا۔وہ دُنیا کے بادشاہوں اور فوجی

سرداروں کا گوشت کھائیں گے۔ وہ غلاموں، آزادوں اور زورآوروں کا گوشت کھائیں گے۔
حیوان، جھوٹا نبی اور زمین کے بادشاہ، برّہ اور اُس کی فوج سے جنگ کرنے کے لئے فراہم ہوئے، حیوان اور جھوٹا نبی پکڑے گئے اور آگ کی جھیل میں پھنک دیئے گئے۔ بقیہ فوج تلوار سے قتل کر دی گئی، ہوا کے پرندوں نے اُن کا گوشت کھایا، برّہ حیوان، جھوٹے نبی اور زمین کے بادشاہوں پر فاتح ہوا۔

دوسرا اور تیسرا بڑا دشمن بھی شکست خوردہ ہوا۔ اُنہوں نے زمین پر بڑا اختیار اور قدرت استعمال کی تھی۔ اُن حیوانوں نے بہت سی قوموں کو گمراہ کیا تھا۔ اُنہوں نے سرعام خداوند کے نام پر کفر بکا۔ یہی مقدسین کی موت کے ذمہ دار بھی تھے۔ خداوند اِس لڑائی میں فاتح ہوگا۔ برّہ ہی حیوانوں پر فاتح ہوگا۔

چند غور طلب باتیں

☆ ۔شکست کھانے والے پانچ دشمن کون سے ہیں؟

☆ ۔پیغام کی خوبصورتی کے سبب یوحنا رسول پیامبر کو سجدہ کرنے کی آزمائش میں پڑ گیا۔کیا آپ کی زندگی میں کبھی کوئی ایسا موقع آیا جب آپ پیغام بھیجنے والے کی بہ نسبت پیامبر کے پیچھے چل پڑے؟

☆ ۔خدا کی بہ نسبت لوگوں کے پیچھے چلنا کس قدر آسان معلوم ہوتا ہے؟

☆ ۔اِس باب میں سفید گھوڑے کا سوار کون ہے؟ ہم اُس کے بارے میں کیا سیکھتے ہیں؟

☆ ۔سفید گھوڑے کے سوار کی فوج کے تمام سپاہی سفید کتانی لباس پہنے ہوئے تھے، یہ سفید کتان کس چیز کو پیش کرتا ہے اور کیوں یہی لباس سپاہیوں کے لئے مناسب لباس تھا؟

☆ ۔اِس بات پر غور کریں کہ اِس بات کا مرکزی نکتہ حیوان یا جھوٹا نبی نہیں ہیں بلکہ خداوند یسوع مسیح ہے جس نے اُنہیں شکست سے دوچار کیا۔اِس سے ہمیں دورِ جدید میں گناہ، دُنیا اور شیطان کے خلاف نبرد آزما ہونے کے تعلق سے کیا سیکھنے کو ملتا ہے؟

چند ایک دُعائیہ نکات

☆ ۔خداوند کا شکر کریں کہ وہ ہمارے سب دشمنوں کو شکست دینے کی قدرت رکھتا ہے؟

☆ ۔کچھ لمحات کے لئے سفید گھوڑے کے سوار پر غور کریں۔خداوند یسوع کا شکر کریں کہ وہ سفید گھوڑے کا سوار ہے جو ہمیں مکمل فتح دینے کے لئے آیا۔

☆ ۔خداوند سے راستبازی کے کتان میں ملبس ہونے کی توفیق مانگیں۔اُس سے رہنمائی مانگیں، کہ آیا آپ کی زندگی میں کچھ ایسے علاقہ جات ہیں جنہیں راستبازی میں چھپنے کی ضرورت ہے؟ ☆ ۔بدی کے خلاف کشمکش اور جنگ میں اسی پر نظریں جمائے رکھنے کی توفیق مانگیں۔

باب 27

اژدھے اور موت کی شکست

مکاشفہ 20 باب پڑھیں

بابل اور دو حیوان شکست کھا چکے ہیں۔ اَب یوحنا رسول نے آسمان سے ایک فرشتہ کو اُترتے دیکھا جس کے ہاتھ میں اَتھاگڑھے کی کنجی اور ایک بہت بڑی زنجیر تھی۔ ہمیں اِس فرشتے کی کوئی پہچان نہیں دی گئی، اُس نے پرانے سانپ کو پکڑ کر جو کہ شیطان ہے اتھاہ گڑھے میں ڈال دیا۔ شیطان وہاں پر ہزار سال کیلئے باندھا رہا۔ شیطان کے باندھے جانے کی وجہ پر غور کریں۔

آیت 3 بتاتی ہے کہ شیطان کو اِس لئے باندھا جائے گا تاکہ وہ قوموں کو پھر گمراہ نہ کرنے پائے۔ جھوٹے نبی اور حیوان نے زمین پر گمراہی کا بہت زیادہ کام کیا تھا۔ لوگ اُن کی قدرت، نشانات اور عجائب دیکھ کر اُن کے دام میں پھنس گئے۔ حیوان اور جھوٹا نبی شکست کھا چکے ہیں۔ شیطان کو بھی باندھ دیا گیا ہے تاکہ وہ قوموں کو مزید گمراہ نہ کرنے پائے۔ اَب سوال یہ پیدا ہوتا ہے کہ آیا شیطان کے باندھے جانے کے بعد زمین کے رہنے والے خدا کی طرف رجوع لائیں گے۔ بے اعتقادی کا الزام حیوان اور پرانے سانپ پر لگانا کس قدر آسان ہے۔ اَب دیکھنا ہے کہ اُن کے منظر سے ہٹ جانے سے انسانی دل میں تبدیلی واقع ہوگی یا نہیں؟

ہزار سالہ دوَر کے دور میں کیا واقع ہوگا؟ 4 آیت ہمیں بتاتی ہے کہ جنہوں نے حیوان کے بت کی پرستش نہیں کی تھی اور نہ ہی اُس کی چھاپ اپنے ماتھے پر لی تھی، اُنہیں اپنے ایمان کے سبب اپنی جان سے ہاتھ دھونے پڑے تھے، اب وہی لوگ دوبارہ زندہ ہوگئے اور مسیح کے ساتھ ہزار سال تک بادشاہی کریں گے۔ اِن ایمانداروں نے بڑی مشکلات دیکھی تھیں تو بھی اپنے خداوند سے وفادار رہے تھے۔ اِنہوں نے حیوان کی اطاعت قبول کر کے اس کی چھاپ اپنے ماتھے پر نہیں لی

تھی۔ اِنہیں ایک ہزار سال تک مسیح کے ساتھ بادشاہی کرنے اور زمین کے رہنے والوں کی عدالت کرنے کے لئے زندہ کیا گیا۔

مکاشفہ 20:5 ہمیں بتاتی ہے کہ ہر کوئی اُس وقت زندہ کیا گیا۔ اور جب تک ہزار سالہ بادشاہی کا دوَر ختم نہ ہو گیا باقی لوگوں میں کوئی بھی زندہ نہ کیا گیا۔ یہ باقی مُردے کون ہیں؟ چوتھی آیت میں زندہ ہونے والے وہ لوگ ہیں جو حیوان کے بت کی پرستش اور اُس کی چھاپ نہ لینے کے سبب قتل کردیئے گئے تھے۔ باقی مُردوں سے مراد وہ لوگ ہیں جو یسوع پر ایمان نہیں لائے تھے اور ممکن ہے کہ حیوان کے دوَر میں وہ زندہ بھی نہ ہوں۔ اِس ہزار سالہ دور میں جو زندہ کئے گئے وہ پہلی قیامت کا حصہ ہیں۔ ﴿5 آیت﴾ اگر یہ پہلی قیامت ہے، تو پھر ظاہری بات ہے کہ دوسری قیامت بھی ہوگی۔ 6 آیت ہمیں بتاتی ہے کہ جو پہلی قیامت میں شریک ہوں گے اُنہیں دوسری موت سے کوئی ضرر نہ پہنچے گا۔

پہلی اور دوسری موت کیا ہے؟ پہلی موت جسمانی موت ہے، ہم میں سے ہر ایک کو اِس موت کا سامنا کرنا پڑے گا۔ دوسری موت جسمانی نہیں بلکہ روحانی موت ہے۔ اِس موت کا ذکر مکاشفہ 20:14 میں کیا گیا ہے۔ 14 ویں آیت ہمیں بتاتی ہے کہ دوسری موت آگ کی جھیل میں واقع ہوگی۔ آگ کی جھیل ابدی سزا کی جگہ ہے۔ یہ دوزخ کی طرف اشارہ ہے۔ یہ وہ مقام ہے جہاں گناہ گار ہمیشہ کے لئے خدا سے جدا ہو جائیں گے۔ جہاں اُن کے لئے خدا کو دوبارہ جاننے کے کوئی موقع میسر نہیں ہوگا۔ پہلی قیامت میں شریک ہونے والے ایماندار لوگ ہیں۔ وہ جہنم کے شعلوں اور دوسری موت سے محفوظ رہیں گے۔

مسیح کے دورِ حکومت کی تفصیلات کے تعلق سے بائبل مقدس بالکل خاموش ہے۔ بس اتنا کہنا ہی کافی ہے کہ کلیسیا محفوظ اور پُر امن ماحول میں خداوند کے لئے گواہی دینے کے لئے آزاد ہوگی۔ اور اُنہیں بابل، یعنی دُنیا کی عیش ونشاط اور دولت وامارت کی کشش اپنی طرف مائل نہیں کر

پائے گی بلکہ یہ پوری توجہ اور یکسوئی سے مسیح کے لئے گواہی کام سرانجام دیں گے۔ شیطان اور اُس کے دو حیوانوں کو بھی خاموش کرا دیا گیا ہے تا کہ وہ بھی زمین کے رہنے والوں کی توجہ میں کسی قسم کا خلل پیدا نہ کر سکیں۔ 7 آیت ہمیں بتاتی ہے کہ ہزار سالہ دوَر کے اختتام پر ابلیس کو کھول دیا جائے گا اور وہ خدا کے لوگوں کے خلاف آخری لڑائی کے لئے غیر ایمانداروں کو فراہم کرے گا۔

یہ بات قابلِ غور ہے کہ مسیح کے ہزار سالہ دوَر کے دوران، زمین پر بہت سے غیر ایماندار لوگ موجود ہوں گے۔ ہزار سالہ دوَر کے اختتام پر شیطان پھر سے قوموں کو گمراہ کرنے کیلئے نکل کھڑا ہوگا۔ مسیح کے ہزار سالہ دوَر کے باوجود، شیطان بہت سے ایسے لوگوں کو تلاش کرنے میں کامیاب ہوجائے گا جو مسیح سے نفرت کرتے ہیں۔

8ویں آیت کے مطابق، وہ جوج اور ماجوج کو مسیح اور کلیسیا کے خلاف جنگ کرنے کے لئے فراہم کرتا ہے۔ غور طلب بات یہ ہے کہ شیطان جن غیر ایمانداروں کو اکٹھا کرنے میں کامیاب ہوا اُن کی تعداد سمندر کی ریت کے ذروں کی مانند تھی۔ یہاں پر سب سے نمایاں بات یہ ہے کہ تاریخ کے اِس دوَر میں جب حیوان، جھوٹا نبی اور شیطان منظر پر سے ہٹا دیئے گے ہیں انسانی دل اب بھی ویسے کا ویسا ہی ہے۔ ہزار سال تک بندھے رہنے کے بعد جب ابلیس کو رہا کیا گیا تو وہ پھر سے ایسے بے شمار لوگوں کو اکٹھا کرنے میں کامیاب ہوگیا جو مسیح سے نفرت کرتے تھے۔ اُن کی تعداد گویا سمندر پر ریت کے ذرات کی مانند تھی۔ یہ لوگ اپنی سخت دلی کا الزام شیطان کے سر نہیں تھونپ سکتے۔ حتیٰ کہ بابل ﴿دولت اور امارت اور عیش و نشاط کی علامت﴾ کو بھی شکست ہو چکی ہے۔

وہ ایک ایسی دُنیا میں رہتے ہیں جہاں مسیح اپنے زندہ ہوجانے والے مقدسین کے ساتھ حکومت کرتا ہے۔ پھر بھی اُنہوں نے اُس کی نجات کی پیش کش کو رد کر دیا۔ صرف اُن کے گناہ آلودہ دلوں پر اِس بات کا الزام آسکتا ہے کہ اُنہوں نے مسیح کو رد کیا۔ ہمارا گناہ آلودہ دل ہی ہمیں مسیح

سے دُور رکھنے کے لئے کافی ہے۔

جوج اور ماجوج کون ہیں؟ حزقی ایل 38 اور 39 ابواب سے ہم سمجھتے ہیں کہ جوج ماجوج کی سر زمین کا شہزادہ تھا۔ حزقی ایل 38:4 جوج نے قوموں کے ساتھ اتحاد باندھ کر خدا کے لوگوں پر حملہ کر دیا۔ اِس باب میں بالکل وہی تصویر نظر آتی ہے۔ جوج اُن لوگوں کو پیش کرتا ہے جو خدا اور اُس کے لوگوں کے مخالف ہیں۔ اِس بہت بڑی فوج نے بڑے شہر کو گھیرے میں لے لیا۔ جہاں خدا کے لوگ اُس کے ساتھ مل کر حکومت کرتے تھے۔ وہ خدا کے لوگوں کو تباہ کرنے اور اُن پر غالب آنے کے لئے آئے تھے۔ یہ لڑائی بہت مختصر عرصہ کے لئے تھی۔ خدا نے آسمان سے آگ برسائی اور اُن کو نیست کر دیا۔ یہی کچھ حزقی ایل 38:22 میں واقع ہوا تھا۔

ابلیس کو آگ کی جھیل میں پھینک دیا گیا۔ وہ بھی حیوان اور جھوٹے نبی کے ساتھ جا ملا۔ آگ کی اِس جھیل میں یہ تینوں دن رات عذاب میں مبتلا رہیں گے۔ اُنہیں اِس عذاب اور تکلیف سے کبھی بھی رہائی نہیں ملے گی۔ اُن کی سزا ابدی سزا ہوگی۔ اور یوں خدا کے چاروں دشمن اپنے انجام کو پہنچ جائیں گے۔ ﴿بابل، حیوان، جھوٹا نبی، شیطان یعنی پرانا سانپ﴾ اِن واقعات کے بعد یوحنا رسول نے آسمان پر ایک سفید تخت کو اُترتے ہوئے دیکھا۔ جو تخت پر بیٹھا تھا وہی آسمان اور زمین کا خالق اور مالک ہے۔ اُس کے حضور سے آسمان اور زمین بھاگ گئے۔ جب یوحنا رسول نے مُردوں کو تخت کے سامنے حاضر ہوتے دیکھا۔ سمندر اور قبروں نے اپنے مُردے دے دیئے۔ وہ اَب خدا کے تختِ عدالت کے سامنے کھڑے تھے۔ آسمان پر کتابیں کھولی گئیں، جن کے نام کتابِ حیات میں لکھے ہوئے نہ ملے اُن کو آگ کی جھیل میں ڈال دیا گیا جہاں پر ابلیس، حیوان اور جھوٹے نبی کو ڈالا گیا تھا۔ ہر شخص کو اُس کے اعمال کے موافق بدلہ ملا۔ جب سب کی عدالت ہوگئی، موت اور قبر کو بھی آگ کی جھیل میں ڈال دیا گیا۔ اب کوئی بھی ایسا دشمن نہیں تھا جو خدا کی قدرت اور اُس کی قدوسیت کو للکار سکتا۔ وہ سب قوموں اور دشمنوں پر فاتح ثابت ہوا۔

چند غور طلب باتیں

☆ ۔پہلی قیامت کیا ہے؟ کون اِس پہلی قیامت کا حصہ ہوگا؟

☆ ۔پہلی اور دوسری موت کیا ہے؟

☆ ۔شیطان کو ایک ہزار سال کے لئے باندھ دیا جائے گا، کیا اِس بات سے زمین کے رہنے والوں کے دلوں میں تبدیلی پیدا ہوگی؟

اِس سے ہمیں گناہ اور بغاوت کے اصل سبب کے بارے کیا معلوم ہوتا ہے؟

☆ ۔عدالت کا بڑا سفید تخت کیا ہے؟ کیا آپ کو اِس بات کی یقین دہانی ہے کہ آپ اُس دن قائم رہ سکیں گے؟ کس چیز سے آپ کو یقین دہانی ملتی ہے؟

چند ایک دُعائیہ نکات

☆ ۔اِس بات کے لئے خداوند کی شکر گزاری کریں کہ وہ اپنے سب دشمنوں پر فاتح ہوگا۔

☆ ۔خدا کے حضور اُس کے شکر گزار ہوں کہ اُس نے آپ کے سنگین دل کو اپنے لئے شکستہ دل کیا

☆ ۔اگر آپ خداوند یسوع مسیح کو اپنے نجات دہندہ کے طور پر جانتے ہیں تو اُس کا شکر کریں کہ آپ اُس بڑے سفید تخت کے سامنے اِس یقین دہانی کے ساتھ کھڑے ہو سکیں گے کہ آپ کے گناہ معاف ہو چکے ہیں۔

باب 28

آسمانی شہر

مکاشفہ 21 باب پڑھیں

مُردوں کی عدالت کے بعد، یوحنا رسول نے ایک نیا آسمان اور ایک نئی زمین دیکھی، پرانا آسمان، زمین اور سمندر جاتا رہا، رویا میں یوحنا رسول نے آسمان سے ایک نئے شہر کو اُترتے ہوئے دیکھا۔ اُس شہر کو نیا یروشلیم کہا جاتا ہے یعنی مقدس شہر۔ اُس شہر کو ایسے سجایا گیا تھا جیسے دُلہن نے اپنے شوہر کے لئے سنگھار کیا ہو۔

نیا شہر نئی زمین پر نئے آسمان کے تلے موجود ہے۔ اُس نئے شہر میں خداوند ہی کو عزت اور جلال ملے گا۔ گناہ کا یہاں پر نام ونشان بھی نہ ہوگا۔ اُس نئے شہر میں کوئی آنسو نہیں بہائے گا۔ بلکہ رونے کی کوئی وجہ ہی نہیں ہوگی۔ موت، بیماری، آہ ونالہ اور درد باقی نہ رہے گا۔

اِن سب چیزوں کا تعلق تو اِس موجودہ جہاں سے ہے۔ اِس نئے شہر میں اِن چیزوں کے لئے کوئی جگہ نہیں ہے۔

یوحنا رسول نے ایک آواز کو سنا جو سب پیاسوں کو آبِ حیات مفت پینے کے لئے بلا رہی تھی۔ غور کریں کہ یہ دعوت نامہ سب کے لئے تھا۔ یہ وہی ہیں جو غالب آئے ہیں اور جنہیں ابدی زندگی میراث میں ملے گی کہ وہ ہمیشہ خدا کی حضوری میں رہیں گے۔ ﴿آیت 7﴾

بزدل خدا کی بادشاہی کے وارث نہ ہوں گے۔ یہ بزدل کون ہیں؟ عبرانیوں کا مصنف 10:38-39 میں اِن کو بیان کرتا ہے۔

''اور میرا راستباز بندہ ایمان سے جیتا رہے گا۔ اور اگر وہ ہٹے گا تو میرا دل اس سے خوش نہ ہوگا۔ لیکن ہم ہٹنے والے نہیں کہ ہلاک ہوں بلکہ ایمان رکھنے والے ہیں کہ جان بچائیں''

خداوند یسوع مسیح پر ہمارے ایمان کی پرکھ ساری زندگی ہوتی رہے گی۔ہم خداوند یسوع مسیح کی ملکیت ہیں اِس بات کا ثبوت اِس بات میں پنہاں ہے کہ ہم آخر تک ثابت قدم اور مضبوط رہیں۔لوگوں کونجات کی جھوٹی تسلیاں دینا کس قدر آسان ہے۔ہم واقعی نجات یافتہ ہے، اِس بات کی یقین دہانی ہمارے ایمان کی آزمائش سے ہوتی ہے۔اِس حصہ میں تمام پیاسو کے لئے دعوتِ عام ہےتو بھی جوثابت قدم رہیں گے وہی نجات پائیں گے۔

یہاں پر میں ایک بات واضح کرنا چاہتا ہوں، اِس کا ہرگز یہ مطلب نہیں کہ ہم اپنے نیک اعمال اور ثابت قدمی کے باعث نجات پاتے ہیں۔نجات ایک بخشش اور خداوند یسوع مسیح کی طرف سے بنی نوع انسان کیلئے ایک تحفہ ہے۔اور اِس کا ہمارے نیک اور اچھے کاموں سے کوئی تعلق نہیں ہے۔اِس معاملہ کی حقیقت یہ ہے کہ وہ جو واقعی نجات یافتہ ہوتے ہیں، اُن کے دل اور ذہن میں ایک تبدیلی واقعی ہوتی ہے کہ وہ اپنے ہرایک کام کے وسیلہ سے خداوند یسوع مسیح کے نام کوعزت اورجلال دے سکیں۔

وہ لوگ جو واقعی اُس کے ہو چکے ہیں، اپنی راہوں میں حائل رکاوٹوں اور دُکھوں اور آزمائشوں میں ثابت قدم رہیں گے۔کیوں کہ اُنھوں نے اپنی زندگی خداوند یسوع مسیح کے لئے وقف کر رکھی ہے۔اُن کے دل میں موجود صداقت کی اصل پرکھ اُن کی ثابت قدمی اور استقلال ہے۔

کوئی گناہ گار اُس مقدس شہر میں داخل نہ ہو سکے گا۔خوفزدہ، بے اعتقاد، قاتل، بدکردار، جادوگر، بت پرست، جھوٹوں کا داخلہ قطعی طور پر ناممکن ہوگا۔اُن کی جگہ آگ کی جھیل ہوگی۔وہ ہمیشہ ہمیشہ کیلئے خدا اور اُس کے لوگوں سے دور ہو جائیں گے۔

یوحنا رسول کو رویا میں اوپر لے جایا گیا اور اُسے اُس شہر کی ایک جھلک دیکھنے کو ملی۔جو کچھ اُس نے دیکھا ہے وہی کچھ وہ یہاں پر بیان کرتا ہے۔اُس نے جلال کو خالص زبرجد سے تشبیہ دی ہے۔اُس شہر کے چوگرد، ایک بلند دیوار تھی جس کے بارہ دروازے بھی تھے۔ہر ایک دروازے پر

ایک فرشتہ نگہبان کے طور پر کھڑا تھا۔ ہر ایک دروازے پر اسرائیل کے بارہ قبیلوں میں سے ایک کا نام لکھا ہوا تھا۔حزقی ایل نبی بھی ایک شہر کا بیان لکھتا ہے جس کے بارہ دروازے تھے اور ہر ایک دروازے پر اسرائیل کے بارہ قبیلوں میں سے ایک کا نام لکھا ہوا تھا۔

﴿حزقی ایل 34-30:48﴾ شہر کی دیواروں کی بنیادوں کے نیچے بارہ پتھروں کی بنیادیں تھیں۔ بنیاد کے ہر ایک پتھر پر ایک رسول کا نام لکھا ہوا تھا۔

حزقی ایل کے دور کے فرشتہ کی مانند، یوحنا رسول کو بھی ایک فرشتہ ہی رہنمائی دے رہا تھا۔اور اُس کے ہاتھ میں ناپنے کا ایک گز تھا۔ ﴿حزقی ایل 40:30﴾ شہر کی دیواروں کی پیمائش کی گئی، یہ شہر چوکور واقع ہوا تھا۔ ہر ایک دیوار کی لمبائی 1400 میل یا 2200 کلومیٹر تھی۔ بعض مفسرین یہاں پر موٹائی کی بہ نسبت اونچائی کو دیکھتے ہیں، ہر دیوار کی موٹائی 200 فٹ یا 65 میٹر تھی۔ دیواریں یاقوت کی بنی ہوئی تھیں۔

شہر خالص سونے کا تھا، بنیاد کا ہر ایک جس پر رسول کا نام لکھا ہوا تھا، قیمتی پتھر سے تراشا ہوا پتھر تھا۔شہر کا پھاٹک ایک ہی موتی کا بنا ہوا تھا۔شہر کی سڑکیں خالص سونے کی تھیں۔

اُس شہر میں خداوند کے لئے کوئی مقدّس نہیں تھا کیوں کہ خداوند از خود اُن کے درمیان سکونت پذیر تھا۔ ﴿22 آیت﴾ ہر دن خداوند کی پرستش اور ستائش کا دن ہوتا ہوگا۔ ہر روز خدا کے لوگ اُس کے حضور چلتے پھریں گے۔اُس کے جلال سے شہر روشن ہوگا۔سورج کی کوئی ضرورت نہ تھی۔کیوں کہ وہ شہر خداوند کے جلال سے منور تھا۔ ﴿23﴾ بہت سی قوموں میں سے لوگ خدا کے جلال کی روشنی میں چلتے پھرتے تھے۔ ﴿24 آیت﴾ اُس شہر کے پھاٹک کبھی بھی بند نہیں ہوں گے کیوں کہ وہاں پر حملہ کرنے کیلئے کوئی دشمن موجود نہیں ہوگا۔ ﴿آیت 25﴾ کوئی ناپاک چیز اُس میں داخل نہیں ہوگی۔صرف وہی جن کے نام برّہ کی کتابِ حیات میں لکھے ہوئے ہیں اُس شہر میں داخل ہونے کا شرف و استحقاق حاصل کریں گے۔ ﴿27 آیت﴾

کیا آپ کا نام کتابِ حیات میں لکھا ہوا ہے؟ کیا آپ نے آ کر مفت آبِ حیات پینے کے دعوت نامہ کے بارے میں سنا ہے؟ کیا خداوند اُس شہر میں آپ کے لئے ایک گھر تیار کر رہا ہے؟ کیا موتیوں سے بنے اِس شہر کے دروازے آپ کے لئے کھلیں گے؟ خداوند کرے کہ ہم سب کو اِس بات کی یقین دہانی حاصل ہو کہ ہمارے نام اُس کتابِ حیات میں لکھے ہوئے ہیں۔ خداوند آپ سب کو اِس بات کی یقین دہانی بخشے کہ آپ خدا کے بیٹے اور بیٹیاں اور اُس نئے شہر یروشلیم کے شہری ہیں۔

چند غور طلب باتیں

☆ ۔اِس موجودہ آسمان اور زمین کے ساتھ کیا واقع ہوگا؟

☆ ۔مقدس شہر کو بیان کریں۔آپ اُس شہر میں کیا دیکھنے کی توقع کرتے ہیں؟

☆ ۔اُس شہرِ یروشلیم میں کون داخل ہوگا؟ آپ کو کیسے علم ہوگا کہ آپ کو اُس شہر میں رہنے کے لئے ایک گھر ملے گا؟

☆ ۔ثابت قدمی اور استقلال کس طرح ہمارے ایمان کی صداقت کی پرکھ ہے؟ کیا آپ ثابت قدم اور قائم رہے ہیں؟

چند ایک دُعائیہ نکات

☆ ۔خداوند کا نئے شہر کی اُمید کیلئے شکر ادا کریں۔

☆ ۔آج جیسی بھی مشکلات اور دُکھوں کا آپ کو سامنا ہے، خداوند سے کہیں کہ آپ کو قائم اور مضبوط رہنے کا فضل بخشے۔اِس بات کے لئے خداوند کی شکرگزاری کریں کہ آپ کو یسوع مسیح میں جو اُمید حاصل ہے، اُس کے مقابلہ میں جن دُکھوں اور مصیبتوں کا آپ کو سامنا ہے وہ کچھ بھی نہیں ہیں۔

☆ ۔خداوند کی شکرگزاری کریں کہ اُس نے اپنے صلیبی کام کے وسیلہ سے یہ ممکن کر دیا ہے کہ آپ اُس نئے شہر میں داخل ہو سکیں۔

باب 29

رویا کا لُبِ لباب

مکاشفہ 22 باب پڑھیں

جیسے جیسے یوحنا رسول اپنے آسمانی شہر کے دوَرے کے بیان کے اختتام کی طرف بڑھ رہا ہے، ایک فرشتے نے اُسے خدا کے تخت سے بہنے والا دریا دکھایا۔ اُس دریا کا پانی زندگی بخشنے والا تھا۔ بعض مفسرین یہاں پر اِسے علامتی طور پر نجات کی طرف اشارہ سمجھتے ہیں۔ حزقی ایل نبی نے 47:1 میں ایک ایسی ہی رویا دیکھی۔

یہ دریا مقدس شہر کی گلیوں سے بہتا ہوا جاتا تھا۔ اُس دریا کے دونوں جانب حیات کے درخت اُگے ہوئے تھے۔ ہم سب سے پہلے اِس درخت کے بارے میں پیدائش کی کتاب میں پڑھتے ہیں، خدا نے باغ عدن میں حیات کا ایک درخت لگایا۔ پیدائش 3:22 سے ہمیں پتہ چلتا ہے کہ یہ درخت ابدی زندگی بخشتا تھا۔

"اور خداوند خدا نے کہا، دیکھو انسان نیک و بد کی پہچان میں ہم میں سے ایک کی مانند ہو گیا۔ کہیں ایسا نہ ہو کہ وہ اپنا ہاتھ بڑھائے اور حیات کے درخت سے بھی کچھ لے کر کھائے اور ہمیشہ زندہ رہے۔"

پیدائش کی کتاب میں ہم دیکھتے ہیں کہ انسان پر پابندی لگ گئی تھی کہ وہ اُس حیات کے درخت میں سے پھل کھانے نہ پائے۔ لیکن وہ جواب اُس مقدس شہر میں رہیں گے، اُنہیں اُس درخت تک مکمل رسائی حاصل ہو گی۔

حیات کے اُس درخت پر ہر مہینے پھل لگتا تھا اور اُسکے پتوں میں قوموں کے لئے شفا تھی۔ سوال پیدا ہوتا ہے کہ اگر وہاں پر کوئی بیماری اور کمزوری نہیں تو ایسے پتوں کی کیا ضرورت؟ کیا ممکن ہے

کہ یہ پتے اُن کی شفا کا سرچشمہ ہوں؟ ہر قوم کے لوگوں کو اُن پتوں سے شفا ملی۔ اب اُنہیں کوئی بیماری اور کمزوری چھو نہیں سکتی۔

اِس سرزمین پر ہم گناہ کی لعنت کے نیچے نہیں ہوں گے۔ گناہ، بیماری، دُکھ اور شیطان سب کو شکست ہو چکی ہوگی۔ اِس شہر میں خداوند کے ساتھ ہمارے تعلق اور رشتہ میں کوئی چیز بھی خلل پیدا نہیں کر سکے گی۔ برّہ، خداوند یسوع مسیح اُس شہر میں ہوگا۔ ہم اُس کی عبادت کریں گے اور اُس کی رفاقت سے ابدالاباد لطف اندوز ہوتے رہیں گے۔

مقدس شہر میں رات نہ ہوگی۔ ہم خدا کی حضوری کے جلالی نور میں رہیں گے۔ وہاں ہم خداوند یسوع مسیح کے ساتھ ابدالاباد بادشاہی کریں گے۔ یہ تمام برکات اُن لوگوں کیلئے ہیں جو مکاشفہ کی کتاب کی نبوت کے کلام پر عمل پیرا ہوتے ہیں۔

یوحنا رسول نے اُس روز جو کچھ دیکھا وہ اُس کی تاب نہ لا سکا۔ وہ اُس پیامبر کے قدموں میں گر پڑا جس نے اُسے یہ سب کچھ دکھایا تھا۔ اُس فرشتے نے اُسے تنبیہ کرتے ہوئے کہا کہ صرف خدا ہی کو سجدہ کر۔ ہمارے لئے یہ بڑی حیرت کی بات ہے کہ کیوں یوحنا رسول جیسا عظیم مردِ خدا کسی اور کے آگے گھٹنوں کے بل ہوگیا۔ ہمارے لئے بھی ہر روز آزمائش ہوتی ہے۔ کتنے ہی بار ہم پیغام بھیجنے والے سے زیادہ پیغام رساں کی عبادت کرنے لگتے ہیں؟ کیا آپ کبھی ایسی آزمائش میں پڑے ہیں کہ دُنیا کے کسی نامور اور بابرکت خادم کے آگے جھک جائیں؟ کیا آپ کی ملاقات خدا کے ایسے بندوں یا بندیوں سے ہوئی ہے جن سے مل کر آپ کے دل میں حد سے زیادہ عزت اور احترام کا جذبہ پیدا ہوا ہو؟ یہ بھول جانا کس قدر آسان ہے کہ وہ بھی ہماری طرح کے لوگ ہوتے ہیں۔

فرشتے نے یوحنا رسول کو بتایا کہ وہ اِس نبوت کے کلام کو سربمہر بند نہ کرے کیوں کہ وقت نزدیک ہے۔ یہ کلام اُن لوگوں کے لئے اِس کتاب میں مندرج مشکلات اور مصائب کے وقت مشعلِ راہ

ہوگا۔ وقت کم رہ گیا ہے۔ ہر ایک شخص کو اِس نبوت کے کلام کی باتوں کے تعلق سے اپنا ذہن تیار کرنا ہوگا۔ بعض لوگ اپنی بری راہوں کو ترک نہیں کریں گے بلکہ اِس کلام کو نظر انداز کر دیں گے۔ خدا اُنہیں روکے گا نہیں۔ جبکہ بعض لوگ ایسے بھی ہوں گے جو کلام خدا کو بڑی سنجیدگی سے لیں گے۔ خدا اُن سے خوشنود ہوگا۔

یوحنا رسول کو یاد دلایا گیا کہ خداوند یسوع مسیح جلد آ رہا ہے۔ وہ ہی ہر کسی کو اُس کے کام کے موافق اجر دے گا۔ جنہوں نے اپنے جامے برّہ کے خون سے دھو کر پاک صاف کر لئے وہ مبارک ہیں۔ جاموں کا دھونا اُن کے گناہوں کی معافی اور راستبازی کی زندگی گزارنے کی علامت ہے۔ اُن ہی لوگوں کو حیات کے درخت کے پاس آنے کا حق ملے گا۔ وہ اُس درخت کا پھل کھائیں گے اور ہمیشہ ہی زندہ رہیں گے۔ جبکہ دوسرے لوگوں کو باہر پھینک دیا جائے گا۔ وہ کبھی بھی اُس مقدس شہر میں داخل نہ ہو پائیں گے۔

16 آیت ہمیں یاد دلاتی ہے کہ خداوند یسوع مسیح ہی مکاشفہ کی کتاب کا حقیقی مصنف ہے۔ وہ داؤد کی اصل اور نسل ہے۔ وہ ہی وعدہ شدہ مسیح ہے۔ وہ صبح کا روشن ستارہ ہے۔ وہی نئے دن/نئی زندگی کا وعدہ ہے۔ اُس نے اپنے پیامبر یوحنا رسول کو بھیجا کہ اُس کے آگے آنے والے وقت کے لئے راہ تیار کرے۔ چونکہ مکاشفہ کی کتاب ہمارے لئے خدا کا کلام ہے اِس لئے ہمیں اِس میں کچھ بھی اضافہ یا کم کرنے کی ضرورت نہیں ہے۔

جو اِس کتاب میں کسی چیز کا اضافہ کرے، خدا اِس کتاب میں مندرج آفتوں کو اُس کی زندگی میں لائے گا۔ ہم غلط تفسیر اور تشریح کر کے اِس نبوت کی باتوں میں اضافہ کرنے کی آزمائش سے دو چار ہو سکتے ہیں۔ بہت سے ایسے لوگ ہیں جنہوں نے اِس کتاب میں مندرج ہر ایک نبوت کی تفسیر و تشریح کرتے ہوئے ممالک، اشخاص، تاریخوں اور مقامات کا ذکر کیا ہے۔ جن میں سے بہت سی باتیں غلط ثابت ہو چکی ہیں۔ ہمارے لئے کتنا ضروری ہے کہ ہم احتیاط سے کام لیتے

ہوئے اِس نبوتی کلام کی تفسیر میں اپنی طرف سے کوئی تشریح اور وضاحت شامل نہ کریں جس کو ہم سچ ثابت نہیں کر سکتے۔ اِس کتاب کی تفسیر لکھنا میرے لئے بھی بڑی کشمکش کا معاملہ تھا۔ آنے والا وقت ہی اِس کتاب میں مندرج کرداروں کی شناخت ہم پر ظاہر کرے گا۔

17 آیت کے مطابق مسیح کے پاس آنے کا دعوت نامہ اب بھی دستیاب ہے۔ اگر آپ مسیح کی آواز سن سکتے ہیں تو آپ کو دعوت ہے کہ مسیح کے پاس آجائیں۔ اگر آپ پیاسے ہیں تو آبِ حیات مفت لے لیں۔ خداوند جلد آنے والا ہے۔ کیا آپ اُس کی آمد اور اُس کے جلال کے تخت کے سامنے کھڑے ہونے کے لئے تیار ہیں؟ آپ اُس کی نجات کا دعوت نامہ کو قبول کر کے ہی تیار ہو سکتے ہیں۔ بصورت دیگر کوئی اور راستہ نہیں کہ آپ ابدیت میں خداوند کے ساتھ زندگی بسر کر سکیں۔

چند غور طلب باتیں

☆ ۔خداوند کے تخت سے نکلنے والا پانی کس چیز کو پیش کرتا ہے؟

☆ ۔حیات کا درخت کس چیز کو پیش کرتا ہے؟ اُس میں کیا قوت پائی جاتی ہے؟

☆ ۔اپنے تصور میں اِس بات کا نظارہ کریں کہ بغیر کسی خلل کے خداوند کے حضور میں میں زندگی گزارنا کیسا خوشگوار تجربہ ہوگا۔

☆ ۔اِس باب میں جس شہر کا ذکر کیا گیا ہے، کیا آپ اُس شہر میں جانے کے لئے تیار ہیں؟

☆ ۔آپ کو کیسے معلوم ہے کہ آپ کو اُس شہر تک رسائی حاصل ہوگی؟

☆ ۔نبوت کی اِس کتاب میں کچھ بڑھانے یا کم کرنے کا کیا مطلب ہے؟

چند ایک دُعائیہ نکات

☆ ۔اُس زندہ اُمید کے لئے خداوند کی شکر گزاری کریں کہ آپ اُس کی حضوری میں ابدالاباد رہیں گے۔

☆ ۔خداوند سے کہیں کہ آپ کو ہر روز اِس اُمید کے ساتھ زندگی بسر کرنے کی توفیق بخشے۔

☆ ۔خداوند یسوع مسیح کی شکر گزاری کریں کہ اُس نے آپ کے لئے وہ سب کچھ کر دیا ہے جو آپ کو اُس مقدس شہر میں داخل ہونے کیلئے درکار ہے۔

☆ ۔کسی عزیز یا رشتہ دار کے لئے کچھ لمحات کے لئے دُعا کریں جس نے ابھی تک خداوند یسوع مسیح اور اُس کی نجات کی پیش کش قبول نہیں کی۔

باب 30

خلاصہ

مکاشفہ کی کتاب کے اِس مطالعہ میں ہم نے ہر ایک باب اور ہر ایک حصے کو الگ الگ کر کے دیکھا۔ میں یہاں پر پوری کتاب کو مختصر بیان کرنا چاہوں گا، ایسا کہ پورا خلاصہ سامنے آجائے۔ اِس کا آغاز کرنے کیلئے ہمیں اِس بات کو سمجھنا ہوگا کہ مکاشفہ کی کتاب کو سات بڑے حصوں میں منقسم کیا گیا ہے۔

میں درج ذیل طریقہ سے کتاب کو تقسیم کرنا چاہوں گا

1۔تعارف اور سات کلیسیاؤں کو خطوط ﴿1:1-3:22﴾

2۔سات مہریں ﴿4:1-8:5﴾

3۔سات نرسنگے ﴿8:6,11:19﴾

4۔عورت اور اژدھا ﴿12:1-14:20﴾

5۔سات پیالے ﴿15:1-16:21﴾

6۔خدا کے دشمنوں کی آخری تباہی ﴿17:1.20:15﴾

7۔نیا یروشلیم اور خلاصہ/ حاصل کلام ﴿21:1-22:21﴾

درج بالا ہر ایک حصہ اپنی نوعیت کا منفرد حصہ ہے جس میں سے ہمارے سیکھنے کے لئے بہت کچھ موجود ہے۔ آئیں یہاں پر ہر ایک حصے پر مختصر طور پر غور وفکر کریں۔

سات کلیسیائیں

مکاشفہ کی کتاب کا یہ حصہ واقعی اُن سات کلیسیاؤں کو لکھا گیا جو یوحنا رسول کے دوَر میں موجود تھیں۔ اِس حصہ میں ہم اُن خطرات کے بارے میں سیکھتے ہیں جن کا ہمیں بطور کلیسیا اخیر زمانہ کی ایذا رسانیوں کی صورت میں سامنا کرنا پڑسکتا ہے۔

ہر ایک کلیسیا آزمائش کے ایک دوَر سے گزر رہی تھی۔ اُن سات کلیسیاؤں کو ہمارے لئے نمونے کے طور پر پیش کیا گیا ہے تاکہ ہم غوروفکر سے کام لے سکیں۔ ایذا رسانی کے دوران اُن کلیسیاؤں کی آزمائش کیا تھی؟ اپنی آزمائش کے کڑے وقت میں، افسس کی کلیسیا نے اپنی پہلی سی محبت کھو دی۔ سمرنہ کی کلیسیا کو غربت کا سامنا تھا اور اپنے ایک رُکن کی شہادت کے باعث فتح مند کلیسیا تھی۔ پرگمن کی کلیسیا جھوٹی تعلیمات کے جال میں پھنس چکی تھی۔

تھواتیرہ کی کلیسیا گمراہی کا شکار ہوکر بدی میں پھنس چکی تھی۔ سردیس کی کلیسیا خوابیدگی کی حالت ﴿سوئی ہوئی حالت میں﴾ میں تھی۔ فلدلفیہ کی کلیسیا اگرچہ بہت کمزور تھی تو بھی خدا کا ہاتھ اُس پر تھا اور اُس نے اُنہیں اُن کی برداشت سے باہر دُکھ میں نہ پڑنے دیا۔ لودیکیہ کی کلیسیا نیم گرم ہو چکی تھی۔ جیسے جیسے خداوند کا دن قریب آرہا ہے اور جب ہمیں ایذا رسانی کا سامنا ہوگا تو ساتوں کلیسیاؤں میں سے ہر ایک کلیسیا ہمارے لئے ایک آگاہی اور حوصلہ افزائی کا باعث ہوگی۔

سات مہریں

مکاشفہ کی کتاب کا دوسرا حصہ ہمیں اُس مخالف مسیح کے بارے میں تعلیم دیتا ہے جو آکر ہر ممکن تعداد میں ایمانداروں کو حق بات سے گمراہ کردے گا۔ جیسے جیسے اخیر زمانہ قریب آتا جارہا ہے ہم جنگ وجدل، قحط اور ایذا رسانی میں اضافہ کی توقع کرسکتے ہیں۔ آسمان پر نشانات ظاہر ہوں گے اور قدرتی آفات بھی بڑی تعداد میں ظاہر ہوں گی جو کہ اِس بات کا اعلان ہوگا کہ ہمارا خداوند جلد

آنے والا ہے۔ایک لاکھ چوالیس ہزار پر اُس بڑی مصیبت کے وقت بطور گواہ مہر لگائی جائے گی جو زمین پر غیر متوقع طور پر آئے گی۔اُس دوران بہت سے ایماندار لقمہ اجل ہو کر خدا کی حضوری میں داخل ہو جائیں گے۔

سات نرسنگے

تیسرا حصہ ہمیں سکھاتا ہے کہ زمین پر خدا کی بہت بڑی عدالت ہوگی، زمین، سمندر، پانی اور آسمان جزوی طور پر تباہ و برباد ہو جائیں گے۔غیر ایمانداروں کو بڑے دُکھوں اور تکلیفوں کا سامنا کرنا پڑے گا۔تاہم خدا کے لوگ اُس کے ہاتھوں میں محفوظ رہیں گے۔ایک لاکھ چوالیس ہزار اور دو وفادار گواہ بے ایمان دُنیا کیلیئے وفاداری سے اُس کی گواہی دیتے ہوئے خدمت گزاری کا کام کریں گے۔

عورت اور اژدھا

اس حصہ میں ہم دیکھتے ہیں کہ شیطان جو کہ خدا کا دشمن ہے خدا کے کام کو تباہ کرنے کی ہر ممکن کوشش کرے گا۔اگرچہ اُس نے خداوند یسوع مسیح کو ہلاک کرنے کی کوشش کی تو بھی کامیاب نہ ہو سکا۔پھر اُس نے اپنی توجہ کلیسیا کی طرف کی اور اخیر زمانہ تک اُس کی مخالفت کرتا رہے گا۔وہ حیوان ﴿مخالفِ مسیح﴾ کو مدد کے لئے قائل کرے گا۔حیوان کے دور میں، مقدسین شیطان کی قدرت کو کام کرتا ہوا کو دیکھیں گے۔حیوان نشانات اور عجائب کے ذریعہ سے بہتوں کو فریب کے جال میں پھنسانے میں کامیاب ہو جائے گا۔تاہم خدا کے برگزیدہ لوگ اُس کے دام میں نہیں آئیں گے۔اِس دوَر میں ہم روئے زمین پر کلیسیا کو بڑی ایذا رسانی سے گزرتے ہوئے دیکھ سکتے ہیں۔خدا ہی فاتح ہوگا اور زمین پر فصل کی کٹائی ہوگی۔ایماندار خداوند کے ساتھ رہنے کے لئے اُٹھائے جائیں گے۔اور خدا اپنے دشمنوں کی عدالت کرنے کے لئے پیش قدمی کرے گا۔

سات پیالے

اِس حصے کا آغاز سلسلہ وار عدالت سے ہوتا ہے، جو کہ خدا کے دشمنوں کی عدالت ہوگی۔ خدا اُن کی عدالت کرے گا جنہوں نے حیوان کی پرستش کی ہوگی۔ سمندر اور اُس کے پانی برباد ہو جائیں گے۔ زمین پر رہنے والوں پر سورج کی گرمی اور تپش میں ایسا اضافہ ہوگا کہ وہ جھلس جائیں گے۔ حیوان کی سلطنت کو اندھیرے میں ڈال دیا جائے گا۔ شیطان نکل کر قوموں کو خدا کے خلاف آخری جنگ کے لئے فراہم کرے گا۔

خدا کے دشمنوں کی آخری عدالت

اِس حصہ میں ہم دیکھتے ہیں کہ خدا اپنے ہر ایک دشمن کو نیست کرے گا۔ بابل، حیوان، جھوٹا نبی، اژدھا یعنی پرانا سانپ، غیر ایماندار اور موت کو خدا ہی شکست دے گا۔ یہ حصہ ہمارے لئے واقعی بڑی حوصلہ افزائی کا باعث ہوگا۔ خدا ہی ہر چیز پر قوی و قادر ہے۔ وہی ہر ایک دشمن پر فتح کا شادیانہ بجائے گا۔

نیا یروشلیم

مکاشفہ کی کتاب کا آخری حصہ ہمارے لئے اُس بڑے اَجر پر روشنی ڈالتا ہے جو اُن سب کیلئے ہے جو خداوند سے محبت رکھتے اور آخر تک ثابت قدم اور مضبوط رہتے ہیں۔ یہ حصہ ہمارے لئے نئے یروشلیم اور مسیح کی حکومت کو بیان کرتا ہے۔ وہ جو ثابت قدم اور قائم رہیں گے، گناہ، موت اور شیطان سے آزاد ہو کر ہمیشہ کے لئے اُس کے ساتھ بادشاہی کریں گے۔

جیسے جیسے خداوند کا دن قریب آ رہا ہے، ایمانداروں کے لئے حالات سازگار نہیں ہونگے۔ ہم جانتے ہیں کہ فتح برّے ہی کی ہے۔ نبوت کی یہ کتاب خدا کے برّے کی فتح کی کہانی ہے۔

جس کام کا آغاز اُس نے صلیب پر کیا تھا اَب وہ پایہ تکمیل کو پہنچے گا۔ ہر ایک دشمن شکست کھائے گا

اور۔ خدا فاتح ہوگا اور وہ جو اُس کے ہوں گے ابدی اَجر کے مستحق ٹھہریں گے۔ ہمارے لئے اِس بات کو جاننے سے کیا اُمید پیدا ہوتی ہے کہ اُس برّہ کے وسیلہ سے فتح ہماری ہے جس نے کوہ کلوری پر ہمارے لئے جان دی تھی؟

مکاشفہ کی کتاب میں اُن سب کے لئے ایک بڑی آگاہی پائی جاتی ہے جو اپنے جیتے جی مسیح کی معافی کو نہیں جانتے۔ گناہ میں زندگی گزارنے میں کوئی اُمید نہیں ہے۔ فتح صرف اُن ہی کی ہے جو مسیح یسوع میں زندگی بسر کرتے ہیں۔ اگر آپ اِس وقت یہ تفسیر کی کتاب کو پڑھ رہے ہیں اور ابھی تک یسوع کو اپنے نجات دہندہ کے طور پر نہیں جانتے، میں آپ کو دعوت دیتا ہوں کہ اپنے دل کو یسوع کے لئے ابھی کھولیں، اُس کی معافی کے طالب ہوں، اور آج ہی سے اُس پر مکمل بھروسہ کرنا شروع کریں۔

لائٹ ٹو مائے پاتھ منسٹری کے زیرِ انتظام کتابوں کی تقسیم

لائٹ ٹو مائے پاتھ منسٹری (ایل ٹی ایم پی) کتابوں کی تصنیف اور تقسیم کی ایک ایسی منسٹری ہے جو کہ برِاعظم ایشیا' لاطینی امریکہ اور افریقہ میں ضرورت مند مسیحی کارکنوں تک پہنچ رہی ہے۔ ترقی پذیر ممالک میں بہت سے ایسے مسیحی کارکن بھی ہیں جن کے پاس اتنے وسائل نہیں ہیں کہ وہ بائبل ٹریننگ کے لیے جاسکیں یا اپنی شخصی ترقی اور خدمت کی بڑھوتی اور کلیسیائی ضرورت کے لیے بائبل سٹڈی مواد خرید سکیں۔ زیرِ نظر کتاب کا مصنف ایکشن انٹرنیشنل منسٹریز کا رکن ہے جو کہ پوری دُنیا میں ضرورت مند مسیحی کارکنوں اور پاسبانوں کے درمیاں مفت یا قیمتاً کتابوں کی تقسیم کے عزم کے ساتھ کتابیں لکھ رہا ہے۔

آج اِس وقت تیس سے زیادہ ممالک میں ڈیووشنل کمنٹری سیریز اور لائف اِن دی کرائسٹ سیریز میں ہزاروں کتب منادی' سلسلہ تعلیم' بشارتی خدمت اور مقامی ایمانداروں کی روحانی ترقی اور نشو ونما کے لیے استعمال کی جارہی ہے۔ اِن سیریز میں یہ کتب ہندی' فرانسیسی' ہسپانوی اور ہیٹین کریول زبانوں میں ترجمہ ہوچکی ہیں۔ جبکہ اُردو زبان میں بھی کتب کے تراجم کا سلسلہ گزشتہ چند سالوں سے جاری ہے۔ ہمارا نصب العین جہاں تک ممکن ہو زیادہ سے زیادہ ایمانداروں تک اِن کتب کو مہیا کرنا ہے۔

لائٹ ٹو مائے پاتھ منسٹری (ایل ٹی ایم پی) ایک ایسی منسٹری ہے جو ایمان کے سہارے چل رہی ہے اور پوری دُنیا میں ایمانداروں کی مضبوطی اور حوصلہ افزائی کے لیے کتب کے تراجم اور تقسیم کے پیشِ نظر اپنی مالی ضروریات کے لیے خداوند پر توکل کرتی ہے۔

آپ سے گزارش ہے کہ کتب کے دیگر زبانوں میں تراجم اور تقسیم کے لیے دُعا کریں۔ شکریہ۔

خداوند آپ کو برکت دے۔

Rev F. Wayne. Mac Leod.

Light to My Path Book Distribution-Canada